◎ 靜觀其變也能坐享其成？
◎ 以小人的伎倆還治小人之身！
◎ 想使對手摔倒就要先將他抬高？
◎ 要想出人頭地，就要先矮人一頭！

編著

定睿智，能吃虧是境界！
低調策略，精通社會生存藝術

潛行者守則
策略性低調的
職場生存學

拜託！衝動的魔鬼早該通緝！

「一個單純直接的人，沒有資格也沒有理由活得更好。」
從古代智慧到現代實踐，為現代年輕人量身打造的生存指南

目錄

前言

　　有人說：「中國的發展史就是一部『改善從惡』的權術史。」儘管這一說法略有偏頗，但適當的權術與智謀的確是社會發展過程中不可缺少的一部分。隨著社會的進步，權術逐漸完善，歷史更替以及客觀存在的強弱優劣之分直接導致韜晦術的出現和發展，深入到社會中的每個人，韜晦術則更多展現在和平競爭之中。

　　西方有位企業家說：「一個單純直接的人，沒有資格也沒有理由活得更好。」每個人都有表現和證明自己價值的欲望，可是當你顯露得越多，所暴露出來的目標就越大，面臨的競爭壓力也會越大。人要善於隱藏和掩飾自己，在競爭激烈的社會中生存，不僅要靠自身的實力去奮鬥，還必須隨時防備別人的攻擊，隱藏自己的實力。能夠有效地防備和迷惑別人，這不僅是自保的要求，更是順利發展的需求。

　　韜晦術並不是以弱對強的專屬，身處弱勢時，韜晦術的確可以有效地尋求自保，並迷惑對手藉機壯大實力，這是策略性的部署。然而強勢的一方也可以用來迷惑對方，這是實力與智謀的結合。表面上裝作弱小的強者往往更加可怕，殺傷力也更大。強者的韜晦之術更像是戰術上的合理安排。

　　涉世未深的年輕人往往不能完全地適應社會上的人情世故，難免會吃虧上當、走彎路，一旦讓對方掌握了足夠的資訊，就可能會影響到長遠的發展。懂得及時隱藏和掩飾，就可以給自己營造一個更為安全可靠的生存和發展環境，並藉此來迷惑對手，人為地造成一種非正規、非對

稱的賽局模式，為自己爭取更多的主動權。

　　本書立足於現實，具備生存學和成功學的雙重指導意義，提供給那些正逐漸步入社會競爭環境中的年輕人。一般的書都著力塑造年輕人陽剛果敢、善於表現自己的一面，認為年輕人就要勇於挑戰、對抗困難，本書則反其道而行之，著重培養年輕人的理性和隱忍，而這也更加切合社會競爭和生存的現實情況，符合年輕人尋求發展的需求。

　　年輕是最大的資本，但是絕不意味著可以肆意地揮霍，年輕人更要懂得韜光養晦的重要性，只有謹慎走好每一步，才能安穩地走好一生。

一、高調露破綻，低調藏智慧

── 求存與自保的隱晦之道

1. 「潛水」是洞悉他人的最好方法

　　隨著論壇、社群等網路平臺的興起，「潛水」一詞被賦予了新的含義，用以指代那些常來湊熱鬧卻只看不說的人。喜歡「潛水」的人常常會被忽略，甚至被鄙視，然而，他們卻在「潛水」的過程中獲取了最多的資訊，也了解了更多的人。而那些總愛在公開場合高談闊論的人，雖然有時會博得鮮花和掌聲，但有時也會遭到嫉妒和報復，最重要的是將自己暴露在大眾面前，他們的許多缺點都會被一覽無遺。

　　在日常往來中，懂得隱藏自己的人往往最會保護自己，別人不去關注你自然也就無法看透你，你也會因此失去很多對手。初入社會、涉世未深的年輕人，特別要注意隱藏自己，保護好自己的同時還要多了解他人。要想了解一個人，就要多觀察他的日常言行、一舉一動，可如果被對方發現你在有意觀察他，也許你會因此陷入尷尬的境地，從而無法繼續深入了解這個人。所以，暗中觀察以免被人發現，這才是最好的方法。

　　宋代大詩人蘇東坡曾說過，能夠成就大事的人，必須先將自己置身於暗處，並觀察身在明處的人，使自己保持靜默，觀察他人的一舉一動，這樣，所有人的情況就已經都在你的掌握之中了。

　　春秋時期，楚國表面國力強盛而實際上存在很多隱憂，楚莊王即位成為楚國國君後，一時間成為內外關注的焦點。人們都期待看到他如何施政治理楚國，而楚莊王也察覺到了楚國國內確實存在諸多問題，卻又不知從何處下手整治，於是他想出了一個策略。

　　從即位開始，楚莊王便終日沉迷酒色，不理朝政，許多大臣都對他的表現頗為不滿，而他卻下令：「有敢諫者，死無赦！」因此沒有一個大臣勇於向他諫言獻策。就這樣過了三年，朝中上下拉幫結派、中飽私囊，整個楚國亂成一團。大夫伍舉實在看不過去了，他決定冒險去求見楚莊王。

　　伍舉見到楚莊王時，楚莊王正左擁右抱，飲酒作樂，伍舉不敢正面斥責楚莊王，只能旁敲側擊請他猜個謎語：「有鳥止於阜，三年不飛不鳴，是何鳥也？」莊王答：「三年不飛，飛將沖天；三年不鳴，鳴將驚人！」

　　伍舉聽了激動不已，他聽出了楚莊王的遠大抱負，並將此事告訴了大夫蘇從。可讓他們沒有想到的是，楚莊王並沒有作出什麼改變，依舊終日享樂，不理朝政。於是，大夫蘇從再也按捺不住，他冒死進諫，當面斥責了楚莊王。莊王聽後大怒，抽出寶劍要殺蘇從，而蘇從大義凜然，寧死不屈。就在雙方僵持之時，楚莊王突然扔掉寶劍，扶起蘇從，感慨道：「我就是在等你這樣忠於國家的棟梁之才！」於是，莊王斥退左右，當即與蘇從談論起楚國的政務。蘇從這才驚訝地發現，原來莊王長期裝作昏庸無能，其實一直在暗中觀察每個大臣的一舉一動。

　　從此，楚莊王杜絕淫樂，親理朝政，並重用伍舉、蘇從等忠臣，罷免並處罰了那些奸臣，使楚國的朝政迅速好轉，從而為楚國爭霸於各諸侯國奠定了基礎，他也因此成為著名的「春秋五霸」之一。

　　能夠隱藏自己三年之久，這需要相當大的勇氣和毅力，是常人很難做到的，這也正是成大事者與普通人的差別。在現實生活中，我們常會看到一些喜歡展示和炫耀自己的人，他們把自己的才藝、家庭背景甚至隱私悉數掏給別人看。這些喜歡展示和暴露的人也許確有什麼過人之

處，會令人驚嘆或是佩服，但是他們一旦與別人形成競爭關係，卻往往會處於劣勢。這是因為那些隱藏的競爭者早已將這些人的幾斤幾兩掌握得一清二楚，對於可能發生的競爭關係，他們能夠提前做好應對準備。與此同時，競爭者自己卻養精蓄銳，鋒芒不露，一旦實際行動，他們就能像一柄利劍，直刺對手要害。所以，隱藏自己是洞悉他人並在與對方的競爭中取勝的最好方法，也是最簡單、安全且行之有效的方法。

成就大事者往往也是一個出色的潛伏者，朱元璋之所以能得天下，就是因為他善於隱藏自己，洞悉他人的優點與弱點，從而投其所好，獲得上級和下屬的信任與支持。他曾採納謀士的主意「廣積糧，高築牆，緩稱王」，刻意放低姿態，暗暗地為自己打下牢固的基礎，從而順理成章地當上皇帝。

將自己置身於暗處，才能更加清晰地觀察置身明處的人；能夠完美地隱藏自己，才能更好地了解別人。自己也只有透過不斷地觀察和了解，才能深入地認清一個人，從而更好地拉攏或制約這個人。但是，隱藏自己並不等於埋沒自己，潛伏就是為了等待機會的到來，一旦時機成熟，就要勇敢地站出來，抓住機會獲取成功，這才是「潛水」的最終目的。

年輕人習慣於高姿態的競爭方式，遇事總是迎頭趕上，從來都不注意那些虎視眈眈的競爭對手。這種初生之犢不畏虎的氣勢固然值得稱讚，但是「競技場」更講究智慧，有時候要善於偽裝自己，將自己隱藏起來。這樣不僅能夠自保，還可以盡可能地從暗處觀察對手，從而掌握足夠的博弈資訊。

2. 不要輕易亮出底牌

　　科學家在海中發現一種善於跳躍的小魚，面對獵物的追擊，這種魚總是輕易就能越出海面，逃過捕食者眼睛所能觀察到的範圍。擁有如此出色的能力，最後逃生的機率一定非常大，可是科學家們驚訝地發現，這種魚其實很容易就被捕獵者捕捉到。因為牠們太過敏感，也太迷信自己的跳躍技巧，所以只要發現捕獵者就會本能地跳出海面，但是卻無法克服重力的作用而下墜，結果直接掉到早已洞察先機的捕獵者的網中。而事實上，牠們完全有時間在水中靈活自由地逃逸。

　　人們在受到威脅且沒有勝利把握的時候，總是會習慣性地拿出最有效的籌碼來保障自己的利益或者震懾對手，這往往是出於一種狂熱的、炫耀的心理，而實際上情況沒有惡化到那一步，這樣就反而會為自己帶來麻煩。雖然這時是表面上優勢最大的時候，但同時也是最危險和脆弱的時候。因為一旦不能成功，就面臨著無牌可出的境地，而且底牌往往就是骨氣，失去了它，自信心不免要動搖。

　　《易經》的乾卦中有「潛龍在淵」的說法，意在告誡人們不要輕舉妄動，而應該懂得待時而動。《道德經》中也認為「魚不可脫於淵，國之利器不可示於人」，底牌往往是生存和發展的關鍵，也是博弈能否成功的關鍵。輕易托出自己的底牌，就會很容易失去生存和發展的根基，同時也容易暴露出自己的一些弱點，從而給對手可乘之機。所以遇事不要輕易就拿出壓箱底的本錢，謹慎低調行事是確保穩定生存的不二法則。

　　商人保住了自己的底線，也就掌握了談判的主動權；職員只要保留壓箱的技能，就可以始終吸引上司的關注；競爭時留有底牌，就能夠壓制對手，增加取勝的機會。留住底牌也是一種策略，不到萬不得已，最好不要輕易向別人完全展露自己，因為一旦你毫無保留地面對別人，往往就會失去最有效的保護。正如毒蛇以毒維持生存，不到捕獵取食時，牠絕不會輕易用毒，即便面臨生命危險，也會事先進行警告，因為一旦用毒過量，蛇就會失去基本的威懾和防禦能力，只能被對手隨意擺布。

　　成功的人總是表現得低調沉穩，而且非常有耐心，不到最關鍵的時刻，絕不會輕易使出殺手鐧。所以擁有一個成熟的心態很重要，把握一個成熟的時機也很重要，不到萬不得已的時候，就應該盡量保持底牌的神祕性。得意時，理性地控制住自己表現的欲望；失意時，要懂得以退為進、以守代攻。底牌應該是促使事情出現轉變的不確定性因素和關鍵性因素，自然要等到合適的時機才出現，而只要局面沒有失控，就完全沒有必要亮出來。

　　某知名企業的上班族小趙平時工作認真負責，深得上級賞識，而他與同事的關係向來也都不錯，大家還經常一起聚會。小趙性格豪爽直率，常常有什麼就說什麼，而且把周圍的同事都當成知心朋友，一有心事就向他們訴說，同事們自然也都願意分享他的小祕密。

　　有一次，公司剛發完薪水，小趙高興地提出請同事們吃飯。飯桌上大家無話不談，而主角當然是東道主小趙，大家都認為他能力強、人緣好，還深得上司的器重，前途一定不可限量。聽到同事們的讚揚，有些醉意的小趙不禁飄飄然起來，他毫無顧忌地對同事們說，即使自己不認真工作也照樣可以在公司混下去，因為他的父親和公司人資部門的周主任曾經是戰友，他能夠進入公司還是人家幫的忙。此言一出，大家都十

分驚訝，但對他更加羨慕了。

可是沒過多久，不知是哪個好事的同事，竟然將小趙的祕密傳到了他的頂頭上司那裡。幾個月以後，小趙的靠山周主任突然因病退休，結果小趙也很快受到影響，不久就被安排到公司警衛室，美其名曰警衛室主任，其實說白了就是個看門的保全。如今事情少了，薪資也降低了，與同事們聚餐的機會也漸漸少了，至於自己為什麼會淪落到這種地步，小趙卻無論如何也想不明白。

之所以會發生這樣的悲劇，其根源就在於小趙自己沒能管住嘴巴，無意中向別人透露了自己生存的底牌，而這恰恰犯了職場大忌。他的「靠山」在任時免不了會得罪某些人，其中難免有部門的中高層主管，那麼當這個「靠山」卸任後，必然會有人對他的「黨羽」痛下黑手，而這也就是小趙淪落為看門人的主要原因。

能夠不亮出底牌是最好的，這樣在應對突發事件時可以遊刃有餘，而且留有餘地就等於為自己設定了最可靠的保障，這是信心上的維護和提升。即便使用底牌也需要講究時機，時機不對，一切的努力可能都要歸於零，就如同錦囊妙計一樣，只有在最危急的關頭開啟，才能造成救火的作用，過早地拿出來只會減少它的實際功用，甚至完全失效。

保持低調，是一種成熟的心態，年輕人衝動而感性，表現的欲望比較強烈，因此很容易在別人的激將或脅迫下，輕易就展示出自己的全部實力，表面上很威風，實際上卻很容易吃虧。電影《喋血雙雄》中有一句經典的臺詞：「槍裡面永遠都要留有一顆子彈。」底牌也許算不上最好的利器和最佳的防備手段，但是一定會是最能發揮作用的祕密武器，失去了它，也就失去了挽回敗局的機會，而過早地把它展示出來，不僅不能造成急救的作用，反而會增加受傷的風險。

3. 謹言慎行才能明哲保身

中國自古就以禮儀之邦聞名於世，因為中國人對於言行向來都十分考究。大教育家孔子說「君子欲訥於言而敏於行」，又認為人應該「敏於事而慎於言」，諄諄告誡人們要小心謹慎不如多辦實事，可是有時候勤勉做事也會帶來災禍，所以做人一定要注意自己的一言一行。且不論「非禮勿言」、「非禮勿行」這樣的君子要求，即便赤誠的忠言也還會面臨逆耳的阻力和風險，即便真心實意的忠貞行動有時也會招致別人的反感。

《菜根譚》更是一針見血地指出了言行的本質：「十語九中未必稱奇，一語不中則愆尤駢集；十謀九成，未必歸功，一謀不成，則訾議叢興。」意思是十句話中即便有九句說對了，也許也不會有人因此稱讚你，但是當你說錯其中一句時，就可能會招來眾人的指責；當你的十次計謀有九次成功，也未必會歸功於你，而只要你失敗了一次，所有的錯誤都會被歸結到你的身上。所以說話做事之前一定要細細思量，無論是出於真心還是無關痛癢的正常舉動，事先都要認真考慮清楚，經過深思熟慮後再展示出來，以免惹來不必要的麻煩。

魏晉南北朝是中國歷史上政治比較黑暗的時期，許多名士都遭到政治迫害，大家因此都不敢涉足政治，故意離群棄世，盡量遠離是非。但是即便如此，各個政治勢力集團為了拉攏人才，剷除異己，還是對文人名士造成了很大的政治壓力。

竹林七賢之一的嵇康一直都沒有從政之心，除了和親近的朋友們一

起遊山玩水、飲酒作樂，平生最大的愛好就是打鐵消遣。然而即便他這樣小心，也還是因為言行不夠謹慎，最終招來了殺身之禍。

某天，嵇康正在樹下打鐵，朝臣鍾會有意從他那裡經過。鍾會駕著豪華的車輦故意在他面前炫耀，這讓嵇康非常不滿，他因此故意裝作沒看見，一直也沒有理對方。鍾會原本想在嵇康這個大文人面前炫耀，沒想到遭到了冷落，心中很不是滋味，於是準備快快離去。此時，嵇康輕蔑地說道：「何所聞而來，何所見而去。」鍾會也不懷好意地回答：「聞所聞而來，見所見而去。」

如此一問一答，堪稱中國歷史上最著名的對話，可是這一番對話的背後卻隱含著濃濃的殺機。鍾會由此心懷怨恨，經常在司馬昭面前說嵇康的壞話，此事也因此成了嵇康最終被司馬氏殺害的原因之一。而與嵇康齊名的阮籍雖然生活上放蕩不羈，常常不守禮法，但是在官場上從來都是小心翼翼，不將自己捲入到政治中去，即便司馬昭有意讓他當官、與他聯姻，他都在家中醉酒裝糊塗，藉故推掉。嵇康死後，阮籍更是謹言慎行，不該說的話、不該做的事絕不觸碰，最終得以明哲保身，安然度過晚年。

佛經中有這樣一句話：「或身勉為善，而口有過言。」每個人都應該懂得嚴格約束和監督自己的言行舉止，一旦言行失控，可能會為自己帶來災禍。中國人向來都對說話十分重視，深知「病從口入，禍從口出」的道理，甚至還上升到了「東西可以亂吃，話卻不能亂說」的地步。而對於行為舉止也有非常嚴格的要求，要盡量做好分內之事，事不關己高高掛起，同時也要注意做事情要不就盡量做到圓滿，要不就不要輕易去做，否則可能會引起別人的指責和攻擊，而多一事向來都不如少一事。

有句古話叫「人必先自辱然後人辱之」，危險往往是自己創造的，絆

倒自己的往往是自己的另一隻腳。春秋末年的儒家名師曾子，一生說話做事都非常小心謹慎，從來不敢輕易涉險，他的處世方略始終是「戰戰兢兢，如臨深淵，如履薄冰」，事後總是擔心自己說錯過什麼、做錯過什麼，即便臨死前，也還不放心地問弟子們自己的手和腳是不是還在。

做人做到如此小心的地步，似乎有些過頭了，這樣的怪異行為一方面是由中國古代社會嚴酷的政治氛圍決定的，另一方面則是自身出色的認知能力和處世智慧造成的。這種生存的態度完全值得後人借鑑和學習，也正因如此，曾子得以安養至天年而終。

許多人認為說話辦事全憑良心，所以即便「頂風作案」，也要說上一句公道話，也要行一行君子仁德之事，結果常常成為別人攻擊的標靶。從道義上來講，站在公道的立場上並沒有錯，但試想一下，如果公道真的是自在人心，那麼就無須仗義執言、身先士卒，即便真的要訴說一個道理，也要注意表達方式，直來直往並不明智，換一種方式來表達，相信效果一定會更好。

但丁（Dante Alighieri）說：「走自己的路，讓別人說去吧！」試問有多少人可以這樣瀟灑，可以在重重危險中從容不迫、義無反顧地堅持自我？而如果不能做到明哲保身，又如何能走好自己的路呢？你的一言一行、一舉一動固然是人在做、天在看，可是最重要的是你潛在的對手也在看，而這一點往往就是最致命的，所以做人一定要謹言慎行，如果不懂得示弱隱藏，那麼即便真的想捨生取義也毫無價值。

4. 追逐名利還是淡泊名利

「非淡泊無以明志,非寧靜無以致遠。」這是諸葛亮〈誡子書〉中的名句,也是他一生的座右銘。歸隱山林的諸葛亮雖然最終出山相助劉備,其中或多或少都有名利心,但是他從不過分看重名利,總是以一顆淡定的心來看待自己獲得和想要獲得的一切,因為他明白名利永遠都是一把雙刃劍,可以為自己帶來成功,也可以造成自我毀滅,而且名利心越重的人往往越是一無所獲。

盛唐時,詩人們大都有赤裸裸的名利之心,渴求建功立業、名揚天下,或躋身顯宦,或立功邊塞,可是真正能夠名利雙收、仕途顯達的人卻少之又少。「詩聖」杜甫早年有「致君堯舜上,再使風俗淳」的雄心大志,但他終其一生始終都鬱鬱不得志,唯一的一次科舉入仕的機會還被奸相李林甫糟蹋了,直到安史之亂爆發,他才真正了解民生疾苦,接著開始了自己貧窮落魄的一生。

如果說功名之於杜甫是鏡中花、水中月,那麼功名之於李白,永遠都是害人的毒藥。「詩仙」李白窮盡畢生精力追求功名而不可得,更像是一齣典型的悲劇。他一直都有「使寰區大定,海內清一」的政治抱負,即便在不得志的時候,即便在「大道如青天,我獨不得出」的惶惑中,也還要堅定自己的功名之心,堅信「長風破浪會有時,直掛雲帆濟滄海」。可是被唐玄宗召見後,他很快便得罪了楊貴妃和高力士,好在保住了命,最終得了個「放金賜還」的結果。之後他還不死心,直至在參加

永王叛亂中被當成叛亂者，差點身首異處。此後他滿懷失意，據說在當塗縣撈月時溺死湖中。

之於官場中那些老到的政治對手，李白、杜甫等詩人們永遠都是弱者。杜甫受到李林甫的欺騙，沒能擠上政治的舞臺，確實也為名利所累，而李白辛辛苦苦擠了上去，卻沒能了解到「達不顯貴」的道理，也沒有意識到官場之中的是非凶險，與人發生利益之爭，高傲的他最終沒能保住自己的功業基礎 —— 官位。

社交商場上是非多，你在爭，別人同樣在爭，利益上的直接衝突很容易就會造成雙方的敵對情緒，而在利益分享的問題上，每個人或許都是貪婪自私的，所以現實世界中永遠都存在僧多粥少的問題，你得到了就意味著別人失去了。你的進取心在別人尤其是對手看來，永遠都是一種威脅和挑釁，或明或暗，都會讓人覺得不舒服。那種各取所需、各憑本事、井水不犯河水的理想主義和江湖道義是不存在也行不通的，只要有利益，就存在利益之爭，而一旦存在利益之爭，就一定會威脅到別人。

追逐名利存在巨大的風險，一旦過度執著於此，就等於將自己毫無保留地暴露在競爭者面前，成為眾矢之的。所以適當地隱藏和控制自己的欲望，絕對是明智的選擇，這樣有利於保護自己免受對手的攻擊和傷害。當然淡泊名利不是說不要名利，名利常常是人生理想的一部分，不過一定要更加理性、克制地對待自己的人生理想，這是一種人生境界，也是一種處世智慧，只有做到不爭之爭，才能保證自己失去更少、得到更多。

唐朝名相房玄齡深得唐太宗的信任，原因就在於他出色的決策能力以及淡泊名利的良好心態。房玄齡的父親曾經是隋文帝器重的大臣，他

一生從不與人爭權奪利，政績突出，卻沒有名利之心，因此家境清貧。房玄齡從小受到父親的教誨，深深懂得遠離名利即遠離是非的道理。

貞觀元年（西元 623 年），唐太宗準備對一年來做出重要功績的大臣進行論功行賞，他毫不猶豫地將房玄齡排在了第一位。此時淮安王李神通站出來表達了對排名的不滿，房玄齡自知此舉會為自己招來大臣的嫉恨，於是也表示推辭，李世民則更加堅定了要封房玄齡為第一的決心，接著就力排眾議，維持原來的決議。

不久之後，唐太宗又希望封房玄齡為宋州刺史，目的是為了能夠讓房玄齡的子弟將來可以世襲這一職位。房玄齡聽說後，立即堅辭不就。他上表謝過聖恩，然後提出了異議，認為聖上此舉會引起大臣們的爭權奪利，實在不妥。李世民只好作罷，而那些大臣聽說房玄齡沒有接受宋州刺史，心裡就放鬆了許多。許多人甚至被他淡泊名利的表現所折服，紛紛仿效著放棄了世襲的職位。

正因為房玄齡淡泊名利，一生仕途才能暢達，沒有遭受到政敵的排擠和打擊，他也才能長期得到唐太宗的賞識和尊重。

年輕人都有建功立業、彰顯功名的雄心壯志，也許還算不上利慾薰心、走火入魔，但是一定要注意控制自己，無論是秉持有得必有失的經驗教訓，還是欲求先予的處事策略，抑或不爭之爭的人生境界，年輕人都要懂得掩飾和隱藏自己的欲望，淡然地看待名利得失，為自己創造更安全的生存和發展環境。

5. 要想出人頭地，就要先矮人一頭

有人問希臘的大哲學家蘇格拉底（Socrates）：「你是天下最有學問的人，那麼你說天與地之間的高度是多少？」蘇格拉底毫不遲疑地回答說：「三尺！」那人覺得十分可笑，於是接著說：「先生，除了嬰兒之外，我們每個人都有五六尺高，如果天與地之間只有三尺，那不是把蒼穹都戳破了？」蘇格拉底聽完之後也笑了：「是啊，凡是高度超過三尺的人，如果想立於天地之間，就要懂得低下頭來。」

的確，一個人想要在社會中立足和發展，就要學著低頭，始終保持低調做人的姿態。能夠低下自己「高貴」的頭十分重要，而懂得要在各種場合低人一頭更加重要。做人一定要內外兼修，即便是鶴立雞群的能者強人，也要懂得如何保護自己，有必要的話也要在在別人面前示弱藏拙。

佛爭一爐香，人爭一口氣，每個人都願意出類拔萃、高人一等，希望自己成為眾人中的強者，可是他們往往忽略了人的嫉妒心。「木秀於林，風必摧之」，一個才華出眾的人才常常會遭到周圍人有意無意的妒忌和排擠，所以總是樹敵眾多，如果不知道如何隱藏自己的強勢和地位，而一味地表現出高人一等的姿態，那麼禍患遲早會降臨。

明朝初年的大才子解縉曾是朱元璋寵信的大臣，他自負才高八斗，又深得聖意，所以常常是知無不言，言無不盡，極力揮灑自己的能力，可是也因此得罪了許多人，甚至是明代的開國皇帝，只是朱元璋過於愛才，所以才沒有追究他的責任。

　　後來明成祖朱棣起兵燕京，最終取代了建文帝朱允炆，在建文帝時期一直沒有得到重用的解縉，沒有像其他大臣那樣自殺殉國，反而率先臣服於朱棣，而朱棣也深知解縉是父親朱元璋頗為喜歡的才子，於是不計前嫌馬上重用了解縉。

　　不過解縉向來比較自負，在新皇帝面前又犯了以往的老毛病，他經常毫不隱諱地評價皇帝和政治，而這是皇城裡的禁忌。大臣們也對解縉處處顯才表達了不滿，認為解縉太過目中無人，況且解縉經常會在皇帝面前指出他們的缺點，這讓他們非常難堪，所以他們也經常在朱棣面前進獻讒言，大肆攻擊解縉。後來在更換太子的宮廷政治鬥爭中，解縉再度扮演了先鋒的角色，死保太子，結果引起了二皇子的不滿，於是二皇子及其同黨千方百計地誣陷解縉，一些大臣平時就對高傲的解縉恨之入骨，此時便聯合在起來在明成祖面前挑撥是非，結果朱棣大怒，最終下令將解縉處死。

　　一個人擁有高人一等的才能，這是很好的競爭和生存優勢，但如果過於顯露和炫耀這種優勢，它就會轉變為劣勢。孔子認為中國人向來都是「不患寡而患不均」，絕對能力上的多少大小，誰都不會在意，大家都是智者也好，都是傻子也罷，都可以做到相安無事、心平氣和，但是「相對比較中」的能力一定要盡量對等，必須得到平衡、平均，偏差太大就一定會引發嫉妒和不滿。

　　但現實情況並不那麼讓人如意，能力上的差別始終都會存在，人總是有優劣之分，這就是紛爭對抗的來源。所以聰明的人往往會懂得降低自己的身分，處處低人一頭，以消除對方的警戒和敵意，而這樣的人也往往可以安然地生存下去，並能獲得更大的發展空間。

　　清朝大臣張廷玉是康熙、雍正、乾隆三朝元老，地位高貴，但是他

為人處世十分小心謹慎，從不與人爭強，總表現出低人一等的姿態，所以贏得了眾大臣的尊重和愛戴，也贏得了皇帝的讚賞，這也是他為什麼可以身事三朝而一直無災無妄。

某次，遠在安徽老家的母親捎來一封家書，言及與鄰居爭牆爭地的事，希望兒子可以出面干預。張廷玉知道鄰居家中同樣有人在朝中為官，雖然自己完全可以仗著官位官威逼迫鄰居讓地，但是此事如此鬧下去，對雙方而言終究都不太好。於是，張廷玉立即回信給母親，信中只寫了四句話：「千里捎書只為牆，讓他三尺又何妨。萬里長城今猶在，不見當年秦始皇。」

老夫人收到兒子的回信後，明白了兒子的心意，於是主動讓出三尺地。鄰居知道後，非常慚愧，覺得宰相之家尚且能夠如此低聲下氣地退讓，自己再爭下去未免太不識抬舉了，於是也主動讓出了三尺地，結果兩家之間的巷道開闊了許多，這就是著名的「六尺巷」。

其實以張廷玉在朝中的地位，想要得到土地並不是什麼難事，但是官場上一旦結怨，就一定會危機四伏，所以向來小心謹慎的他並沒有替家人強出頭，反而勸告家人要懂得忍讓對方，以保兩家和氣。張廷玉一生都受到皇帝的賞識，成為可以進入帝王宗廟配享太廟的第一位漢人大臣，也是清朝唯一一位進入帝王宗祠的漢臣，靠的就是這份謹慎和低調。

想要獲得更大的發展，就要懂得以退為進。低俯之草，更經風霜，自然也更容易生存下去。年輕人喜歡一鳴驚人，喜歡與人較勁，可是由於社會經驗的不足，又沒有建立起社會聲望和名譽，所以常常會吃虧，甚至成為人人喊打的過街老鼠。如果可以本著謙遜低調的做人姿態，那麼就可以比較容易地融入生活交際圈中，而不會成為眾矢之的。

6. 楊修真的聰明嗎？

　　三國時期，曹操手下有一個謀士叫楊修，其人才華橫溢、聰慧過人，深得曹操喜愛。不過楊修自恃才學過人，所以經常賣弄小聰明。有一次，曹操命人修建一座花園，快竣工的時候，曹操過去看了一眼，在花園的門口寫了一個「活」字，便轉身走了。監造花園的官員不懂其意，也不敢去問曹操，只好請教楊修，楊修說：「門內添『活』字，是個『闊』字。丞相是嫌園門太闊了。」聽了楊修的解釋，官員恍然大悟，於是立即重建園門。曹操聽說後，表面上稱讚楊修聰明，可心中已經暗暗開始忌妒楊修。

　　又有一次，有人送給曹操一盒酥餅，曹操看了一下，在盒子上寫了「一合酥」就走了。這剛好被楊修看到了，他便把酥餅分給左右一人一口地吃了。曹操回來看到大家都在吃他的酥餅，問：「為何吃掉酥餅？」楊修立刻上前答道：「丞相在盒上寫著『一人一口酥』，分明就是賞給大家吃的。難道我們敢違背丞相的命令嗎？」曹操的心意又被楊修識破了，他只好表面上高興地說「講得好，吃得好，吃得對」，但內心已經有了除掉楊修的想法。愛耍小聰明的楊修卻當真以為曹操欣賞他，不但沒有收斂自己的行為，反而把心智都放在猜測曹操的言行上。

　　後來，曹操與蜀軍作戰連續失敗，進退不得，曹操為此大傷腦筋。一天傍晚，守門人端來雞湯，曹操望著碗中的雞肋骨若有所思。這時，將軍進入帳篷來問夜間口令，曹操隨口答：「雞肋。」楊修聽見夜間以

「雞肋」作為口令，猜得其中意思，便告訴眾軍士打包行李，魏王明天一定會啟程回朝，因為雞肋者，食之無肉，棄之可惜，進不得勝，退怕被人笑。

眾軍士聽了無不佩服楊修的智慧，稱讚他是最能體察魏王心思的人。不料曹操聽後大怒，當即給楊修判了擾亂軍心的大罪，將其斬首，還把首級懸掛在軒轅門外。

暫且不論曹操殺人的動機是什麼，單從解釋「雞肋」這件事，就足以證明楊修十分聰明，能夠正確地理解上級的意圖，可是錯就錯在他在錯誤的時間說出了錯誤的話，提前洩露了上級的意圖，而且也影響了軍隊的整體利益。曹操以渙散軍心的罪名殺掉楊修，也算是合情合理。

聰明的確是一種難得的能力和優勢，但是耍小聰明往往會造成「聰明反被聰明誤」的下場，這不僅會為自己帶來麻煩和損失，而且還會對團隊的利益造成影響。社會中有很多像「楊修」一樣的人，這些人自以為能力超群，總是表現得不可一世，不屑於考慮團隊的利益，甚至不服從上級的指示。

這些人很喜歡揣測上司的意圖，常常按照自己的理解擅自作出行動。單從組織層面來說，任何一個領導者都不會希望身邊存在「楊修」式的人才，這種人對上司的意圖瞭若指掌，卻沒有考慮到尊重上級權威的重要性；喜歡表演個人秀，卻置團隊利益於不顧；經常破壞既定的遊戲規則；多嘴多舌，沒有保密意識。

「楊修」類的人才不是一個可靠的人才，更不是一個合格的團隊型人才，因為他不具備最基本的團隊意識，必然影響到整體的利益，被團隊淘汰就成了必然。一個有自知之明的人應該以大局為重，協調各方關係，充分維護和尊重上司的權威，這是進行團隊合作的前提。

如果說智慧表現在了解和把握局勢的謀略上，那麼小聰明只能算得上處理細枝末節的偏方，因此不能作為獲取成功的慣用手法。喜歡耍小聰明的人大多具有這樣一個明顯的特點：小事上表現得很精明，大事上卻表現得相當糊塗；一時會表現得很精明，長遠看來卻是非常糊塗。因為小聰明上的造詣和成就往往會膨脹自信心，使人變得浮躁，經常是想到什麼就去做，不免有些急功近利。這種過度的自信還會影響和束縛人的思維和全觀，並矇蔽人的雙眼，常常使人不能看得更深、更遠、更透。

小聰明是一種期望自我能力能夠得到充分展示的極端表現，展現了過分地追求自身利益和自我感受的不健康心態。愛耍小聰明的人，通常走路只看天，不辨南北東西；行事時只看自己，不知天高地厚；經常游離在規則之外，凌駕於集體利益之上。這樣的人往往很容易跌倒，經不起人生大事的考驗。

許多年輕人都愛耍小聰明，「股神」巴菲特（Warren Buffett）年輕的時候也不例外。他經常和朋友們合夥做生意，有一次，他看中了一檔股票，打算把自己和朋友合夥做生意的錢一起投資進去，賺一筆「快錢」。於是，他興高采烈地跑到朋友那裡徵求意見。

說明來意後，朋友當下便表示不認同巴菲特的想法，他認為購買股票是一種長期的投資行為，所以應該具備更長遠的眼光，僅僅依靠投機取巧並不能真正地賺到錢，而且巴菲特看中的這檔股票也不像他想像的那樣有潛力，想要盈利非常困難。

巴菲特不聽勸告，他始終覺得自己看好的這檔股票短期內一定有利可圖，為此還和朋友大吵了一架。第二天，巴菲特擅自抽調出自己的錢，買下了那檔股票，然後高興地等待著股價的進一步上漲。可是就在

他滿心期待的時候，股價卻開始急轉直下，他虧了很多錢，和朋友一起投資做生意的計畫也就此擱淺。在接下來的很長一段時間裡，每當面對朋友時，他都覺得很愧疚。

這個教訓對巴菲特的影響很大，他後來投資股票市場，總是十分謹慎，每次都在事先做好預測和規劃，認真分析股票的走勢和潛在的發展空間，然後制定一個長期的購買方案。即便是在股票市場情勢一片大好，股民都很瘋狂的時候，巴菲特也能看得更為長遠，認清股市的虛假繁榮，提前做好應對風險的準備。

巴菲特的獨特理念也正說明了一點：小聰明正是做人做事的大忌。為人處世尤其是在團隊合作時，一定要避免使用小聰明，否則只能是害人害己。

7. 為五斗米折腰的生存之道

　　東晉名士陶淵明窮極半生，都在為功名奮鬥，但是由於生不逢時，再加上內心固有的正直以及隱士特質，他漸漸對政治、仕途失去興趣，轉而嚮往田園生活。某次，督郵視察彭澤縣，要求官員必須正裝前往，向來都蔑視權貴的陶淵明覺得很不服氣，憤憤地說：「吾不能為五斗米折腰，拳拳事鄉里小人邪。」然後直接封印辭官，回歸故里。

　　「不為五斗米折腰」也因此成為後世的美談，更成為千古名士清高有骨氣的象徵，但是僅從生存的角度來說，後人效法這種方法卻並不妥當。陶淵明有歸隱之念，一心想遠離是非，才能如此坦然，而後人似乎沒有這樣的勇氣，大詩人李白也有「安能摧眉折腰事權貴？使我不得開心顏」的金玉良言，可是最終還是耐不住寂寞要出山，最終差點獲罪判刑。

　　陶淵明可以游離在世俗之外，但多數人都沒有這樣的本錢，既然改變不了也逃避不了社會，就應該主動改變自己去適應社會，這才是最為現實的舉動。人生在世的第一要務就是生存，而且多數人都無法真正去超脫生活，因此也只能面對生活，而為五斗米折腰就顯得很有必要。平常人與其說是向人低頭，倒不如說是遷就生活、向生活低頭。要知道，向來不肯低頭的陶淵明一直都沒能擺脫生活的艱辛，他的晚年生活雖略帶詩意，但更多的卻是失意和淒涼，而且全家人也跟著挨餓受凍、食不果腹，他自己也最終在貧困交加中死去。

　　有時候「不為五斗米折腰」只是文人的自謙與自嘲，更多的是失意落寞中的無奈，為五斗米折腰的並不一定是無能無志氣的小人，因為折腰也需要極大的勇氣和耐力，而且還是一種有效的處世策略。想要順利生存下去、想要獲得成功，就必須懂得遷就，一身傲骨的人往往要四處碰壁，很難有什麼大的作為，因為別人絕對不會反過來遷就你的驕傲與清高。從現實情況來看，不願為五斗米折腰的人常常連折腰的資格都被剝奪，因為一旦你表現出抗拒和反抗心理，很快就會被淘汰掉。

　　明朝文淵閣大學士徐階長期以來都與大臣夏言交好，二人關係非常密切，而夏言又與權臣嚴嵩交惡，互為政敵，嚴嵩因此對徐階也沒有什麼好印象，甚至將其當成自己的敵人。後來，嚴嵩父子權傾朝野，肆意誅殺和剷除異己，自然也將徐階列入了「異己」名單。

　　徐階明白嚴嵩作惡多端，早就有心殺賊，可惜嚴嵩父子向來勢力強大，而且對方多年來鬥倒了不少實力強大的政敵，絕非泛泛之輩，自己與之發生正面衝突絕非明智之舉，當務之急是繼續在朝中生存下去。況且雖然嚴嵩對他並不信任，甚至懷有敵視心理，但是兩人之間至少還從未發生正面衝突，所以實際上說兩人並沒有什麼大的仇怨。徐階認為自己仍然可以接近嚴嵩父子，並努力取得他們的信任。

　　嚴嵩父子當然是希望盡快除掉徐階，因此處處設計陷害他，不過徐階總是裝作沒事發生一樣，並沒有因此而表現出絲毫的不滿，反而處處向嚴嵩示好。為了進一步接近嚴嵩，他甚至要把疼愛的小孫女嫁給嚴嵩的孫子，明目張膽地求和聯姻。精明的嚴嵩父子經過多次刁難和試探，漸漸不再懷疑徐階的為人，反而認為徐階是識時務的人，是真心實意地臣服於他們父子的，於是就接受了徐階，而徐階則為此擔負了「沒骨氣」、「走狗」等罵名。

　　老到深沉的徐階總算躲避了嚴嵩父子的迫害，接著他便暗中積聚力量，並且收集他們的罪證。經過長時間的隱忍和臥底，徐階終於抓住了最好的時機，一舉扳倒了嚴嵩父子，而他求存保身、委身討好嚴嵩的策略也因此成為歷代權術中的經典。

　　有人說世間常常容不得君子存在，因為君子的欲望和人格常常都與世事格格不入，很容易就會被世人當成異類，而一個具備小人品行的人卻會因為有了正常人的需要和欲望，從而博取大家的放心。因為小人可以收買，而君子的脾氣卻堅如磐石，所以，對待君子的唯一辦法就是除掉他，使之永遠消失，以免除心頭大患。

　　一個聰明的人懂得屈伸之道，懂得如何展示自己最符合社會心理的一面，你的屈服折腰之舉會被當成正常的一種心理需求，沒有人會對此持懷疑態度，而且你的「明智」舉動會拉近與對方的距離，從而確保獲得更多的安全生存空間。

　　無論是職場、官場還是商場，都會有你看不順眼的人和事，如果不想同流合汙，或者不想委身於人，那麼你的飯碗肯定也很難保住。年輕人總是愛面子，不喜歡做讓自己覺得委屈的事，可是世界永遠不會圍繞著你來轉，你為了得到更好的生存條件，必須努力去繞著別人轉，既然沒有俯視眾生的能力，就要學會對別人高山仰止。為生活而摧眉折腰或許並不丟臉，只要沒有違背大的原則和道義，甚至國族大義，那麼適當折腰也無可厚非。

8. 以小人的伎倆還治小人之身

人們向來把君子與小人看成是天生的對立者，因為小人看不慣君子的清高、迂腐和自以為是，而君子則不齒於小人的不良行徑，不屑與之為伍，所以這對冤家似乎走到哪裡都有明確的界限。但現實生活中，小人與君子的界限似乎並不那麼分明，小人往往會越界行君子之義，就是為了作秀、收買人心，從而博取一個好名聲；而君子也同樣會仿效那些原本所不齒的小人作為，因為小人的方法往往更加迅捷有效，一針見血。小人行義，是為了披上君子道德的外衣，而君子堅持小人行徑，目的卻往往是為了以其人之道還治其人之身。

通常而言，小人之所以會具有強勁的生命力，是因為他們總是具備一千個行之有效的生存方法，小人之所以讓人厭惡甚至心生畏懼，關鍵就在於他們擁有一千種整人的方法，他們的存在對於任何人都是一種潛在的威脅，不論是君子還是小人。

而君子對待小人，僅僅依靠講理是完全行不通的，這就如同秀才遇見兵一樣，小人完全不按常理出牌，也不受道德和法律的約束，而這通常就是他們的勝算所在。所以君子在對付小人的時候，絕對不能用常規的方法或君子之法來解決問題，必須想到切實可行的特殊方法才行，而沿用小人的伎倆來對抗小人則是最好的辦法。

明代大清官海瑞曾經在淳安當縣令，當時內閣首輔大臣嚴嵩權傾朝野，而他的得意門生胡宗憲身為閩浙總督，是海瑞的頂頭上司，此人在

地方上向來十分囂張跋扈，不可一世。胡宗憲有個寶貝兒子也是一個為非作歹的小霸王，他經常夥同一幫貴公子哥橫行鄉里、胡作非為，大家礙於胡總督的權勢，都敢怒不敢言。

某日，胡公子來到淳安閒逛，帶著家僕和朋友到處搶東西，還在光天化日之下調戲良家婦女，激得民怨四起。海瑞聽說後，頓時火冒三丈。可是如此明目張膽地懲辦胡公子，定然會得罪胡宗憲，弄不好會因此丟掉烏紗帽，海瑞仔細考慮了半天，心生一計。

晚上胡公子來到淳安的驛站住宿，卻因為不滿食宿問題，不由分說就將驛站的公差吊起來毒打了一頓，海瑞立刻派人將胡公子一夥人綁進了衙門。胡公子見到小小的縣令也敢抓他，就非常囂張地自報家門，海瑞卻故意裝傻，厲聲斥責道：「胡宗憲總督是嚴太師多次誇獎過的廉潔奉公之人，他的兒子想必也是守法之人。你們幾個為非作歹還敢冒充總督兒子招搖撞騙，罪加一等！」於是海瑞直接為他扣上了假冒胡總督公子的罪名，然後命人將他們每人重打四十大板。

此時，胡公子的一個家奴立刻慌張地解釋被打之人就是總督之子，自己還有信件為證，海瑞故意沒有看信，反而重拍驚堂木，故意為他們扣上了偽造胡總督信件的罪名，於是決定再加罰四十大板。同時海瑞還故意派人連夜送公文給胡總督，說是有人冒充胡公子，要求總督嚴辦。胡總督縱然已經知道被打的就是兒子，可是也有苦說不出，拿海瑞沒辦法。

有時君子也要懂得放下身段，將自己包裝成所謂的小人，如果你不願意拋棄陳舊的觀念和外在的形象，認為這有損於尊嚴和道義，那麼就一定會繼續受到小人的傷害，就像遇到危難時，趴地鑽狗洞逃生一樣。如果只會固執地抓著那些表面的尊嚴不放手，那麼就只能眼看著危險的

來臨坐以待斃。行小人之事，並不是意味著從此要當小人，這只是一種處事的策略而已，學習小人只是一種手段，而不是最終的目的，所以基本上無關立人之說，也沒有淪落歧路之嫌。

有關制伏小人的手段，魯迅先生曾一針見血地指出：「以無賴的手段對付無賴，以流氓的手段對付流氓。」這種方法堪稱絕妙，借用小人的方法往往可以直擊小人的痛處，使其痛苦不堪，甚至是有苦難言。而且通常情況下，沒有誰會懷疑一個君子會做這樣的事，尤其是那些善於識人的小人，所以行事的隱蔽性、迷惑性往往都比較好，而效果自然也可以有很大的保證。

年輕人進入社會後，無論是父母的言傳身教，還是學校裡的教誨要求，其中重要的一條就是好好做人，為人要行得端坐得正。所以，年輕人總是滿懷期望和理想，又充滿了浩然正氣，他們遇事耿直不阿，行事有君子之風，不願意得罪別人。可是小人卻不管你有多少仁義之風，他們常常能抓住這一點，利用年輕人的弱點大作文章，因為他們知道你不敢把事情鬧大，也沒有勇氣和實力把事情鬧大，所以他們可以肆無忌憚地對付你，而你的一舉一動卻處處受到道德的牽制。但是如果年輕人可以精明一些，不按常理出牌，用小人慣用的招數來對抗小人，那麼一定會得到很好的效果，達到有效的打擊和震懾作用。

9. 巧妙露醜可以博得上司的信任

　　在現實生活中，人們都習慣於將自己的優點展示給公眾，沒有人願意讓別人看到自己醜陋的一面，這是人們的虛榮心在作崇，也是誘發人與人之間競爭的根源。競爭關係表現得最為明顯的場合莫過於職場，無論是上下級還是平級之間都存在著互相利用、勾心鬥角、明爭暗鬥等等複雜的關係。要想在職場風雨中一帆風順，博得上司的青睞尤為重要。

　　在職場中，與下屬相比，上司必然處於強勢的地位。然而上司並不是一參加工作就成為主管的，得到當前的位置前一定也付出過很多努力，其中不乏一些辛酸的經歷，因此，上司會十分珍惜自己的地位，不會容忍任何人對自己的位置構成威脅，尤其是下屬。所以，上司會對自己的下屬採取適當壓制的策略，時刻提醒對方清楚自己的身分。當上司無法容忍某個下屬的時候，他必然會想辦法讓對方離開。

　　明朝熹宗時期，邵武縣知縣袁崇煥被提拔為兵部職方司，官位雖然不高，但是他總想著能夠做出一番成績，因此常常提出一些非凡的主張，令同事們刮目相看。他還不厭其煩地向上司出謀獻策，可是上司對喜歡賣弄才能的袁崇煥並沒有好感，甚至生氣地對他說：「如果你有心報國殺敵，不如調去前線指揮作戰，在這裡紙上談兵有何意義！」

　　袁崇煥十分詫異，不知道上司為什麼生氣，一位同事悄悄告訴他說：「大人一定是嫉妒你的才能了。你有膽有識不正好反映出了他的膽小無能？作為下官，你已經超越了大人，大人能不怪罪於你嗎？」袁崇煥

反問道：「入朝為官就應該以社稷為重，如今前方戰事緊張，為國分憂難道有錯嗎？」

不久，遼東戰事惡化，京城人心惶惶，袁崇煥得知訊息，主動請纓鎮守山海關，上司自然當即批准。同事得知後，急忙勸袁崇煥說：「大人一直對你心存怨恨，你的提議他無一採納，如今准你駐守山海關，必定是要排除異己。你處處顯示出自己的才能，大人必然感到不自在，他能容忍你嗎？」

袁崇煥一心想著前線安危，同事的話自然沒放在心上。到了山海關，他立即考察戰事，整頓軍務，甚至要拿幾個將領開刀。有人勸他就此罷手，因為那些膽大妄為的將領背後都有強大的後臺，懲治他們無異於引火上身。袁崇煥固執己見，堅持殺掉了那幾個為首的將領，士兵們歡呼雀躍，但有些人卻為袁崇煥感到擔心，怕他不得善終。果不其然，明崇禎三年（西元 1630 年），袁崇煥被生性狹隘的崇禎皇帝殺害。

從袁崇煥的經歷中不難看出，越是精明有才華的人，其下場越是悽慘，尤其是那些常愛顯山露水的人。在職場中，才華和能力並不是上司衡量你的唯一標準，因此，你在滿足自己虛榮心的時候，必須考慮是否觸碰到了上司的虛榮心。如果上司發現自己各方面都不如你，甚至完全可以被你取而代之，那麼他會覺得自己的地位受到威脅，而真正處於危險境地的無疑是你。

上司當然也希望自己的手下各個能力突出，可是上司也是有私心的，他不會忍受下屬的才能或是聲望超過自己，因為這樣的下屬有可能成為他的心腹之患，使他不得不心存戒備。而作為下屬，想要得到上司的重視，不僅要在工作能力上下工夫，更重要的是想辦法讓上司對你消除戒心，最有效的方法就是不惜自損名聲，讓上司看到你的缺陷。

顯示自己的缺陷並不一定會遭遇上司的冷落，你可以藉助自己的缺陷，贏得向上司請教的機會。自恃學歷較高、經驗豐富，處處「一馬當先」，急於向上司展示自己的能力，這樣鋒芒畢露的做法會使你陷入被動，你贏得了讚賞同時也招來了嫉恨。相反，承認自己的缺陷，直言有不懂的地方向上司請教，都會留給對方謙虛、好學、尊重上級的良好印象。

東魏孝靜帝時期，宮中有個小官叫和安，他頭腦靈活、做事恭敬，因此孝靜帝總叫他陪伴左右。一天夜裡，孝靜帝與幾位大臣研究天象，叫和安出去看看北斗七星的頭柄指向何方。和安出去轉了一圈，回來後吞吞吐吐地說：「陛下恕罪，微臣不識北斗。」幾位大臣面面相覷，孝靜帝也為他的無知感到臉紅，但和安卻毫無愧疚之感。

當時，孝靜帝只是一個傀儡皇帝，實際掌權的是丞相高歡，當他聽說和安不識北鬥的醜事後，反而認為和安純樸厚道，並任命他為儀州刺史。其實和安並未無知到不識北斗，他知道朝廷大權掌握在丞相手中，怕漫談天象得罪了丞相，才故意顯示出自己的無知。

承認缺陷不會給上司留下「蠢笨」的印象，反而會使對方增加對你的信任感，使其更樂於接納你。初入職場的年輕人不要追求完美，更不要恃才傲物，有過人的能力固然重要，懂得讓上司欣賞你的能力更為重要，否則空有一身本領卻得不到重用，只能抱怨千里馬沒有遇到伯樂，殊不知伯樂尋找的不只是千里馬，更是自己能夠駕馭住的千里馬。

10. 本色為人，缺陷也會被容忍

俗話說「金無足赤，人無完人」，每個人或多或少都會存在一些缺陷，這些缺陷也許影響到了外表，也許影響到了內在，所以許多人千方百計地嘗試修復外表的瑕疵，掩飾內在的缺陷，希望在眾人面前展示近乎完美的形象。或許你的修復技術高超，讓人看不到外表的瑕疵，可是類似欺騙的負罪感會長存於你的內心；也許你的演技足以迷惑任何一個第一次遇到你的人，讓人無法看清真正的你，但是天長日久，總有一天你的內在缺陷會暴露無遺。

春秋時期，越國的美女西施美麗得令人驚嘆，無論舉手投足，還是言談微笑，都令人浮想聯翩，即便是淡妝，身著布衣，走到哪裡也都會引來人們的關注。西施患有心痛的毛病，每次疼痛的時候，她都會輕輕地按住胸口，微微地皺著眉頭，流露出一種嬌媚柔弱的女性美，人們看到她的舉止，無不萬分憐愛。

同鄉有個醜女人，不僅外貌醜陋而且言語粗俗，因此沒有人喜歡與她往來，而她卻一天到晚做著當美女的夢，整天濃妝豔抹不斷地改變裝束，卻沒有一個人說她漂亮。一天，她看到西施摀著胸口、皺著雙眉的樣子竟博得這麼多人的青睞，便來到街上，學著西施的樣子，手摀胸口矯揉造作，這使她樣子更難看了。結果，富人看見她的怪模樣，馬上把門緊緊關上；窮人看見她走過來，馬上拉著妻子和孩子遠遠地躲開。人們看到了這個怪模怪樣模仿西施心口疼，在村裡走來走去的醜女人，簡

直像見了瘟神一般。

　　這個醜女人只知道西施皺眉的樣子很美，卻不知道她為什麼很美。她一心矯揉造作地模仿西施的樣子，來掩蓋自己的醜陋，結果只能被人譏笑。醜陋固然是難以改變的缺陷，但如果一味地想要掩蓋缺陷，很有可能會欲蓋彌彰，令人更加難以接受。

　　在每個人身上，都是優點與缺陷共存。優點閃耀著迷人的光芒，使人沾沾自喜，而缺陷卻常常令人感到沮喪、恥辱，甚至成為長期無法擺脫的陰影。有的缺陷也許很難改變，譬如身高、聲音，譬如骨子裡根深蒂固的一些東西，我們應該勇於承認和面對，並且用淵博的知識、突出的才能和高尚的品德去彌補。當我們某方面的優勢彰顯到一定程度的時候，別人會忽略我們本身的一些缺陷，甚至這些缺陷都會被人看成一種美麗。因為人們已經感動於你面對缺陷時仍然能夠保有的那份自信。

　　菲律賓著名外交家羅慕洛（Roberto Romulo）身材矮小，穿上鞋子只有 163 公分，因此他年輕時在出席外交活動時總是自慚形穢，甚至擔心自己的形象會有損國家的形象。他也試過穿高跟鞋，但這個方法不僅讓他的身體感覺不適，更讓他在精神上很不舒服。直到後來，羅慕洛發現身材矮小這一缺陷也能夠成為成功的法寶。因為矮小的人起初也許會被輕視，可一旦有了表現，別人就會覺得出乎預料，他的成就會顯得特別出色。

　　一次，羅慕洛在哥倫比亞大學參加辯論，因為個子矮小，人們沒有把他當成是大學生，紛紛為這個貌似小學生的辯手加油助陣，他們希望看到這個處於下風的人獲勝。透過這次辯論，羅慕洛發現了身材矮小的好處，從那以後，他更是覺得自己每完成一件很平凡的事，都會被人們看作驚天之舉。

1945 年，羅慕洛以菲律賓代表團團長的身分參加了聯合國創立會議。會上，他應邀發言，走到幾乎與他身體一樣高的講臺前，羅慕洛莊嚴地說出這樣一句話：「我們就把這個議場當作最後的戰場吧。」全場登時寂然，接著爆發出一陣熱烈的掌聲。他放棄了預先準備好的演講稿，即興講出了一段飽含激情的話，為在座的各國代表都留下了深刻的印象，也使身為小國的菲律賓在聯合國大會中的地位得到了很大的提升。

　　身材矮小的確是一種生理缺陷，可是羅慕洛寧願世世代代都做矮人，因為他知道，一個人有用與否和個子大小無關。因為自身的缺陷而苦惱，只不過是在庸人自擾，但凡心理健全的人，都會容忍你的缺陷，甚至會感到同情，只要你展示原本的面目而不做作地掩飾，就不會招來嘲笑。

　　所謂的高人名士並不是沒有缺陷的人，只是他們對待缺陷能夠如同對待優點一樣淡然。所以，面對不能夠改變的缺陷，我們首先要勇敢地接受，並發掘這些缺陷的價值，在適當和需要的時候化缺陷為優勢，這樣才能夠最大限度地發揮我們自身的潛力，實現人生的價值。面對缺陷，讓我們多一些理智和自信，結果便會有大不同。

11. 自損聲名，快速解除他人疑心

　　古人向來都注重名聲和名節，尤其是正人君子。正所謂「失身事小，失節事大」，他們把名節當成自己的身家性命一樣看待，必要的時候甚至不惜以死明志，盡量保全人格上的清白之身。他們認為一個人在生活上可以貧窮，但人格上不可以低賤，所以處處都以名聲為重，處處都顯露自己的聲望。而有些人卻更加注重生存的實際技巧，名聲固然重要，但是名聲總是會牽累到自己的生活，為了保持生活的安穩和人身的安全，他們往往不惜棄車保帥。

　　一個人不要使自己總是處在光芒四射的閃耀狀態，能力越大，威望越高，就越容易成為眾矢之的。因為一個有名望的人往往具備一定的社會地位和社會影響力，這對其他人的地位和利益造成了威脅，所以盛名之下總是危機重重，往往會有人希望你出醜，希望你身敗名裂，希望能夠讓你不得人心，他們一定會千方百計地設計陷害你。與其時時防備那些來自暗處的傷害，不妨主動為自己消災，上演一齣自毀名聲的戲碼，在適當的時機適當地掩飾和隱藏自己的美德，甚至做幾件不得人心、有違道德的蠢事和壞事，這樣一來就滿足了別人的需求，從而降低對方的猜忌和嫉妒。

　　西晉的大臣杜預文韜武略樣樣精通，是當時一位不可多得的傑出人才，他因此深得晉武帝的器重，在朝廷內外都備受尊重。但是杜預卻總是做一些損毀自己名聲的「蠢事」，常常向朝廷中的權貴行賄。有人對此

十分不解，認為他名聲日漸增長，眾人都很敬佩尊重他，為何還要自作賤呢。杜預很直白地說：「我自然沒什麼有求於他們的，我只怕他們加害於我。」

聰明的人總是能夠清楚意識到自己身處的環境，而且總是敏銳地感知到自己身邊可能潛藏的各種危險，何況自己還是一個公眾人物和焦點人物。他們能夠確保自己不會被名聲所累，不會被名聲所傷，因為他們明白保全身家性命才是人生最重要的事情。人們通常認為本分做人，用名聲和聲譽可以贏得更多的尊重，殊不知名聲也會害人，而且名望越高越大，危險也就越高越大，有時候為了減輕自己的危險程度，就有必要讓自己變得「庸俗」和「無良」一些。

蕭何曾是劉邦的謀士，劉邦得到天下後，張良出走，韓信被殺，「三傑」之中，蕭何實際上成了劉邦唯一一個值得重用的人才，但是張良和韓信的下場隱約讓蕭何感覺到了一些危機。

劉邦建立西漢後，政權很不穩定，各地戰亂依然存在，為此劉邦常常親帥大軍前往征討，治理國家內政的問題全權交由蕭何代為打理，但是劉邦並不信任蕭何，總是派人監視他的一舉一動，防止蕭何作出對自己不利的事情。

蕭何當然也漸漸敏銳地感知到了劉邦的戒心，所以他從來都不敢有過分的舉動，每次打理朝政都是行本分之事，從來不敢妄行妄動。劉邦在外征戰四方，蕭何一方面在國內安心治理內政，另一方面也及時地安撫民心、輸送糧草，可謂盡職盡責，自然也贏得了朝廷內外的稱讚。蕭何自以為事情已經做得很周全，應該不會被抓住什麼把柄，但是有人卻勸告他不要太盡責，這樣一來反而會招來劉邦的猜疑和嫉恨，聲望越高，劉邦就越是寢食難安，不如做一些不光彩的事，把自己抹黑一點。

　　蕭何這時猛然驚醒，於是故意壓價賣田，而且還放高利貸，一時間弄得民怨四起。結果劉邦回朝後，並未加以懲罰，只是讓他自行處理，自毀聲望的蕭何因此逃過劉邦的猜忌和政治迫害。

　　與其被人打壓，不如先降低自己的聲望，故意掩飾和減少自己的美德卓行，讓自己不再變得那樣出色光彩和受人尊重，那麼別人自然就不會產生過重的猜忌心。因為一個品行不正、道德不純的人，是絕對不會對別人的聲望和地位造成影響的，只要對方心理上達到了平衡，就自然不會作出什麼迫害的行為。

　　人人都渴望自己能夠聲名遠播，都希望自己成為萬人尊重敬仰的好人，但是名聲越大的人，危險也就越大，正所謂「樹大招風風撼樹，人為名高名喪人」。當別人的形象在你面前相形見絀時，你已經對別人的利益造成了一定的衝擊，而這通常就是禍患的來源。一個人要刻意保持低調，盡量減輕和消除身上的光彩，因為越黯淡的人生往往才越安全。

12. 完名美節，不宜獨任

立世須先立人，做人向來就是人生的第一要務。一個不懂得做人原則和規律的人，做事往往也不會成功。但是許多人卻遵循著「人不為己天誅地滅」，凡事從自己出發，個人利益高於一切，做人做事都帶有特別強的目的性，趨吉避凶的意圖也非常明顯，同功則專美於己，同過則推罪於人，然而結果卻是「機關算盡太聰明，反誤了卿卿性命」。

榮耀是每個人都想得到的東西，但是一個人一旦有了成就，千萬不要忘記與自己共進退的人，不要自己一人專權獨享，對別人的付出置若罔聞，這樣自私的表現其實是對別人的一種侮辱。很多時候，人們應該將心比心地換位思考一下，當自己的付出被人忽視時，會是如何的一種想法。只有尊重別人，才能贏得別人的尊重，否則就很容易成為對方的敵人和對手。

明代文學家洪應明有一句話說得非常好：「完名美節，不宜獨任，分些與人，可以遠害全身。」無論是功勞還是讚美，都要與眾人享受，不可一人專美，功勞往往是招來災禍的原因，它總是伴隨著危險和禍患。一個人獨自攬功貪功，也意味著獨自一人去承受功勞所帶來的風險。

一般而言，功勞越大受到的猜忌也就越大，如果把所有的功勞都攬到自己身上，那麼就等於把所有的憤怒和妒忌都牽引到自己身上，這絕對不是一個明智的舉動。聰明的人不會斤斤計較眼前的這些利益，他們往往能夠看得更遠、更深，所以總是低調地把自己的功勞分享出去，從

而消除別人的猜忌和迫害，為自己創造一個更加平和穩定的環境。

貪功攬功的人常常難以得到他人的尊重，還會引起眾人的不滿，成為眾矢之的。而喜歡把功勞分給其他人的人，卻心胸開闊，目光遠大，能夠顧全大局，對眼前的利益能夠理性冷靜地對待，時刻以團隊利益為重，絕對不會也不敢一人獨享，這種人大智若愚，常常為別人的利益著想而受到大家的禮遇和敬重。

西漢名將李廣總是將朝廷賞賜給自己的東西分給部下，所以始終都能夠保持上下一心、共歷患難。而在宋朝也有著這樣一位體恤下屬的名將，他就是精忠報國的岳飛。岳飛所帶領的岳家軍更像是一個民間的愛國團體，並非國家的正規軍隊，但是岳飛長期以來都治軍嚴格，絕對不允許士兵做出什麼傷民擾民的事情，一旦發現軍中有人觸犯軍規，他一定嚴懲不貸。

雖然治軍甚嚴，但是他私底下對待士兵卻如同手足，平時吃住與士兵一起，不會有什麼特殊待遇，而且他時刻都明白一將功成萬骨枯的道理，所以從來都不實行個人英雄主義。他認為戰爭的勝利以及自己擁有的一切，完全是岳家軍所有將士的功勞，所以每次打了勝仗，有什麼功勞他都全部推給將士，有什麼封賞，也全部留給手下的將士，自己絕對不去獨占一分一毫。

岳飛將所有的士兵都當成親人一樣對待，懂得與士兵們分享自己的成功，所以岳家軍總是團結一致，成為了最有力量的隊伍，無論面對多強大的敵人，他們都能夠同心協力勇往直前，順利克服掉眼前的困難。難怪金兵會說：「撼山易，撼岳家軍難！」

做人的智慧和境界往往展現在對待成就的態度上，一個自私自利的人總是喜歡獨占利益，太過自以為是就會使目光變得短淺，而他們的舉

動往往會讓仇者嫉妒親者憤恨，周圍的人一定不願意繼續與之共事，沒有人願意與之達成第二次合作。那些不獨占功勞不獨美的聰明人卻總是大度從容地與人分享自己的成就，或者說他更願意將其當成大家共同的成就，這樣一來就可以拉近自己與別人的關係，可以增強相互之間的信任，同時也能夠把握好更多的合作機會，為自己的長遠利益作好打算。

做人一定要盡量保持低調，要謙卑地看待自己的成就，不要總是認為自己的功勞是最大的，因為害怕別人搶走自己的功勞和風頭，而有意冷落別人，這只是自私鬼打的精明如意小算盤。真正聰明的人能夠大度地讓出自己的功勞，這樣別人不僅不會搶占功勞，反而會更加敬佩和尊重於他。

成就若是十分，那麼不妨讓人二、三分，這樣起碼不致於招人憤恨怨怒；若讓人四、五分，於己無害，於人卻有情有義，必會令人敬佩讚嘆。

13. 虛心竹有低頭葉，傲骨梅無仰面花

　　印度一家著名的佛學院裡長期以來都存在一個奇特的習慣，但凡新生入學，都必須低頭穿過一個低矮的小門，寓意正在於做人要懂得低頭低調，這是成功的前提，也是避免傷害的選擇。一個人在生活中，要盡量保持低調的本色，不要總是高傲地表現自己，否則可能會四處碰壁。

　　天不言自高地不言自厚，秋天的麥穗總是迎風低頭，而且，越是飽滿的麥穗就越是穩重，所以法國人文主義作家蒙田（Michel de Montaigne）曾經說：「真正的學者就像田野中的麥穗：麥穗空的時候，它總是長得很挺，高昂著頭；麥穗飽滿而成熟的時候，它總是表現出溫順的樣子，低垂著腦袋。」著名畫家達文西（Leonardo Da Vinci）也說過：「微少的知識使人驕傲，豐富的知識使人謙遜，所以空心的禾稈高傲地舉頭向天，而充實的禾穗永遠都是低頭向著大地，向著它的母親。」

　　真正有內涵且內涵豐富的人總是謙虛地低人一等，低著頭毫不起眼，只有那些腹內空空的人才會像空麥粒一樣肆無忌憚地挺立在風中，處處向別人展示自己的高調，然而卻沒有任何用處。可見，是否願意低頭常常也決定了一個人是否飽滿有內涵。

　　華人首富李嘉誠長期以來就是華人世界乃至全世界的風雲人物。作為最具代表性、最有影響力的企業家，李嘉誠總是輕易就能成為公眾的焦點，但是他總是以低調面目示人，待人謙恭有禮，完全不像一個地位崇高的大富豪。

　　正因為李嘉誠一直保持低調的個性，所以他的企業帝國才能夠越做越大。但是事業越是發展壯大，他就越是要小心低調。他認為做人要不斷超越自我，但是在別人面前則要盡量做到無我的境界，不會讓人覺得有壓力，也不會被人察覺到他可能會造成利益上的威脅，而這正是他自己經驗教訓所得。

　　1980年代的時候，李嘉誠是香港貨櫃碼頭大王，在香港占據絕對的霸主地位，但是隨著經濟的快速發展，原有的碼頭越來越難以滿足運輸的要求，政府有意興建新碼頭，並進行招標。李嘉誠認為自己實力雄厚，而且香港立法局的九名議員是自己公司的幕僚和特邀董事，所以「人和」不成問題，他對於這次競標誌在必得。

　　他的高調表現卻引起了政府的不滿，政府認為李嘉誠的公司有壟斷嫌疑，所以最終將新碼頭出人意料地讓其他競爭對手得標。這次失敗讓李嘉誠意識到無論自己的實力有多麼雄厚，都一定要保持低調，因為樹大招風，很容易帶來不必要的麻煩，只有低調做人才能發展得更好。

　　很多時候，聰明的人根本不用刻意去表現什麼，低調的行為也許就告訴了別人事實的真相，只有那些身無長處的人才會想盡辦法去表現自己。然而越是高調示人，就越是證明了自己實際上一無是處，這樣一來反而會成為別人的笑柄。正如成熟的麥穗會低頭一樣，成熟的人也要懂得低頭，做人一定要沉穩一些，處處表現出謙卑恭敬的姿態，不要總是高昂著頭目空一切，這樣不僅得不到別人的尊重，反而會帶來更多的不利。

　　「虛心竹有低頭葉，傲骨梅無仰面花」，事實上，低頭迎合的人往往更具生命力，也更加堅強，因為他們面對那些難以克服的困難和危險，從來都不會一味強硬地去衝撞，反而會適時地低頭示弱，從而保留自

己。那些還未成熟的麥穗，雖然挺拔無比，迎風招展，卻總是輕易就被大風吹倒，而那些懂得及時彎腰的麥穗，一直都能夠保持堅強，不會輕易被秋風所折斷。做人也是如此，低調的人往往更能夠經得住風霜的侵蝕，更能夠承受住生活中的各種壓力。

　　曾經有一位大型集團的創辦人，即便已經做到領到業界的地位，但是做人卻向來低調。他的辦公室桌上有一隻低頭的銅牛，當初鑄造它的時候，有人建議讓牛抬頭，卻被他堅決否決，他認為低頭是一種本分，而且低頭才能蓄勢待發。做人要謙虛一些，要像低頭的麥穗一樣，只有低頭才能表現出生命的重量，才能襯托出內在的飽滿和豐富，而那些傲然挺立的人常常是腹內空空的稗子。

14. 較勁傷自身，只選合適的事做

《牛津格言》（*Oxford book of aphorisms*）中說：「如果我們僅僅想獲得幸福，那很容易實現。但我們希望比別人更幸福，就會感到很難實現，因為我們對於別人幸福的想像總是超過實際情形。」別人生活中的成就和幸福總是輕易就讓我們否決掉自己的人生，總是輕易就勾起我們的妒忌和羨慕，也總是輕易就教會了我們煩惱。

人們總是習慣性地認為別人的東西一定會比自己的好，所以千方百計地想要弄到手，和別人一較高下。當你把別人的幸福看得過重時，自己的幸福就會被看得更輕。其實，暫且不說別人擁有的東西你能否得到，別人的東西未必是想像中的那樣好，別人的幸福也未必真的就適合你自己。每個人都有自己的生活要過，都有適合自己的生活要過，你總是羨慕別人的生活，認為自己活得不夠出色，實際上只是一種並不理智的效仿行為，只能讓你過得更痛苦。所以當你有了較勁之心的時候一定要想開，成為自己、成就自己才是最大的成功，又何必去當別人的影子呢！

還有很多人並沒有什麼固定的人生目標，或者說他們的人生目標通常都建立在別人目標的基礎之上，因為他們總是抱著較勁的心態去和別人競爭，處處表現出高人一等的姿態，以凸顯出自己的地位和實力。別人有什麼自己就必須有什麼，而且還要比對方更多更好，人無我有，人有我優，人優我先，總之處處都不落後於人。

盲目與人比較往往會產生比較效應，自己總是有意想要去追趕對方的腳步，或者說想要處處領先別人一步，以便讓自己變得更加高貴一些。長此以往，自己只會毫無意義地陷入到無止境的纏鬥和比較中去，只能徒勞地為自己增加生活的負擔和煩惱。比較是為了證明並提升自己的形象，但是很多時候反而會弄巧成拙，讓自己陷入到尷尬的境地之中。

小青是某公司的業務部經理，為人能力很強，業績一直都十分出色。但是她最近想要換一份工作，希望趁著年輕，自己能夠接觸到更多的東西，於是毫不猶豫地向公司提出了辭職，並提交了辭呈。但是公司的老闆非常愛才，認為小青是公司裡不可多得的人才，如果放走了她，實在是公司的損失，萬一他跑到自己的競爭對手那裡，就更是對公司帶來威脅。

老闆決定不惜一切代價留住小青。他親自去小青家中慰留，表現出很大的誠意。不僅如此，他還承諾替小青升遷加薪，小青見老闆這樣執意挽留，實在不好意思離開，於是決定繼續留在公司任職。

小宇是小青的一個競爭對手，他看到小青藉著跳槽的方式贏得了更高的職位和更多的薪資，心裡非常不平衡。平時就處處和對方比較的他，認為自己也是公司不可或缺的人物，自己也應該會享受到小青所得到的待遇。為了不落人後，他也主動跑到老闆那裡辭職，結果沒想到老闆很爽快就批准了他的請求。高傲的小宇箭在弦上不得不發，最終只能無奈地離開公司，一時的較勁之心，不僅沒能達成心願，反而害自己失去了工作。

與人比較往往是虛榮心在作祟，喜歡比較的人渴望自己不被別人冷落，渴望在群體中高調表現自己的實力，以便得到大家的認可。然而這

種尋求自信、尋求認可的方式實際上正是過分自卑的一種表現。越是高調地在比較中表現自己，就越是顯現出內心的怯弱和自卑，所以只能寄希望於那些物質性的對比來掩飾自卑，來彌補內心的不足，而一個內在自卑的人往往很難得到別人的認同。

較勁不僅傷害自己，很多時候也是對別人的一種傷害，因為這是一種比較明顯的挑釁行為，很容易得罪對方，而且一般都不會得到別人的同情和支持。這種刻意高調表現自己的行為方式，常常讓人覺得厭惡，大家不僅不會對你的擁有表示出羨慕的態度，反而會有意鄙視你的幼稚和庸俗，甚至大肆奚落。

較勁的人常常只是一個高調的自卑者，常常將比較作為幸福的動力和泉源，把物質所得當成人生的意義所在。然而幸福並不需要那些沒有得到的成就來襯托，不需要物質生活的豐富來表現，它往往就是平凡的。偉大的科學家愛因斯坦（Albert Einstein）認為：「只要你有一件合理的事去做，你的生活就會顯得特別美好。」

每個人都要定位自己的人生，不要盲目與別人較勁。當你總是抱怨別人比自己活得更好時，你已經主動放棄了活得更好的機會；當你總是尋找機會和別人比較時，實際上已經把自己的美好生活遺棄了。其實，踏實地過好適合自己的生活就是最大的幸福。

二、無所為才能無所不為

——陰陽相生的辯證處晦法

1. 以柔克剛，四兩也能撥千斤

　　健壯的肌肉和堅硬的鋼鐵往往象徵著力量，而柔弱則被看成是無力的表現。其實，柔弱也有柔弱的力量，人們對此早已有深刻的了解。道家始祖老子曾說過「天下莫柔弱於水，而攻堅強者莫之能勝」，意思是說，水雖然無形無色，而且柔弱無力，是至柔之物，但具備至剛之力。太極文化中也講究柔弱取勝、以柔克剛的招式變化，「四兩撥千斤」這一武術技法就是〈太極打手歌〉中所提到的，其基本要義就是以柔對剛、借力打力。以柔克剛、柔弱勝強是道家文化乃至中國文化中重要的組成部分。

　　對於強弱差別所產生的結果，人們最能直觀體會到的是，面對別人的強勢，如果直接迎面出擊，以強碰強，那麼最終的結果一定不盡如人意。因為兩強相對，非死即傷，即便僥倖得逞，也是傷敵一千自損八百，或者是事倍功半。所以，遇到強勢之人，不與爭鋒是最好的策略。但是不爭鋒並不是要求逃避，而是說要換個方法和角度來解決問題。要知道，萬事萬物相生相剋，那些剛性的東西往往很難用剛性的力量去征服，而柔弱的事物也許恰恰就是它的弱點。

　　明朝大將洪承疇因成功清剿農民軍、俘殺高迎祥，並多次打敗李自成而聲名大振。因為他具備很高的軍事天賦和能力，所以一直得到朝廷重用，後來更是被搖搖欲墜的大明王朝視為中流砥柱和最後的救命稻草，在清軍入關時，他臨危受命，成為掌管薊遼軍務的總督。

不過大明終究是氣數已盡，洪承疇最終沒能保住末代皇帝，而且自己也被皇太極俘虜。皇太極十分欣賞洪承疇的才幹，有意勸降他，對於洪承疇這樣的明朝重臣，如果能拉攏他加入清軍，對清軍日後的發展極為有利。可是洪承疇誓死也不投降，甚至在獄中絕食抵抗。皇太極對此毫無辦法，於是就找人詢問與洪承疇相關的情況，結果知曉了對方好色的特點，不禁大喜過望，於是他立即命令幾名美女前往誘惑，可是卻依然碰了壁。

這時候，莊妃主動請求去獄中勸降，皇太極實在沒有其他辦法，只能應允下來。於是，莊妃化裝成一名丫鬟，直接來到獄中看望洪承疇。可是，洪承疇一直都面對牆壁，只是坐在那裡默默流淚，既不轉身，也不說話。莊妃率先開口，稱她實在不願意見到一位大英雄在獄中痛苦地絕食而亡，因此，自己為他帶來了致命的毒藥，以幫助他迅速脫離苦海。

莊妃溫柔體貼地將被說成是毒藥的人參湯一點點餵食到洪承疇嘴裡，並進行百般勸導。一心尋死報國的洪承疇漸漸被說動了，之後，當他得知眼前這位溫柔美貌的女子竟然是皇太極的妃子時，終於被徹底感化了，於是叩首請降。

聰明的人總是講究智取，而不是與對手力敵，以柔克剛就是非常有效、非常智慧的克敵方法之一。諸葛亮曾經在《將苑》中這樣說道：「善將者，其剛不可折，其柔不可卷，故以弱制強，以柔制剛。」的確，剛雖強硬卻容易折斷，這是剛性物質慣有的一個弱點，所以和對方硬碰硬顯然行不通，可能會得不償失，以柔弱來制衡剛性的強者，則能夠有效地限制對手的表現，所以以柔克剛通常都是以弱抗強的慣用手段。

另外，向對方展示自己的柔弱，可以造成很好的迷惑作用，因為每

個人都具有一定程度的同情心，尤其是強者在面對弱者的時候，同情心往往就是最大的弱點。春秋時期的吳王夫差俘虜了越王勾踐，他見到勾踐和他的夫人坐在馬糞邊，心有不忍，於是有意要赦免他們的罪，放他們回家。太宰伯嚭早就被勾踐收買，於是從旁鼓動吳王的同情心，結果吳王當真放棄了繼續監視和壓制勾踐的機會，而這就埋下了勾踐後來復國的隱患。史學家都為吳王的婦人之仁感到惋惜，但是如果勾踐一直都表現出不服且高傲自尊的態度，猜想早就被夫差殺死了。

　　柔弱不是虛弱，也不是脆弱，更不是服軟示弱，而是一種內在強大的生命力，是一種能力，也是一種策略和境界。以柔克剛是一種辯證的規律，它將柔弱重新定位成有別於強勢力量卻又從屬於強勢力量的一部分。相對而言，那些所謂的強勢者往往只是以強克弱的力量型選手，而善於柔弱致勝的人其實才是真正的強者，因為在他們眼裡，無論是面對強勢還是弱勢的對手，都能夠找到最好的對抗方法。

　　年輕人剛猛有餘而巧勁不足，他們或許並不害怕與人爭鋒爭強，甚至享受這樣的強強對抗，可是生存永遠都要講究最優化的策略，而且力求用最小的代價收穫最大的成功，這不是人力競爭對抗中的逞凶鬥狠，也不是互相比腕力的比賽。展示柔弱並不是一種懦弱的表現，而是一種深沉老到的處世智慧，懂得以柔弱的手段來降服對手，有時候要比單純的力量壓制來得更為安全、有效。

2. 糊塗難得，懷著清醒裝糊塗更難得

「聰明難，糊塗難，由聰明轉入糊塗更難。放一著，退一步，當下心安，非圖後來福報也。」這是明代畫家鄭板橋在書寫下〈難得糊塗〉後的一段註解和說明。這句話真可謂一語道破天機，也道出了為人處世的人生哲學。無論是隱世避禍，還是藏鋒守拙，「難得糊塗」都是很有效的生存法則。

糊塗往往就是清醒的昇華，在中國文化中處處都能尋找到糊塗的形跡，孔子稱其為「中庸」，老子化用成「無為」，莊子取名叫「逍遙」，墨子雜糅成「非攻」，鄭板橋一聲難得糊塗雖然標新立異，但是萬變不離其宗，沒有脫離古人的思想，有的只是一脈相承。他們都是非聖即賢的聰明人，可見聰明人雖然也做糊塗事，但事情的本質卻並不糊塗。

有些人表面上看起來很精明，從來都不會犯錯和吃虧，做起事來也非常認真，但往往卻很糊塗。有些人表面上很糊塗，甚至有裝傻的嫌疑，但實際上非常精明能幹。真正聰明的人總是大智若愚，將自己的才華充分地隱藏起來，不僅如此，他們還要裝瘋賣傻，以便進一步迷惑對手，使對方放鬆警惕，自己則等到合適的時機表現自己真正的實力。

那些看似糊塗的人，心裡往往比誰都要清楚，雖然他們經常會作出一些讓常人感到不可理解甚至於可笑的事情，但是卻藏有一個明確的目標，所有的舉動都只是為了幫忙掩飾和隱藏這個目標。裝糊塗只是暫時性的一種手段，從長遠來看卻能得到很好的效果，最常見的糊塗方式就

是刻意吃虧。人們不一定都唯利是圖，但都有趨吉避凶的本能，吃虧受損的事應該不會做，可是真正聰明的人卻總是主動吃虧，而且這虧往往吃得很有水準，正應驗了一句話 —— 吃虧就是占便宜。

清朝時，山西是當時中國最著名的富豪集結地，晉商的生意也是遍布各個省分。其實山西的地緣優勢不會太明顯，但是晉商卻很有生意頭腦，所以他們能夠在有限的空間裡逐步發展壯大成為中國最優秀的巨賈商人。

喬致庸是當時最有名的晉商之一，他靠販賣茶葉起家，結果生意越做越大，最終成了中國最出色的商人。他做生意很有一套，不僅講究誠信和買賣公平，而且還經常給予客戶一些優待。當時茶葉生意非常熱門，各地商人都競相奔走全國推銷自己的茶葉，不過因為有利可圖，許多不法商販開始偷斤減兩，而且漸漸還成為一種風氣，結果販賣茶葉的商人聲譽日漸降低，無論是茶農還是買家都不願意和這種人做生意，茶商喬致庸自然也受到了牽連。

面對生意場上的不利環境，喬致庸決定挽回自己的名譽。此後，他每次去福建武夷山販茶時，都要求茶農按照一斤一兩的標準來製作斤茶。這樣一來就等於說他每出售一斤茶葉就要損失掉一兩，如此做生意，哪還有什麼利潤可圖。家人都認為喬致庸瘋了，連這麼簡單的數學計算都不會，這不是擺明著讓自己吃虧嗎？同行們也取笑他沒有生意頭腦，但凡做生意的，沒有一個不是衝著錢去的，哪怕只有一分利潤，也要賺到手，哪有白白送人的道理。

當其他競爭者都在精明地做生意時，喬致庸卻糊塗地做著「賠本」的買賣。就這樣，在萎靡的茶市中，其他人生意越做越小，而喬致庸卻迅速累積了足夠的人氣和聲譽。與他一起出來做生意的夥伴們都在南方

掙扎，而喬致庸已經北進中原，並最終成功打入俄羅斯市場，真正實現了自己長久以來「貨通天下」的理想。

糊塗是一種境界，懷著清醒更是一種難得的智慧，表面上違背了常規，做出讓人笑話的事情，實際上卻造成了意想不到的作用。所以做人不能太精明，有時候清醒地做人會吃大虧，還不如裝得糊塗一點，尤其是在競爭環境中，裝糊塗可以達到保身避禍、麻痺對手的作用，可以最大限度第保留自己的既得利益。

《三國演義》中，智謀成為主旋律，其中智慧超群的能人很多，不過很少有人能夠做到完美，諸葛亮智而近妖，曹孟德智而奸詐，司馬懿智而陰險，周公瑾智而自負，只有東吳的魯肅偽裝得最好 —— 智而忠厚。魯肅是三國中少見的一個裝糊塗的高手，以至於一般人都習慣於將他當成一個沒用的老實人，但是其智不在周瑜之下。曹操不幸成了全民公敵，諸葛亮則為李嚴所嫉，司馬懿侍奉三主也未能取得信任，周瑜自負才智而被別人活活氣死，只有魯肅的政治生涯最安全最順暢，而周瑜死前推薦他當都督就是對其能力最好的證明。

年輕人在面對競爭者時，不要輕易在別人面前暴露自己的真實想法，尤其是羽翼未豐的時候，更應該懂得掩飾和保護自己。假裝糊塗是隱藏自己實力的很好的方法，使對方摸不清真實的情況，從而達到麻痺對方的效果。這樣就為自己爭取到更多積蓄力量的時間，同時也為自己爭取到更多認真研究對手的時間，那麼等到博弈的時候，勝算也就更大了。

3. 解除敵意的最好辦法就是主動示好

一位教育家某次看見學校裡一個「小霸王」拿磚頭打人，於是立即喝止了這個學生的行為，並讓學生去辦公室等他，這個學生一臉不屑，大搖大擺地走向辦公室。這位教育家走進辦公室後，並沒有責罵學生，而是拿出一顆糖說：「這顆糖是獎勵你的，因為你比我先到辦公室。」接著他拿出第二顆糖說：「這顆也是給你的，我不讓你打同學，你立即住手了，證明你尊重我。」這個學生有些疑惑，將信將疑地接過糖。

之後，他又遞給學生一顆糖：「聽說你打同學是因為他欺負女生，說明你很有正義感。」面對教育家的友善態度，學生感動得哭了，然後坦誠承認了錯誤，並保證一定不會再毆打同學。這時教育家又以對方認錯為由，再次予以獎勵。這位教育家沒有利用自己的強勢地位來教育學生，而是主動向學生示好，消除了學生的敵意，從而達到了良好的教育效果。

矛盾雙方的對立一般包括立場上的對立和情緒上的對立，但是這種對立面是可以得到化解的。立場上的對立起源於利益之爭，因此只要尋找到雙方的共同利益，就可以化競爭對抗為合作結盟。而情緒上的對立則是心理對抗引起的，可能雙方並沒有什麼利益上的紛爭，但是心理層面的相互排斥加深了彼此的隔閡。想要化解敵對的情緒，就必須在感情上進行有效的溝通，以便使彼此之間產生信任感，而最好的辦法就是主動示好。俗話說伸手不打笑臉人，一方作出友好的行為時，可能會產生

心靈感化的作用，幫助對方消除敵意，最起碼不會遭到對方的打擊。

示好首先就是一種尊重對方的表現，且在對方看來，這還是一種妥協的態度，那麼礙於最基本的道德和人情，對方就自然不會針鋒相對。示好的前提是寬容，因為包容能夠消除敵意，所以你應該懂得受人之短、容人之過，這樣才能真正做到接受和認可對方。不過示好也必須盡量做到真心實意，防止對方誤認為這只是作秀或者是別有用心。只有真誠的示好行為，才能讓對方切身感受到你的善意和寬容，對方也才願意放下戒備心，主動拉近與你的距離。日本作家池田大作說：「即使是滿懷敵意的人，只要抱著真實和誠意去接觸，就一定能換來好意。」

1968 年的美國大選，是民主黨候選人納爾遜‧洛克斐勒（Nelson Rockefeller）與共和黨候選人尼克森（Richard Nixon）之間的對決。季辛吉（Henry Kissinger）身為納爾遜的顧問，立場自然與尼克森相對立。為了幫助納爾遜能夠成功競選上總統，季辛吉經常在媒體公眾面前大肆攻擊和詆毀尼克森，他還譏諷尼克森命中注定只配做個老二，因此建議經驗豐富的尼克森不如全力去競爭副總統的位置。

為了進一步降低對手的公信度，季辛吉還呼籲民眾不要把選票投給尼克森，他聲稱尼克森可能會是美國歷史上最具危險性的總統。不過即便如此，選舉的情勢還是日益朝著共和黨那邊傾斜，而民主黨由於準備不利，漸漸處於下風，最終在大選中敗下陣來。

季辛吉身為民主黨的顧問，實際上此時已經失去了繼續發揮作用的機會。失敗者的結局當然是沒落的，但是此時的尼克森並沒有以一種勝利者的高傲姿態來挖苦對手，反而自降身分向這位幾乎將自己罵透了的對手伸出橄欖枝，他真誠地希望季辛吉能夠加入自己的幕僚團隊。尼克森當然有著自己的打算，一方面季辛吉的確是個出色的外交人才，另外

當時美國政府在民眾心中的形象不斷惡化，低調寬容的表現不僅可以緩和與民主黨的關係，還可以藉此取得民眾的支持。

尼克森後來多次約見季辛吉，兩人敞開心扉的交談讓季辛吉轉變了對尼克森的看法，季辛吉甚至不吝讚美之詞：「在對外政策上，尼克森比 1956 年以來的所有總統候選人都要好。」他為尼克森寬大的胸懷以及高人一等的識人能力所折服。此後，季辛吉開始登上政治舞臺和國際舞臺，積極為尼克森出謀劃策。

示好並不是示弱，而是態度上的轉變和妥協，這是處事的一種策略。心理學家認為人都有排斥外物的一面，但是又有希望融入外部環境的強烈願望，而且沒有人願意主動樹敵，為自己徒增煩惱。當敵對的某一方率先做出友好的表態，一般來說，對方很有可能會做出一些積極正面的回應，投桃報李，很多時候都是相逢一笑泯恩仇。所以征服敵人最好的方法不是靠力量來打壓和擊垮對手，而是消除敵人的敵對情緒，甚至化為己用，而向敵人示好是最直接最有效的方法。

4. 想使對手摔倒就要先將他抬高

俗話說「站得越高，摔得越重」，身處高位的人總是會存在這樣的風險。的確，處於強勢地位的人不可能萬無一失，很多時候會因為過度的自我膨脹而走向墮落和毀滅，而有的時候則會在外力的推動和刺激下，虛榮感爆發，慢慢產生危險。要知道，別人也會把你抬得很高，從而使你摔得很重。

在競爭環境中，人們常常都試著去抬高自己，貶低別人，製造一種人為的差距，希望透過差距增強自信心，也讓對方知難而退。而有些人卻反其道而行之，總是努力去抬舉對方，一方面營造一種友好尊重的氛圍，另一方面則是主動向對方示弱，激起對方的虛榮心，從而產生迷惑作用，一旦對方失去警覺和競爭的動力，就立即出手一舉擊垮對手。

就效果而言，正面交鋒必然會引起對手的極力反擊，即便暗中較勁也會影響到周圍的氣氛。而透過給對手戴高帽子的策略，讓對方在自信過度膨脹的情況下做出有損自己的舉動或者遭到別人的打壓，自然是最佳的競爭手段，而這種有意抬高對手的競爭策略在職場中頗為常見。

某貿易公司的老員工小林能力出眾，而且忠心耿耿，因此被總經理提拔到部門主管的位置。而新進公司不久的祥宇具有碩士學歷，專業知識非常扎實，工作表現也十分突出，深得總經理的欣賞，也很快就被提拔到部門主管的位置上。兩人堪稱總經理的左右手，但一山難容二虎，他們免不了要在經理面前邀功爭寵。

祥宇比較年輕，社會閱歷明顯不足，加上少年得志，總是有些狂妄的姿態，而小林卻相對沉穩許多，他一直都希望能夠爬上長時間空缺的副經理一職。總經理雖有提拔新人的想法，但是小林在各方面的表現的確很優秀，副經理一職到底給誰一時還很難決定，有待於進一步考驗和觀察。

公司的主要市場在中部地區，為了開拓北部市場，總經理聯絡上了一位北部的大客戶，不過雙方並沒有就合作達成任何協定，相關的事宜還需要進行談判。總經理想把談判的事情交給祥宇或者小林，具體派哪一個人去他始終拿不定主意。

小林早就了解了總經理的想法，於是就找到祥宇，極力勸說他主動請纓。他讚美祥宇精明能幹、為人處世很有膽識，而且學識淵博，口才也非常好，是最佳的人選。聽了小林的誇獎，祥宇非常高興，也沒有多想就立刻答應下來，然後跑到總經理辦公室裡毛遂自薦。

總經理看到祥宇主動請纓，自然認為他已經有了充足的準備和把握，於是就把談判任務交給了祥宇。這次談判關乎副經理的職位，誰能處理好這件事，誰就可能坐上副經理的寶座，所以有些人認為小林讓賢之舉實在太過愚蠢，不過小林對此早有打算。他明白這次談判很難成功，如果對方真的有意合作，上次就應該達成一些口頭約定或協定，況且他覺得祥宇為人衝動，又沒有多少談判的經驗，自然不大可能有所收穫。

果然，談判以失敗告終，自負且衝動的祥宇還與客戶鬧僵，雙方不歡而散，這讓總經理覺得十分尷尬，而公司開拓北部市場的計畫也就此擱置。總經理認為談判失敗的關鍵就在於祥宇的能力不足，因此便漸漸開始冷落他，而小林則因為除掉了競爭對手而順利成為公司的副經理。

社會學中有一個獨特的理論叫做「人人需要肯定」，對於肯定自己的好話，人們從來都不嫌多，正如美國著名的心理學家威廉‧詹姆士（William James）所說：「人類本性上最深的企圖之一是期望被讚美、欽佩、尊重。」因為讚美的話總是可以令人心曠神怡、自我陶醉，所以一般人很難抵擋住讚美的誘惑，自然也就不能避免讚美的殺傷力。別人的讚美要比自我認可、自我欣賞產生的快感強烈許多，所以，接受讚美的人，基本上都會不自覺地產生強烈的虛榮心，而這通常就是危機的來源。

透過抬舉對手，進而打擊對手的策略不是一種常見的競爭策略，也鮮為人知。尤其是年輕人對於社會競爭的認知和了解往往不夠徹底，他們最直接和常用的手段是打擊和壓制，殊不知對手也有可能會自我毀滅，而你所要做的只是煽風點火，引發和催化這個毀滅的程式。讚美、吹捧對手就具備這樣的功效，不用表面上的針鋒相對，甚至免除了私下裡的勾心鬥角，只須讓對手驕傲自大、放鬆警惕，就能使他在不知不覺中受到打擊。

不過在吹捧和抬舉別人時，一定要注意技巧，說兩句不著邊際的空話或陳腔濫調，只會給人一種敷衍了事的感覺，讚美時要盡量貼近現實，不要讓人產生懷疑，這樣對方才有可能上鉤，也才會被迷惑住。法國文學大師巴爾札克（Honoré de Balza）曾經說過：「第一個形容女人為花的人，是聰明人；第二個這樣形容的人，就一般了；第三個再將女人比喻為花的人，純粹是笨蛋。」所以在抬舉別人的時候，還要避免鸚鵡學舌、人云亦云，要盡量表現出「真心誠意」，讓對方對你放鬆戒備，這樣才會真正地隱藏住你的目的，你的計畫也才能夠正常進行下去。

5. 偶爾做次小人也是保身之道

　　自古以來，人們都崇尚君子作風，鄙視小人行徑，既然君子是社會道德要求的典範和標準，那麼小人自然是正統社會文化所不能容忍的一個群體。提到小人，給人的第一感覺就是一個獐頭鼠目、唯利是圖、嫉賢妒能且喜歡挑撥是非的偽善者，有人甚至把小人比作老鼠，因為二者同樣討厭，殊不知小人也像老鼠一樣具備超強的生命力。

　　在太平盛世中，小人常常會比別人活得更加滋潤；在亂世流年中，小人也要比常人更加安穩和平順。因為常人和君子更容易受到世俗禮儀的牽絆，為了追求立身之道卻常常捨身取義，而小人卻能夠逍遙於禮法之外，儘管有時會受到道德譴責卻可以明哲保身。

　　君子往往不屑與小人為伍，更鄙視小人的處世方法與手段，認為這算不上計謀，只能算作伎倆。但不可否認，小人在關鍵問題、突發事件的處理上，能力和效果要遠遠優於君子。君子在躲避災禍的能力上總是比小人略遜一籌，所以在面對一些突發事件時，往往會表現得手足無措，只能等著危險的降臨，而小人卻能夠靈活自如、輕鬆愜意地應付和躲避過去。

　　明代文學家馮夢龍認為小人如果當真沒有什麼過人之才，根本不足以亂國，言下之意是可以稱為小人的人，一般都具有不錯的才能，比如一生作惡的秦檜，完全是一個十惡不赦的小人，但他是狀元出身，絕對稱得上人才中的俊傑。所以，即便人品和道德不足以為人所稱讚，小人

也還是有值得借鑑之處。尤其是在關乎生存和發展的關鍵時刻，一個常人乃至君子應該懂得向小人學習保身技巧。與名節相比，有時候保身更加有意義，假使真到了身不由己的時候，坦然地做一次小人也未嘗不可，而通常有誰會料想到君子也會這麼做呢？

戰國四公子之一的孟嘗君向來以仁義好客著稱，為人豪爽義氣，喜歡結交天下賓客，寧願捨棄家業以養士三千，是當時很有名望的君子。即便以俠義名揚天下的秦瓊也只能得一個「小孟嘗」的美名，可見孟嘗君的聲望。不過縱觀孟嘗君的一生所為，就會發現，他也曾做過幾次小人。

秦、楚兩國忌憚孟嘗君的勢力，於是使出離間計挑撥他與齊王的關係，使孟嘗君失去了齊王的信任和庇護，而且丟官失爵，幾乎將祖宗家業毀於一旦。孟嘗君在門客馮諼的計畫下，配合著上演了一出欺騙齊王和魏王的戲。馮諼首先前去遊說魏王聘任孟嘗君，就此藉助魏王來提高孟嘗君的身價和威望，以期引起齊王的重視，而孟嘗君則假意辭不上任，結果齊王當真上當受騙，急忙將他請回，並當面道歉。

除了上演雙簧戲之外，孟嘗君所做的另外一件事也大大有損君子之風。西元前 299 年，孟嘗君出使秦國時曾被扣留，為了削弱齊國的實力，秦王甚至圖謀殺掉孟嘗君。而為了保住身家性命，孟嘗君不得已賄賂了秦昭王的妃子，甚至還把已經送了人的珍貴貂裘大衣重新偷回來獻給王妃。如此做法自然為君子所不齒，不過這一個不夠光明正大的招式卻頗為奏效，使孟嘗君最終得以逃離秦國。

孟嘗君雖有君子之名，也有君子之義，但是關鍵時刻，卻能夠坦然地放下身段，從容不迫地扮演並不光彩的小人角色，實屬難得，當真印證並嚴格實現了那句話：欲成大事者，往往不拘小節。

有人說真正的君子應該先懂得做小人，然後才能做君子，這話不無道理。君子向來給人的感覺都是死腦筋、直來直去，沒有小人的靈活變通，這也是君子最大的缺陷。即便君子為人正直，也要懂得處世圓滑，否則連立身處世都成問題，更何談成君子之名。

君子也應該懂得變通，偶爾做一次小人並不可恥，可恥的是一輩子都在做小人。在對付小人的時候，可以義正詞嚴地說是以其人之道還治其人之身；在保身求存的時候，則可以出人意料地抓住不起眼的救命稻草，在必要的時候只有放得下尊嚴和身分，出其不意地出擊，才能獲得意想不到的結果。

許多年輕人在與他人競爭的時候都嚴格恪守道德規範，不敢輕易越界或犯規，但是在很多情況下，社會競爭的公平公正都難以得到貫徹和實施，你的君子仁義只會成為對手攻擊的弱點。在必要的時候，年輕人應該暫時放棄傳統的道德規範，偶爾做一次小人，這並不代表你就是真正的小人。

當君子偶爾行小人之事時，沒有必要承擔心理重負和道德負擔，只有當小人開始行君子之義時，才真正讓人感到恐怖。一個成熟老練的人就該懂得如何去應對各種挑戰，因為他始終明白一點：手段和計謀的使用從來都沒有小人君子之分，只有人心才分君子小人。

6. 冷靜沉穩是處晦的必要手段

　　長者們向來都講究老到沉穩的行事風格，主張理性行事、理性規劃，告誡年輕人爭則顯躁亂，穩才顯持重，凡事都要注意保持冷靜，追求穩中取勝。《道德經》中就提到「重為輕根，靜為躁君。輕則失根，躁則失君」，老子將鎮靜、持重看成是躁動的主宰，認為輕舉就會失去制衡別人的根本，妄動則要喪失競爭的主動權。

　　的確，國家的發展需要穩定，社會的進步也需要穩定，個人的生存和發展更離不開穩定，穩定是壓倒一切的條件。沒有穩定，一切都難以繼續下去，但穩定並不單指外部環境的穩定，更重要的是人心。心急的人永遠吃不了熱稀飯，貪功莽撞、急功近利的人也很難成就大事業。越是急躁的人，越難以達成心願、實現目標，而穩重的人則善於忍耐，能夠等到最佳的出手時機，所以往往可以一舉獲得成功。

　　明朝武宗在位期間，常年荒於政事，又昏聵無能，結果太監劉瑾趁機把持朝政、獨斷專行，東西兩廠都歸他統領，而朝堂之上也多有「忠心耿耿」的追隨者，十之八九的官員都畏懼他的勢力，臣服下跪，劉瑾因此得以權傾一時，人稱「站皇帝」。

　　首輔大臣楊廷和向來德高望重，在百官中享有很高的聲望和地位，說話非常有分量，但是武宗實在過於昏庸，楊廷和多次上書進諫揭批劉瑾都不被採納，為此他只能先穩定行事。畢竟劉瑾勢力太大，一時難以扳倒，而武宗又不問政事，根本就沒人治得了劉瑾，楊廷和也只能暫時

忍耐，等待最佳的進攻時機。

劉瑾見到朝中無人對抗自己，因此更加目中無人、無法無天，後來大臣們都不堪忍受劉瑾的專權跋扈，於是找到楊廷和一同向武宗進諫，這才一舉扳倒了劉瑾。但是武宗很快又寵信其他小人，楊廷和非常失望。當時中國內許多矛盾緊張，起義軍眾多，而蒙古軍隊則在北方一直虎視眈眈，多次進軍騷擾。面對內憂外患，楊廷和的建議總是被武宗擱置一旁，而朝中的小人也趁著時機地攻擊他，其處境十分艱難。

楊廷和的抱負和才能很難得到施展，為了保全自己，他只能裝作不聞不問，暫時委曲求全，政治上基本沒有什麼建樹，只是安於職守，做一些分內之事，也因此受到一些非議，心情十分苦悶。明武宗十六年（西元 1520 年），楊廷和在國家政治機關半癱瘓的困難情況下主持政務，而且還要從容應付各方的政治壓力，其困難程度可想而知，但是冷靜沉穩的他一點一點地進行改革和修復，漸漸使國家機器正常運轉起來，大明江山因此得以保持下去。

《棋經》上有這樣幾句話：「持重而廉者多得，輕易而貪者多喪。不爭而自保者多勝，務殺而不顧者多敗。」大意是：那些自重不貪的人，常常會有所收穫，而輕薄好討便宜的人通常會遭到一些損失。不主動發動攻擊，先積極尋求自保的人經常會贏，貪婪不經思考的人多半會失敗。人生如棋，一個衝動不穩重的人，經常會貪功冒失，行事不計較後果，結果往往要吃虧，這種感性的積極只會帶來更多的風險。

凡事應該求穩，想一口氣吃成胖子或者一招擊垮對方，往往不夠現實，尤其是在沒有絕對把握的情況下貿然出擊，還有可能會招來滅頂之災。輕浮躁動是博弈競爭中的大忌，輕舉妄動會喪失制衡於人的機會，甚至反被別人所制。越是冷靜持重的人，越善於把握機會，也就越有機

會取勝，那些欲望強烈、輕易出手的冒失分子，常常難以有所成就。

心浮氣躁是年輕人的缺點，他們通常都不善於忍耐，容易意氣用事，遇事總是沉不住氣，希望速戰速決，以便能夠盡快解決眼前的問題；取利時，常常只見樹木不見森林，因小失大，要麼就是急於求成，根本沒有仔細地考慮所要付出的代價以及可能要承擔的風險，缺乏全面性的統籌規劃。雖然機遇往往就在一瞬間，勝負也常常只在關鍵一擊，但這並不意味著你比別人更快地出手，你就能占據主動的為，有時候要看誰更加能忍，你不夠冷靜、不夠沉穩，很有可能就要率先出局。

躁動不安的人容易喪失理性，如果時機不成熟，你的出擊只是無用之功，反而會成為對方發動反擊的引線和破綻。想要制敵克敵，就一定要懂得克制自己，無論是以靜制動，還是等待最佳時機，抑或是厚積薄發、後發制人，這些都離不開沉穩持重的心態。古代波斯國詩人薩迪（Saadi Shirazi）曾說：「事業常成於堅忍，毀於急躁。」要知道，成功也許會是莽撞者的運氣，但不可能成為莽撞者的規律。

7. 用無形的謀略締造有形的功績

《孫子兵法》有云:「上兵伐謀,其次伐交,其次伐兵,其下攻城。」意思是,最高超的軍事行動是用謀略挫敗敵方的策略意圖或戰爭行為,其次就是用外交戰勝敵人,再次是用武力擊敗敵軍,最下之策是攻打敵人的城池。對手之間的競爭與對抗,除了力量上的對比,計謀也很關鍵。計謀常常能夠主導局勢的變化,所以通常都會作為競爭克敵的首要選擇,而它的使用首先在於掩飾和迷惑,這是計謀能否成功實行的重要條件。計謀通常都具備很強的隱蔽性,是無形無色的攻擊利器,而它所產生的作用卻又十分明顯。

聰明的人通常都會懂得向對手隱藏自己的實力或意圖,讓自己處於半隱身的狀態,造成雙方一明一暗的局面,這樣也造成了資訊的不對等,從而使自己占據博弈的主動權。如果說直接「用武」是爭強的表現,那麼施用計謀就是處晦的方法。隱藏自己的意圖,將自己置於無形之境,而將對手設為有形之體,自然是無往而不勝了。

西元 265 年,晉武帝登基稱帝,當時蜀國已經被滅,天下成二足對抗之勢。為了統一中國,晉武帝有意南下攻打占據江東的吳國,不過吳國立足江東已久,國富民強,想要打敗它絕非易事。朝中重臣羊祜智謀過人,深謀遠慮,而且又深得武帝信任,他認真分析了當時的局勢,很快就制定了平吳之計。

吳國在蜀國被滅後,非常不安,知道不久之後晉國一定會向自己發

動進攻，於是立即在兩國的邊境上集結重兵，以防外敵來襲。晉武帝任命羊祜擔任前線總指揮，駐兵邊境線上，準備隨時出兵。不過羊祜預料到吳國早有防備，晉軍直接發動攻擊的話，勢必會引發巨大的傷亡，能不能取勝還是個未知數，因此只能智取，不可力敵。

經過深思熟慮，羊祜決定採用麻痺敵人的計謀。兩國邊境的局勢一直都非常緊張，火藥味十足，而羊祜卻故意裝作沒事發生一樣。兩國每次交戰，都是事先下戰書，約好交戰的時間地點，而他每次都能依照約定行事，從不進行偷襲。不僅如此，羊祜還不輕易奪取吳國軍隊「一針一線」，晉軍打獵時，經常會把被吳兵射傷的獵物原物歸還給吳國，而行軍打仗深入吳國後，如果拿了吳軍的糧草，他會命令士兵留下絹帛作為賠償。

如此仁義之舉，自然贏得了吳軍的眾人稱讚，吳軍主帥陸抗也對羊祜敬佩有加，兩人常有書信往來，完全不像戰爭中的敵手，甚至於陸抗生病，羊祜也會好心派人送草藥去，而陸抗也從不懷疑草藥是否有毒，安心地接受。不過羊祜表面上處處示好，暗地裡卻趁著吳軍鬆懈之機，整裝待發，為攻打吳國做準備。

等到時機成熟時，朝中大臣卻極力說和，反對進軍吳國，晉國因此錯失一次良機，羊祜也鬱鬱不得志，病重還朝，他再次極力舉戰，最終說動了晉武帝，武帝有意讓羊祜擔任督軍，以成全他的功業，但羊祜委婉拒絕，並舉薦了杜預。西元 280 年，杜預率軍一舉滅掉吳國，主要功績自然要歸屬羊祜。

對於計謀，有人說是旁門左道的伎倆，有人說是小人慣用的手段，似乎總是有沒有信義之嫌。但自古以來就是兵不厭詐，即便信義之中也常常包含「大詐」，所以有些人大忠似奸，大真似偽，純粹以謀略來掩飾

真實的自我。有人說君子不適合於戰場，這並不是無稽之談，因為君子常以正派思想作為自我要求，不喜歡也不屑用計謀，但是君子的生存壓力無疑要更大，機會也更渺茫一些。

行事過於正派的君子通常都會遭到別人的排擠和冷落，雖然你不屑於使用計謀，但是你不能避免別人設計陷害你。社會競爭雖然不是戰場上那樣的刀光劍影，但是私底下的爭鬥依然十分激烈，稱得上不見硝煙的戰爭，因此同樣存在很多危險，更加需要依靠智謀求得生存和發展，如果沒辦法好好地適應這樣的環境，自然很快就會被淘汰出局。

想要在社會中有所作為的年輕人，要懂得在對手面前隱藏自己的意圖，不要總是把自己的一切行動都暴露在眾人面前。害人之心固然不可有，但防人之心亦不可無，缺乏心計自然也就疏於防範，也就免不了在競爭中受傷。所以，凡事應該多想一想，不要總是單純地依靠自己外顯的實力來解決問題，越是如此直白地進行「奮鬥」，越是容易被對手制約。想要把握機遇一鳴驚人，年輕人有必要將自己的意圖隱祕地「保護」起來，必要的時候使用一些小計謀。這是生存技巧的一種修練和表現，你必須清楚運用智慧永遠都是解決問題最簡單有效的方法。

8. 不想處於弱勢，必須學會示弱

每個人都有爭強好勝的虛榮和願望，不願使自己成為弱勢群體中的一分子，所以很少有人具備示弱的智慧和勇氣，更沒有人願意唯唯諾諾地低頭示弱。殊不知，想要抬起頭來做人就必須先學會如何低頭做人，不想成為弱勢群體就要懂得低頭示弱。

喜歡展示自己強勢的人，經常會成為最終的失敗者和弱者，那些懂得示弱的人，卻能夠笑到最後。所以，想讓自己成為強者，首先就必須懂得如何讓自己變成弱者，因為明目張膽地想要變強，一般來說都非常困難，對手不會給予這樣的機會，而在弱勢外衣的保護下，則可以尋求安全的成長環境，並在暗中積聚力量，提高自己的實力。

海灘上生活的小螃蟹常常是海鳥們的獵物，牠們一旦離開了大海，很容易就會被鳥類捕獲，根本沒有什麼反抗能力，是海灘上的弱勢群體。但是科學家卻驚喜地發現了兩種性格迥異的藍殼蟹：一種喜歡逞凶鬥狠，經常明目張膽地在海灘的沙地上橫行霸道，往來廝殺，結果在交戰中傷亡慘重，而暴露行蹤之後又會被海鳥啄食一部分，所以這類藍殼蟹最終瀕臨滅絕；而另一種卻個性溫和，懂得保護自己，遠遠地看見挑釁者，就會主動讓開逃走，很少會發生衝突，而且看到海鳥時就會翻轉身體裝死，與沙灘混為一體，一動不動，而不是張牙舞爪地反抗，所以牠們常常可以躲過海鳥的利嘴，生命力始終都非常旺盛，在自然進化中堪稱強者。

聳入雲端的大樹能夠率先吸收陽光雨露，卻也最容易受到大風的吹折；低俯的小草被壓制在叢蔭之中，卻更能傲立風霜。強與弱從來就不是絕對的，強者通常要面臨一山還比一山高的壓力，弱者則有比上不足比下有餘的心理優勢，但是無論強弱，一定程度上都具有成為弱者的風險，都會在特定場合處於弱勢地位。因此，人們必須學會保護自己，最基本的方法就是主動示弱，這樣才能保證自己不會成為真正的弱者。

中國歷史上三國時的陸遜就是一個擅長於偽裝自己的高手。建安二十四年（西元 219 年），關羽生擒魏軍大將於禁，又戰敗大將曹仁，嚴重威脅到魏國的勢力和士氣。此時，司馬懿就荊州一事，進一步離間吳、蜀兩國，孫權也擔心關羽有兼併江南的野心，於是就同意與魏國一起夾擊關羽，並任命陸遜為總指揮官。

陸遜自然明白關羽是當世名將，無人能夠與之抗衡，就雙方的戰鬥力相比，吳國顯然處於下風，如果貿然前去攻城定然會事倍功半，為此他決定向關羽示弱。於是，陸遜寫了一封讚美關羽的信，信中他將關羽大肆誇讚一番，同時還識趣地表示不會與之為敵。關羽向來自負，而陸遜又始終籍籍無名，因此看到信後更是不把陸遜放在眼裡，沒有多想就直接出兵迎戰魏軍，雖然屢戰屢勝，可是正對東吳的後方卻嚴重空虛。

陸遜得知關羽已經上當，立刻向孫權上報，要求出兵攻打關羽。隨後，陸遜與呂蒙各領一支大軍進攻荊州，陸遜又派兵堵住了關羽西退蜀地的道路，關羽聞訊迅速趕回來救援，卻為時已晚，最終被逼走投無路，以致敗走麥城。陸遜自知東吳軍力與關羽軍隊相比處於弱勢，但為了改變這一局面，他主動向對方示弱，從而使關羽輕敵大意，最終收復了荊州。

　　示弱並不是軟弱無能的表現，而是一種策略。沒有人願意成為弱者，都想方設法地變大變強，但是你的對手卻不希望你變強，他們反而會極力壓制你，企圖讓你變得更加弱小，以消除他們競爭中的隱患，所以想要變強必然會遇到阻礙和壓制。

　　聰明的人絕對不會逆水行舟，而是想盡辦法將自己隱藏起來，以免受侵害和騷擾，或者乾脆放低姿態，給對方發出錯誤的訊號，使之誤以為你不會也無意對任何人構成威脅。這樣一來，你就可以順利尋求發展，擺脫弱勢地位。

　　在競爭日益激烈的今天，年輕人所面臨的挑戰非常艱鉅，而成長的空間也不斷被壓縮和控制，因為他們強勢地參與競爭，會引發別人的危機感，影響到別人的利益，所以別人一定會想辦法壓制新來的「入侵者」。而年輕人向來都有一身傲氣，希望能夠成功立足，並創立自己的一番事業，但總是過分地自信和好強，既不服輸也不示弱，一味知難而上，最終往往會被人排擠。

　　有時候，示弱才是最好的前進方式。不可否認，那些面對壓力也不低頭的人，其精神固然值得讚揚，但他們也往往活得最累。而聰明的人則能夠認真分析局勢，適當地選擇示弱、退讓，甚至於主動放棄，這樣的人生之路通常都會走得很順暢。逞一時之勇，每個人都能做到，但是通常都沒有什麼意義，真正難做到的是示弱和認輸，而這往往是成功的基礎。

9. 推功攬過也能得功而無過

　　趨吉避凶是人的本能反應，每個人都是努力向著事物最好的方向發展，也都是盡量防備著事物出現最壞的情況，不論是自然現象還是社會現象，這都是生存的必然要求。但是趨吉避凶並不是表面上單純的獲利與避凶，有利就早起，無利則早退，利害關係更多的是以一種長遠的眼光來看，並不是暫時性的，暫時性的利與害往往是處於一種禍福相依的狀態，得利的會招來嫉妒和排擠，獨自避禍的通常又沒有責任心，所以得利的反而不利，避禍的卻災禍連連。

　　有句古話叫做：「責人重而責己輕，弗與同謀共事；功歸人而過歸己，盡堪救患扶災。」人們往往排斥那些只為自身利益著想的自私鬼，功則獨攬，過卻推人，這樣的人難以一起共事，因為每個人都有趨吉避凶之心，難免就會形成衝突。另外，利益的索取總是伴隨著一定的風險，你得到多少利益就必然要承擔相對的風險，過錯雖然同樣伴有風險，但是你讓出去多少，自身反而會加倍承受，所以明代文學家洪應明說：「完名美節，不宜獨任，分些與人，可以遠害全身；辱行汙名，不宜全推，引些歸己，可以韜光養德。」他的建議總結起來就四個字：推功攬過。

　　推功使自己從名利鬥爭的漩渦中解脫出來，避免成為眾矢之的，這是一種讓利的大方行為，也是保身避禍的高明策略。攬過則讓別人從懲罰中解脫出來，從而提升了自己在眾人心中的地位和形象，這既是減少懲處的有效方式，也是籠絡人心的計謀。推功攬過實際上是一種全面性

的趨利和避害的策略方針，表面上會吃大虧，卻為自己爭取到了更多避免吃虧的機會。

　　東漢的陳寔出身卑微，但為人品行端正，且頗有能力，所以被任命為潁川郡西門亭長。他的同鄉鍾皓也是一位能力出眾的君子，曾經九次被三公府徵召，後來又由郡功曹升任到司徒府任職。無論是輩分還是官位，鍾皓都比陳寔高出許多，但鍾皓非常欣賞陳寔的為人，於是兩人結為莫逆之交。鍾皓在升官前，還向太守舉薦陳寔候補自己郡功曹的位置。陳寔知道鍾皓的舉薦後，認為自己原來並沒有做出什麼出色的業績，全是別人的功勞而已。他認為是鍾皓錯愛了自己，但太守還是任命他為郡功曹。

　　有一次，中常侍侯覽委託郡太守高倫任命自己的心腹擔任要職，不過陳寔知道此人並無真才實學，無法勝任這一職務，於是就特地求見高倫。他說：「這個人原本不能任用，但是不能違背侯常侍的託付，為免您左右為難，這個任命書還是由我來簽署吧，這樣就不會玷汙您的名聲了。」

　　任命書簽署之後，同僚們都紛紛表示看不起陳寔，控訴他任命了這樣一個不稱職的人來擔任要職，但陳寔為了保護高倫，始終都沒有作任何辯解。後來，高倫被提拔到尚書的位置上，這時，高倫才在眾人面前解釋了當年那件不光彩的事。他自責地說自己當年害怕得罪侯常侍，結果讓陳寔成了眾人責罵的對象，他由此感慨陳寔是推功攬過的君子。這件事被澄清後，再也沒有人懷疑陳寔是小人，而他的名聲漸響，並為後世樹立了一個清官的榜樣。

　　面對上司的時候，推功攬過是一種有效的生存策略，能夠極大地襯托出領導者的地位；面對同事的時候，推功攬過則是處理人際關係的妙

方，有利於進一步加強彼此之間的交流和信任；面對下屬時，推功攬過既是一種責任心的展現，又帶有更多的人文關懷，因此能夠取得別人的尊重和認可。而這種特殊的求存保身策略可以有效地抓住別人的內心，從而提升自己在對方心中完美的、義氣的形象，因此大家自然也就願意與這樣的人共事。

在人們成長的記憶中，勇於主動承認或承擔錯誤的孩子常常會受到大人的欣賞和表揚，那些犯了錯的孩子最後總是能免除責罰，年輕人實際上應該向小孩子學習這種勇於主動承認錯誤的態度。

另外，一個懂得和別人分享甚至主動謙讓的孩子，也能夠得到大人們的讚美，「孔融讓梨」的故事就是證明。孩子的做法起先是因為懂事，但很容易就會形成一種道德上的慣性，這種慣性漸漸就變成了一種好的策略。當然，這種說法對孩子來說或許並不很公平，但年輕人可以從中得到一些很好的生活經驗，並作為生存的技巧來使用。

10. 槍打出頭鳥，行事要低調

　　法國文學家巴爾札克說：「人類所有的力量，只是耐心加上時間的混合。所謂強者是既有意志，又能等待時機。」一個聰明的人、一個真正強大的人，必然懂得暫時忍耐，以便尋找到最佳的出手時機，在時機不成熟的時候選擇忍辱負重、委曲求全。每個人都會遇到讓自己感覺不舒服的事情，總是急於想解決掉，而且他們也知道君子有所為有所不為，但是有所為並不意味著就一定要立即去做，如果時機不對的話，「所為」其實就是「不可為」。

　　人不要輕易就把自己看得太高太強，一定要正確地分析和認清自己的實力，如果能力不足，就要懂得知難而退，不要勉強去做自己難以完成的事情，不要勉強去追求自己難以實現的目標，一味強出頭的話對事情的發展並不會有什麼改變，只是一種自不量力的表現，弄不好就會自取其辱，白白遭人笑話。人貴在有自知之名，找一份不能完成的工作來做，無論你再怎麼豪氣干雲，無疑都是自大無知，即便冠上「勇敢」二字，終究也不過是井底之蛙。

　　即便自己能力有餘，但是做人不能太過高調，始終都要明白樹大招風的道理。自恃有一點能力就強出頭，很容易讓自己過分地暴露在眾人面前，從而成為別人打擊和排擠的對象。強出頭的人往往過於急躁，只是單純地為了滿足一時的心理需求，通常在沒有認清事情的本質之前就衝動行事，其結局必然是自食苦果。

石田三成是日本桃山時代的名將，他曾受到豐臣秀吉的欣賞而成為豐臣家的家臣，忠心為豐臣秀吉出謀劃策。石田三成為人耿直，得罪了不少朝臣，不過因為他一心為豐臣家的事業和利益奮鬥，所以豐臣秀吉一直都非常關照他，處處給予庇護，正因如此，石田三成才能毫無顧忌地幫助豐臣秀吉打天下。

　　西元 1598 年，豐臣秀吉病逝，豐臣政權開始動盪起來，先是豐臣家的兄弟爭權奪利，然後是朝臣們的黨派鬥爭。忠心耿耿的石田三成處處維護豐臣家的利益，對各種覬覦豐臣政權的力量都抱著戒備心理，必要將人置之死地才痛快。德川家康原是豐臣家的朝臣，但他長期以來就韜光養晦，表面上甘居於人下，內心卻一直胸懷大志，且很有政治野心。豐臣秀吉死後，實力出眾的他就跳出來爭權，在朝中獨斷專行，且大力扶植親信和心腹，伺機奪權。

　　德川家康的行為讓石田三成非常不滿，他決定除掉德川家族的勢力。不過石田三成本身並沒有什麼勢力，而且樹敵眾多，自己所扶持的豐臣秀賴年紀尚小，沒有什麼威望。此時原本最明智的做法就是先低頭俯首稱臣，任由德川家康奪權。而且德川家康當時已經 58 歲，根本就無法持續多年，他的兒子則是資質平庸的人物，難以成就大事。所以只要耐心等待，就可以扳倒德川家族，況且朝中的各種勢力相互牽制，一時之間德川家康根本很難真正奪權。

　　但是急功近利的石田三成迫切地希望自己替豐臣家除掉大患，就貿然強出頭，決定在關原大戰中與德川家康決一死戰。結果實力謀略更勝一籌的德川家康最終取得了大勝，石田三成因為這次的高調行為引來殺身之禍，而豐臣家也因此受到牽連，政權就此覆滅。

　　強出頭的人一般都是以第三者的身分介入矛盾雙方的主體，然後加

入某一方的陣營中，雖然名義上通常都有著正面積極的動機，但是很容易打破矛盾雙方原有的平衡，而使事情變得更加複雜，甚至出現一些意想不到的結局。強出頭很可能會把事情弄得更僵更糟，而自己也深陷泥淖，惹來一身麻煩。

在多數情況下，保持低調是保證生存的第一要務。向來都是槍打出頭鳥，喜歡強出頭的人常常會遭到別人的攻擊，因為無論你是否具備強勢的力量，這種高調的姿態無疑都對別人造成了威脅，所以強出頭的人常常只會給自己帶來更多的麻煩。年輕人遇到事情時，先要分清局勢，並認清自己的能力水準，先判斷自己是否值得去冒險出頭，即便自己想要有所貢獻、有所作為，也要盡量保持低調的姿態，而不是公然地跳出來表明自己的立場和態度，這樣會讓自己陷入尷尬甚至危險的境地。

11. 出眾未必比平庸更安全

　　平庸是可怕的，所以每個人都努力讓自己變得與眾不同，為了成為人上之人，遭遇各種困難和苦頭也在所不惜。但當他們歷經千辛萬苦成為人中龍鳳的時候，卻發現殘敗的花遭人唾棄，而豔麗的花朵卻常常被人活活掐斷，這就是成功的煩惱，此時才發現：出眾未必比平庸更安全。

　　人不應該甘於平庸，讓自己變得出類拔萃很重要，這是成功人生的一部分。但是任何一個超群出眾的高手都不能總是擺出一副高高在上的姿態，當你有能力也有本事去「高人一等」時，更加要注意讓自己回歸到平凡中，當你過度重視自己的地位時，實際上卻無視了別人的感受，而這通常就是惹來禍患的原因。

　　孔子說「不患寡而患不均」，沒有多少人會真正在意自己所處的位置，也沒有人會在乎自己得到了多少，只要與眾人無異，那麼就是絕對公平、皆大歡喜，自然也就能夠心安理得。一旦某人得到了更多，就會將原有的平衡打破，而對於多數人而言，他們有義務去進行修復和製造平衡。一位哲學家在描述人與動物的區別時說：「人與動物最大的區別就在於：動物會想方設法地挑戰強者，而人通常是聯合起來攻擊強者，所以動物會光榮地死在決鬥場上，而人則經常無奈地死於無意義的圍攻之中。」

　　不論是「舉世皆濁我獨清，眾人皆醉我獨醒」的屈原，還是「會當凌絕頂，一覽眾山小」的杜甫，他們都曾在世俗中毫無顧忌地大放異

彩，而且將自己從眾人中剝離出來，結果自然就難以被別人所容。這幾乎成了一個亙古不變的定律，也提醒了所有出眾的人才：你可以有才，可以有德，也可以有所得，但前提是不要輕易就將別人比下去。

韓信是西漢開國的功臣，他戰功彪炳、能力出眾，是難得的將才。但他為人太過驕傲自負，認為自己能力出眾、勞苦功高，就應該享受與眾人不一樣的待遇。而他也處處向別人表露出自己的與眾不同，並希望得到應有的「尊重」。

韓信平定齊國時，曾經明目張膽地向劉邦索要「齊王」的稱號，此時劉邦正被項羽圍困，只能勉強先答應他的無理要求。得到「齊王」稱號就意味著韓信在漢軍中是僅次於劉邦的第二號人物，不單劉邦不滿，其他將才也頗有微詞，大家開始用異樣的眼光來看待和猜忌韓信，而這也為他後來的殺生之禍埋下了伏筆。

第二次則是韓信受到了劉邦的猜忌被貶，此時他的地位已經大不如前，但是在見到樊噲之後，自恃功高的他依然要求對方對自己行禮。樊噲平時就屈於韓信的威望，因此很不情願地客客氣氣行跪拜之禮。韓信本來就此應該知足，但他向來就看不起有勇無謀的樊噲，於是就狂妄地鄙視起對方。他自嘲今日竟然淪落到與樊噲、周勃等人為伍的境地，實在過於悲慘，言語之中，自然滿是諷刺和鄙夷。

樊噲沒有多嘴，只是惡狠狠地看著韓信張狂的背影，和其他同僚一樣，他對韓信本來十分敬重，但現在卻非常討厭，於是也開始孤立韓信。將自己與眾人區分開來的韓信最終沒能逃過呂后的毒手，而他平時因為遭人嫉妒且樹敵甚多，所以臨死也沒有人前來替他求情。

低調並非就是死心塌地隨波逐流，中規中矩、亦步亦趨的中庸之道，是對才能的一種磨滅和打壓，是對人生的一種巨大傷害，沒有進取

心的人，人生也只能處在渾渾噩噩的狀態。平庸時要懂得讓自己變強，變強時則要努力讓自己變得更平庸，做人一定要謙卑地出類拔萃，一個人在能力和成就上可以做到鶴立雞群，但同時必須保持一顆謙卑低調的心，盡量保證才能不外顯，防止自己成為別人的眼中釘，成為全民公敵。

年輕人總是希望自己能夠轟轟烈烈地闖出一片天地，成就一番大事，能力不及者力爭上游，能力出眾的則處處爭強，大展才華，不願放棄任何一個表現的機會，結果往往還沒來得及施展人生抱負，就已經不幸成了一顆空包彈。年輕人一定要留心大眾的嫉妒心理，不要觸動別人的敏感神經，在時機不成熟之前，無論自己有多少斤兩，首先要做的就是把自己當成一個平凡的人。

12. 凡事應順勢而為，逆勢則不利

　　人都是有尊嚴有骨氣的，只是或多或少的問題，每個人都希望自己能夠盡可能地保住人格魅力，但在實際面臨抉擇的時候，卻往往會陷入糾結。華人看重氣節，大到民族大義、人倫道德，小至處事規則，都要盡可能替自己塑造一個完美的形象。寧為玉碎不為瓦全，或寧死不屈的剛烈，固然值得稱道，然而凡事都要講究價值和意義，如果毫無意義可言，那麼寧死不屈的做法更像是一種不識時務的愚昧行為。

　　司馬遷說：「人固有一死，或重於泰山，或輕於鴻毛。」如果真的比鴻毛還輕，那麼這種不屈行為幾乎等同於殉葬。常言道大丈夫能屈能伸，聰明的人應該懂得察言觀色，該昂首的時候就要抬頭挺胸，施威於人，否則就是怯懦的表現，但該低頭的時候也必須要懂得低頭，如果昂首不屈，那麼就有「撞頭」受傷的危險。當人處在不利的環境中時，往往會受到特殊環境的制約，而這是一時之間無法改變的事實，既然無法改變，那麼為何不從容地去適應呢？

　　人都有挺胸抬頭的得意之時，也會有低頭犯難之際，一旦立於屋簷之下，受制於外界力量的困擾，就應該適時地低頭，千萬不能任性衝撞，否則就是故意和自己過不去。人生沒有過不去的坎，有時候就看你能不能低下頭。人生在世，所做的多數都是順勢而為，即便有逆勢之心，也要先順後逆，冒失地向非理想化的現實發動猛烈攻擊，受傷的只能是自己。

聰明的人懂得與現實培養一種和諧平衡的關係，而不是大張旗鼓地形成尖銳的衝突，因為他們知道這樣做對自己下一步的行動根本沒有任何好處，只是徒增了更多的壓力。時機尚不成熟時，他們能夠識時務，盡量作出「俯首稱臣」的服從姿態，順著現實的走勢行事，暫時委曲求全，而一旦等到逆轉時勢的大好機會，他們就會毫不猶豫地做出反擊。

中國的戰國時期秦國有位名將叫白起，他戰功顯赫且戰無不勝，是當時最受敬仰的戰將，周邊各國都聞風喪膽。長平一戰，白起更是大敗趙軍，並設計坑殺趙國40萬軍隊，此舉直接導致趙國元氣大傷，而白起也早就做好了奪取趙國都城邯鄲的準備。

長平之戰後，白起向韓國和趙國同時發起進攻，韓趙兩國國君都非常擔憂，於是就派使者蘇代用重金賄賂秦相范雎。蘇代對范雎說，白起如果攻占邯鄲，秦王就會稱帝，而白起也將位列三公，如此一來范雎就要居於人下。范雎聽後覺得有理，於是就以秦兵疲憊為由勸說秦王退兵，白起無法實現他的攻城計畫，於是開始與范雎結怨。

不久之後，秦王再次攻打邯鄲，白起因為上次的事耿耿於懷，就勸說秦王不要出兵，並且明確表示自己絕對不會掛帥出征。秦王不悅，只好另找將領，結果秦國大敗而回。此時白起卻說起了風涼話，認為秦王沒有聽從自己的建議才會如此。秦王大怒，就強令白起出兵。本來身為臣下就應該聽從聖命，沒有絲毫推辭的餘地，而且白起已經有失寵的危險，但是高傲自負的白起卻不識時務，他稱病拒絕出征。這下徹底激怒了秦王，於是就將白起貶為普通士兵。

被貶之後，白起非常不滿，認為自己沒有理由向人低頭，於是就決定逃離秦國，結果在路上被秦王派出的士兵攔截下來，秦王讓他拿著寶劍自刎，最終還是難逃一劫。其實秦王一直都很欣賞白起的才能，但是

身為弱勢一方的白起卻不願低頭，反而處處和秦王作對，最終只能自食惡果。

臺灣作家李敖說：「做弱者，多不得好活；做強者，多不得好死。」究其原因就是因為弱者不能夠守弱，處於不利環境中也還要意氣用事，自然就不得善果，而強者卻不懂得示弱，自以為強大，處處都要擺出高姿態，結果禍患滿堂。無論是強者還是弱者都要懂得示弱，尤其是處在不利環境中，更是要依據時勢的發展變化行事，如果堅持不肯低下高傲的頭，那麼也許就將永遠失去抬頭的機會。

年輕人事實上是以一種弱者的身分進入社會的，雖然表面上總是顯得意氣風發，強勢逼人，但無論從社會地位、社會經驗還是社會能力來說，年輕人身為剛出道的新興力量，在這些方面都不占優勢，所以一定要抱持著著謙卑低調的態度進行社會交際。如果有需要低頭就一定要低頭，這不是長他人志氣滅自己威風，而是一種生存的智慧和技巧，只有懂得低頭，才能更好地抬頭。

13. 不失氣節便不是最貧賤者

孟子認為君子身上應該有一股浩然正氣，遇到事情能夠堅持真理、堅持原則、堅持自己的道義，只有這樣的修養才配稱得上真君子。歐洲文藝復興運動前夕，羅馬教皇逮捕了老邁的科學家伽利略（Galileo Galilei），並施以酷刑，就是為了逼迫他親口承認哥白尼（Nicolas Copernicus）的太陽中心論是錯誤的，結果倔強的老頭仍然堅持真理，並喃喃地說道：「地球還動著啊。」這是歐洲人的骨氣。

中國人也喜歡講氣節，並將其當作人生修養的最高境界。無論是孟子的「富貴不能淫，貧賤不能移，威武不能屈」，還是文天祥的「天地有正氣，雜然賦流形」以及「人生自古誰無死，留取丹心照汗青」，抑或是譚嗣同的「我自橫刀向天笑，去留肝膽兩崑崙」，以及魯迅先生的「寄意寒星荃不察，我以我血薦軒轅」，氣節代代相傳貫穿在整個中國歷史的發展之中。

氣節一般都表現在特定的場合，一般是誘惑之中以及危難之前，這是對人品和修為的一種重大考驗，堅守氣節的人無論面對何種誘惑，無論面臨何種威脅，都能夠堅守自己的處事原則，都能夠保證說有良心的話、做有良知的事。身負氣節的人能夠安然地處於卑微中守護自己的浩然正氣，無論面臨多大的困難都能夠不屈不撓，承受住最嚴酷的考驗，保持最真實的自我。

　　著名畫家鄭板橋少年窮困潦倒，但人窮志不短，做人很有氣節。早年他就喜歡畫畫，並經常作畫賣畫謀生，用以維持生計。有些有錢人也喜歡附庸風雅，就經常把鄭板橋叫到家中，讓他幫忙畫幾幅畫，並給予一定的報酬。

　　某次，鄭板橋為一個有錢人作畫，辛苦地熬了幾個夜晚，可是當他把畫交給這個有錢人時，對方卻並不很滿意，而且毫不留情地當面就撕掉了鄭板橋的畫，並丟出一錠銀子，讓鄭板橋再回去認真畫畫。鄭板橋雖然窮困，但也感覺到自己受到了侮辱，於是就微笑著拒絕收下銀子。此後，他沒有再去給富人作畫。

　　後來大器晚成的鄭板橋在 43 歲的時候考取進士並擔任知縣。鄭板橋還未上任就告誡家人不要因為是官員家屬就驕傲自大、目中無人。上任後，他始終保持窮困時的模樣，每次外出都穿著布衣草鞋，與窮苦人無異，還經常深入群眾考察民情。而在應對上司和同僚時，他卻一身傲骨，從來不會摧眉折腰，還經常諷刺自己的上司。鄭板橋的下屬們都擔心他這麼做會遭到上司的刁難和報復，不如忍氣吞聲隨和一些，但鄭板橋卻依然「我行我素」。

　　後來鄭板橋被調任到另一縣當縣令。某一次淹大水，災民食不果腹，鄭板橋帶頭縮衣節食，把自己的俸祿捐給災民。他的上司得知朝廷有一大筆賑災款項要發給災民，於是就對鄭板橋進行旁敲側擊，暗示他可以不用發放全部的賑災款項，但鄭板橋直接拒絕。上司非常惱怒，於是就陷害鄭板橋貪贓枉法，鄭板橋不久就被革職，此時他回到故鄉，安心過起了賣畫的生活。

　　氣節一般都是士人的立身處世之道，且通常是文化人的道德規範和標準。中國作家馮雪峰認為常見的氣節可以分為兩種，一種是忠貞堅守

的表現，一種是清高自律的要求，外部鬥爭的氣節一般來說就是忠貞，內部矛盾就講究自律。氣節貫穿於最平淡自如的生活之中，但總是凸顯於關鍵的抉擇時刻，無論是命運顛沛中的道德操守，還是敵人威逼利誘面前的信念節操，都是一種氣節的表現，只有在最關鍵的時刻，才能展現出一個人真正的道德修養。

　　一提到氣節，人們總是很容易就聯想到民族氣節或者人窮志不窮上去，其實氣節展現在生活的各個方面，只要是盡力堅持做人的基本原則，都可以稱之為氣節。官場、職場、商場、社交場、人情場，處處都能夠彰顯出一個人的氣節。年輕人的自律性通常比較差，抗壓能力和抵禦誘惑的能力也都比較弱，因此很容易做出違背道德和良心的錯誤舉動，而這種有損聲望和名譽的事情往往會帶來負面效果，從而影響自己長遠的生存和發展。所以年輕人一定要克制欲望，堅守自己的道德底線，寧願去做一個卑微的人，也不能做一個卑劣的人。要知道，氣節也是一種不容忽視的精神財富。

三、上臺下臺都自在，主角配角都能演

——安逸生活的養晦哲學

1. 不要把蛋放在同一個籃子裡

　　在投資領域，人們往往關注兩種不同的投資方式，一種是分散投資法，崇尚這種投資方法的人不主張把雞蛋放在同一個籃子裡，而以「股神」巴菲特（Warren Buffett）和投資大師羅傑斯（James Beeland Rogers Jr.）為首的一些投資菁英卻宣稱「分散投資是無知者的保護方法」，他們主張集中進行投資，增加利潤，也就是第二種投資方式 —— 集中投資法。那麼到底是應該將雞蛋放在一個籃子裡，還是分散來放？平常人應該如何下決策呢？只能這樣說，如果你成為不了巴菲特的話，那就不要把雞蛋集中放在一個籃子裡。

　　很多人都喜歡冒險，具備賭徒意識和精神，「賭」贏了自然能夠好好「撈」上一筆，賭輸了只能證明運氣不好，如此冒險要不就飛黃騰達，要不乾脆就一無所有。許多人認為那些收穫巨大成功的人都喜歡冒險，但是殊不知大多數冒險者的結局都很悲慘，能夠真正走向成功的人，根本就寥寥無幾，通常只是天才和運氣的完美結合。

　　對一般人來說，這種一局定勝負的賭博的成功機會太過渺茫，風險又太大，因此並不適合把所有雞蛋集中在一個籃子裡。這不是膽小懦弱的表現，反而恰恰是深謀遠慮的結果。這種集中投資的方式所要承擔的風險太大，即便是風險偏好者也要試著讓自己感到害怕，不要總是懷抱一副天不怕地不怕的冒險態度。凡事都應該留一手，千萬不要吊死在一棵樹上，要懂得多給自己留一些後路，以備不時之需。

紐約世界貿易中心雙子星大樓曾經是紐約的地標性建築，許多公司都將總部辦公室設在這兩座大樓中。2001 年 9 月 11 日，恐怖分子駕機撞向這兩座大樓，災難發生後，這裡大多數公司的有效商務資料以及客戶資料瞬間化為烏有，不光為這些公司的發展帶來毀滅性的打擊，更是讓公司的客戶承受了巨大的損失，許多公司因此一蹶不振。

不過，同樣設在世貿中心的一家超級公司──摩根史坦利公司（Morgan Stanley），卻完美地躲避了大樓倒塌造成的致命危害，與那些忙於恢復和尋找資料的公司相比，摩根史坦利公司在遭到襲擊後第二天就順利地進入了正常工作狀態。災難之中，其商務資訊、資料以及重要的相關數據都保留完整，沒有受到九一一事件過多的影響。摩根史坦利公司之所以能夠逃過一劫，關鍵就在於公司採用了一種叫做「遠端災難備份系統」的裝置。

在網際網路發達的時代，許多公司通常都會建立一個巨大無比的資料庫，然後將各種相關的資料、數據、資訊都合併起來，存入資料庫系統之中，這麼做一方面是為了節省成本，一方面是為了更加便捷。而重要的是，它們始終都非常肯定系統的安全性，所以樂於將所有雞蛋都放在一個籃子裡，這些公司對摩根史坦利公司「膽小怕事」的做法不屑一顧，認為他們未免太過謹慎和缺乏自信了。

「遠端災難備份系統」嚴格貫徹更為保險的預防策略，這一系統的巨大優勢和功用就在於公司在營運主要業務的同時，另外一處也會自動地、同步地儲存相同的資料作為備份。摩根史坦利公司採用這項先進的技術後，每天都會同步地將那些重要的、有效的資料完整無缺地傳送到離公司幾英哩外的一個辦事處，所以災難發生時，它能夠保留下所有重要的數據，而在這次災難事件中，凡是裝有這種系統的公司都沒有受到重大的影響。

　　把雞蛋全部放在一個籃子裡，等於把機會全部押在某一賽局上，這樣不利於風險分散，成功了固然可喜，可一旦失敗就可能會遭遇滅頂之災。無論你多麼強大，都不能夠掉以輕心，要時刻都具有危機意識，小心駛得萬年船。懂得謹慎和害怕沒有什麼不好，在處理重要事情或做出重要抉擇的時候，每個人都應該做好最充分的準備和防護，不要讓自己處於危機四伏、後無退路的絕境之中。

　　在中國五代十國時期，諸侯割據現象嚴重，國家興亡更替也尤為頻繁。俗話說「一朝天子一朝臣」，國家易主，朝臣自然也跟著更替，但是當時的政治人物馮道卻是一個特例，他並不嚴守「一臣不侍二主」的封建倫理教化，反而選擇「良禽擇木而棲」，頻繁更換主人，但凡君替國亡的，他都能夠很快找到下一個歸宿。究其一生，馮道先後侍奉過不同姓氏的六位皇帝，而且始終得到重用，關鍵就在於他從來都懂得分散投資，不會把所有的忠誠都付諸某一個人身上，對於其他人，他同樣會示好，所以一旦國家局勢發生變化，新的國君都能夠認可他的存在。

　　將全部雞蛋放在一個籃子裡這種冒險行為，還飽含自負自大的情緒。年輕人通常都有些自負，即便沒有多少生活經驗也願意豪賭一把，美其名大膽地拚一下。可是年輕人更應該懂得把握機會，多跌倒幾次固然沒有什麼大不了，可以增加經驗和見識，不過能不摔豈不是更好嗎？青春是本錢，但不是永無止境的，所以年輕人不要總是讓自己處於興奮、激進的狀態，而應該放低姿態，要懂得害怕和擔心，才能使自己獲得更長遠的發展。

2. 藏好自己的稜角，收斂自己的鋒芒

　　一個常年征戰的老兵能夠明白：真正可怕的對手，不在於對方擁有多少能力，展示了多少實力，而在於隱藏和掩飾了多少能力。因為可見的永遠都能夠提前做好心理準備，而那些隱藏著的卻常常無法判斷，甚至容易引起別人誤判。但凡高手大都藏於市井之中，與販夫走卒無異；但凡名士多隱於山野之林，與山野村夫為伍，那些表面上極平常的人，往往就可能是強者，而一般人通常很容易就忽略掉他們的存在。

　　當然也不乏鋒芒耀眼的強者，但立於檯面之上的強者永遠比隱藏在觀眾中的高手更加危險，因為他們的目標過大，很容易就會被別人妒忌和攻擊。鋒芒畢露的人基本上都是門戶大開，在享受榮耀和讚美的同時，也要接受外來的各種風險。而懂得藏身於拙的人，卻可以高枕無憂，逃避外來的壓迫和攻擊，這樣不僅可以做到明哲保身，還能夠安然地繼續提升自己的能力。

　　中國晚清的權臣曾國藩可謂低調做人的典範，可是他年輕時卻非常愛出風頭。由於天資聰穎，能力出眾，年輕時的曾國藩總是喜歡展露鋒芒，在別人面前賣弄自己的學問和見識。他常常和竇蘭全以及其他朋友一起探討程朱理學，因為自負才高八斗、學富五車，所以他說話總是咄咄逼人，總是發表雖頗有見地，卻十分絕對的意見，讓人難以忍受，而與朋友們意見相左時，更是針鋒相對，毫不相讓。

好友竇蘭全堪稱程朱理學的專家，對於相關的學術鑽研有很高的造詣，每有真知灼見也都是持保留態度，從不輕易蓋棺論定。因為學識很高，為人又非常謙遜隨和，且習慣保持低調的態度，所以他總是受到眾人的尊重和喜歡。曾國藩雖然也是學識淵博，卻因為太喜歡出風頭，而被朋友們故意疏遠和冷落，因為大家都覺得與這樣自負的人在一起很有壓力。

　　曾國藩被大家排擠之後，非常鬱悶，後來有人告訴他事情的真相，他才醒悟過來。從此，曾國藩每次說話都小心謹慎，盡量克制自己愛顯露鋒芒的欲望。更為了監督自己，他甚至把一天中所說的話刻意記錄下來，然後回家檢視，以便及時改正。透過這種強制性的改造和訓練，曾國藩有了很大的改變，開始低調行事、謙虛做人。他曾感慨道：「幸好這些人都是我的朋友，尚能包容於我，如果是別人的話，自己恐怕會招來大禍。」

　　有了這樣的領悟，曾國藩做事更加小心謹慎，在進入官場之後，他因為對抗洪秀全的太平軍而有功於朝廷，一年之內曾連升十級，如此光榮的紀錄空前絕後，但是曾國藩始終保持足夠的理性和冷靜，並沒有因此驕傲自大，反而更加低調做人。他知道一旦鋒芒太過搶眼，必然會引來猜忌和攻擊，保持低調弱小才能尋求自保，所以他一度成為晚清第一重臣。

　　老子說：「揣而銳之，不可長保。」一個鋒芒太盛的人容易受到別人的排擠，別人會因嫉生恨，因恨生仇，必會將其置於死地。人的眼裡容不下沙子，但更容不下有鋒芒的對手，所以顯露鋒芒的人通常都多災多難。只有保持低調的態度，隱藏自己的鋒芒，才能更加安全地生存下去，從而得到更大、更好的發展機會，所以善於藏鋒才能使鋒芒更長久。

因自薦成名的毛遂，雖功名大顯，卻鋒芒畢露，以致功高震主，最終慘遭棄用；曹操煮酒論天下英雄，直指劉備，玄德卻藉著雷聲露怯，逃過一劫；朱元璋採納「廣積糧、高築牆、緩稱王」的藏拙策略，終成帝王。

正如《易經》上所說：「君子藏器於身，待時而動。」一個聰明的人懂得隱藏自己的才華，不會輕易在別人面前毫無顧忌地炫耀和展示，因為鋒芒越盛，阻力也就越大，想要獲得成功也就會越難，所以他們一定會等待最合適的時機才展露出來。

在社會的很多領域中，年輕人通常都會受到壓制，因為別人根本不願意看到年輕人嶄露頭角，甚至出人頭地，如果鋒芒太盛，就更加容易成為眾矢之的。年輕人在面對競爭者的時候，一定要謙虛謹慎、低調行事、含蓄做人，在沒有足夠強大的實力或在取得成功之前，不要輕易讓自己成為眾人的標靶。

3. 不在一事一處上見長，卻在每事每處上見長

聰明的人在做每件事時都會注意要有所保留，絕對不與別人競短爭長。他們知道自己一旦在某件事上表現得比較突出，露出成長或太出眾的態勢，很快就會被別人注意到，進而引起別人的嫉妒或壓制，那麼以後想要做好每一件事都會非常困難。因為在社會中的每個人都會有著公開或隱藏的競爭對手，他們絕對不會給予你成長的機會，對於你的發展一定會蠻橫干涉，破壞你所有的計畫。

真正的強者，即便每一件事都非常有把握，或者都能夠做到很好，但表面上卻處處保留空間，保證不會過於顯露才能，威脅到別人，所以看起來沒有一件事做得穩當妥帖，可是實際上每件事都會因此而獲得極大的成功。就如同懂得過日子的人，他們每天都注意克制和節約，表面上過得不太如意，但每個月都能存下更多的錢，這對整體生活品質的提升會有很大幫助，也才能夠順利長久地將生活延續下去。

小江跟小徐大學畢業後一起進入一家貿易公司，身為公司的新人，小江工作很努力，而且謙虛謹慎，同事小徐雖然也十分勤懇，但做事有些急功近利。有一次，小徐與小江熬夜趕工的一個行銷企畫得到了上級的認可，但是功勞卻被組長攬去，小徐跟小江自然沒有得到任何好處。小徐生氣地對小江說：「太過分了，我們沒日沒夜地做，到頭來好處都被組長占盡，他憑什麼獨吞這個功勞，真的沒天理了！」

小江也覺得很不公平，但是他明白組長是上司，做下屬的還能說些什麼。可是小徐卻越想越生氣，對小江說：「我們絕不能讓組長覺得我們好欺負，一定要讓上面知道是他搶了我們的功勞。」

小江問道：「你打算怎麼做？」

小徐說：「我們去向總經理報告這件事。」

小江說：「這可是越級報告，我們是新來的員工，這樣不妥當，況且我們對組長又了解多少？」

小徐說：「雖然不了解，但這件事關乎我們的前途，功勞都被別人占了，我們還怎麼發展！」

小江說：「如果你想帶著這把火氣去跟總經理說，我勸你還是三思。」他覺得，這種時候還是不能貿然行事，尤其他們還只是試用期的員工，公司對他們的期許並不是抓人小辮子，而是腳踏實地地做好自己的工作。

小徐生氣地說：「你不敢去，我自己去，你就逆來順受吧，到時，我得到的功勞你可別說我沒分給你。」

於是小徐一個人去找總經理，總經理也向他保證會處理這件事。果然，第二天早會時，總經理就當著全體員工的面把組長罵了一頓，還特別表揚了小徐。可是罵完了，組長還是組長，還待在原來的位置上。

小徐在這件事上找回了自尊，但是在三個月的試用期過後，他被莫名其妙地辭退了，而小江卻留了下來。半年之後，原來的組長被升遷為部門經理，小江則被升為組長。

這個結果也是在預料之中，搶了別人的風頭自然會招來嫉恨，那麼大家絕對不會給予他更多的表現機會，之後做事時，別人一定會千方百計地進行阻撓，甚至會有人從中進行惡意破壞。

　　正因為小江不在一事一處上見長，他才逃過了別人的監視和打壓，安然地在原來的位置上生存了下來，並贏得了更大的發揮空間。所以，年輕人必須留意，因為一件事影響到長遠的發展和發揮，顯然不划算。想要立足於某一個職位，光靠某一件事的成功遠遠不夠，要每一件事都能做到適度得體，才能收穫更大的生存本錢。

　　很多人年輕人都喜歡斤斤計較於某一件事，絕對不會放過任何一次表現機會，所以做起事來有如猛虎撲食，必盡全力，可是這樣做只是風光痛快一時，對手們一定會引以為戒，從而施加更大的壓力。為了防止爭權奪利，他們會不惜一切代價阻止對方下一次順利完成工作，因此年輕人想要得到更多更好的表現自然不太可能，在競爭日益激烈的社會環境中生存，年輕人或許應該學習一下劉德華的心態和生存策略。

　　香港天王劉德華，屹立影壇幾十年不倒，靠的就是人氣和無與倫比的綜合實力。單以演技而論，他未必比得上周星馳和梁朝偉，唱歌也稍遜於張學友和陳奕迅，而論及長相，他也算不上最好看的男人，在演藝圈中論地位的話，他又很難超越周潤發和成龍，縱觀一切的一切，他都很難排進第一位。有一段時期，他也很迷茫，但是最後他豁然開朗，原來自己根本沒有必要弄得頭破血流去和別人爭第一，相反應該謙虛地退讓，努力保住第二就行了，而這就是獲得更大成功的基礎。

　　某次記者會上，一位多事的記者拿劉德華與其他明星相比，而且一一道出了他與眾明星的差距。劉德華聽了沒有生氣，而是坦誠地接受了記者的奚落。他開玩笑似的對記者說，自己雖然排不上第一，基本上在各個行業最多只能算第二，但把自己所有的第二都綜合起來的話，應該沒有人可以超越他，自己是綜合實力的第一。

聰明的人總是能夠著眼於大局，不與人爭一技之長，也不與人爭一時之快，雖然在每一個環節中都居於人下，而實際上卻得以維持整體的發展，因而他們經常會成為最終的、最大的成功者。

有位哲學家說：「當一個人的優點被釋放到極致的時候，他的缺點也被放大到了極致。」從經濟學中機會成本的角度來分析，有所得必定會有所失，某個方面做到極致，一定會影響到其他方面的發展，而那些弱點通常會成為阻礙成功的重要累贅。

4. 多為他人留一些空間

在競爭日趨激烈的時代中，越來越多的人認為「人不為己天誅地滅」是一個亙古真理，這一「真理」足以成為競爭者相互廝殺傾軋的藉口。但另一方面，長輩們「凡事留有餘地」的諄諄教誨，教導年輕人做事要留有餘地，不要輕易將他人置於死地。這絕不僅僅是出於人道主義的考量，從博弈的角度來說，這保留了合作機會的可能，而從處世哲學的角度來說，為別人留下餘地，就是為自己留下了發展的餘地。

在謀求生存和發展的時候，應適當收斂和示弱，不要一味地求強求大，因為空間和資源始終都是有限的，你得到了更多，別人必定會失去更多，你給予的壓力越大，對方的空間自然就越小，不過他們的反彈力道一定會越大，這種生存和競爭上的衝突很容易會被激化。兔子被逼急了也會要咬人，過度打壓別人必然不利於自己的發展，因此，人們在尋求發展的同時，一定要注意保障他人的權益，為別人留下發展的空間。

高明的雕刻家在進行面部雕刻時，往往會把眼睛刻得盡量小一些，而鼻子卻盡量大一些，這樣就為再次修飾和改進留下了空間；有經驗的木工在銜接木板時，總是會刻意留下一道縫隙，這樣木板就不會因為受到擠壓而開裂；聰明的漁獵者懂得選用網眼較大的漁網捕魚，以儲存小魚苗，為魚留下繁殖的機會。

常言道：「利不可賺盡，福不可享盡，勢不可去盡。」無論做人做事，都一定要注意為對手留下一些空間。凡事不要做得太絕，斷了別人的後

路，往往也就是斷絕了自己的後路，把對手當成死敵來看待並不明智。知名作家曾經說過：「不吃虧的人絕對占不到便宜。」的確，多為他人留一些空間，你才能得到更多的發展機會，也才能得到更多的收穫。

漢高祖劉邦得到天下後，變得非常小心和謹慎，但凡能夠威脅到統治的人，他都毫不猶豫地剷除掉。某次他聽說燕王盧綰叛變，心中十分惱火，於是立刻命令樊噲率領重兵鎮壓叛軍，樊噲欣然領命。可是出征沒過多久，有人就對公眾散布謠言，聲稱樊大將軍如今手握重兵，而且又是呂后身邊的人，等到皇上過世之後，他一定會聯合呂氏家族的力量誅殺戚氏和趙王。

劉邦聽到這樣的流言蜚語，竟然信以為真，於是立即派陳平和周勃前往軍中擒殺樊噲。陳平領命後，覺得非常不妥，樊噲畢竟是高祖的好朋友，萬一哪天皇上反悔，自己豈不是成了代罪羔羊，而且樊噲又是呂后的人，斬殺樊噲就等於明目張膽地與呂后為敵，從而將自己置於險境之中。經過慎重考慮，陳平決定違抗聖命，放過樊噲，於是他將事情的原委告訴樊噲，然後勸告他親自回去向皇上解釋清楚。樊噲與陳平沒有什麼深交，但這次卻感激涕零。

陳平押著樊噲回宮，交由皇上親自處理。後來樊噲的確沒有因為謠言獲罪被殺，可見陳平是有先見之明的，雖然他因為違抗聖旨被狠狠訓斥了一頓，但顯然因為放過樊噲而保住了自己一命。

古人寫文章亦要講究「筆下留有餘地步，胸中養無限天機」，求存取利更要留有周旋的空間。凡事不能過火，無論自身的實力如何強大，都要注意他人留下餘地，就像這句老話所說，「路徑窄處，留一步與人行；滋味濃時，減三分讓人食」。

　　年輕人喜歡以強勢姿態來立足，希望在競爭中壯大自己的實力、拓展自己的發展空間，因此總是會迷戀「一將功成萬骨枯」的榮耀，而這「萬骨」通常就是對手和別人。強勢沒有什麼不好，但是同樣會存在風險，年輕人必須了解：強勢、霸道也許會使人獲得成功，但往往也會讓人失敗。因為你不讓別人活，別人也一定不會讓你得到舒服的發展環境。另外，套用電影中的一句臺詞 ——「出來混，遲早都要還的。」

5. 博學多聞是成事的基礎

　　《禮記·中庸》中說:「博學之,審問之,慎思之,明辨之,篤行之。」這是為學的五個階段,保持這樣的為學態度,自然就會有所得、有所成。博學多聞由此處演化而來,不僅是學習的妙方,而且同樣寄寓著做人的道理。博學是實力的基礎和表現,多聞則是一種內涵的外在表達,因此博學多聞的人總是能夠獲得更大的成功。

　　孔子認為一個人要做到博學多聞,有疑問的地方就要暫時擱置,等到適當的機會再作解決,這樣一來,言辭上就會少遭怨尤,而盲目胡亂地解答只會鬧出笑話;博學多聞的人對於有缺陷或令人不安的事情也要暫且擱置,等到合適的時機處理,這樣就不會因為衝動行事而讓自己後悔,而不遭怨尤、不愛衝動的人也就擁有了獲得成功的必要條件。

　　許多人自認為學識淵博、學富五車,無所不知、無所不能,因此凡事都有主張和見地,不屑於社會經驗。這些人常常會自命清高、高傲自大、目中無人,也常常不懂裝懂,喜歡強出風頭,也因此做事有欠考慮,不夠細心嚴謹,最終後悔不已。多學多聞是一種生活處世的態度,一個能夠謙虛地看低自己、不斷充實自己的人,總是能夠找到成功的捷徑,因為他們能夠隨時監督自己避免犯錯,而且督促自己變得更加強大;那些自以為強大的人,卻高傲自滿、故步自封,甚至遭到別人的攻擊和排擠。

　　有一位德高望重、學識淵博的知名作家，他每每提到自己經歷的兩件糗事，都會羞得面紅耳赤、無地自容。某次在大學的圖書館中，兩名男子正興致勃勃地談論著歷史名人，兩人聊得非常投機，這時候作家在一旁聽得也是非常感興趣，不過他認為自己好歹也是一個藝文界的名人，連一句話都說不上，終究覺得不太體面，於是就冒失地插了一句外行話，其中一名男子立即向他投以白眼，半開玩笑地諷刺他說：「虧你還是個作家呢！這一點都不懂。」

　　受到嘲弄的作家感到非常尷尬，但同時也很慚愧，又後悔為什麼自己要不懂裝懂，以至於鬧出笑話。後來他發奮學習，每天都抽出許多時間來研究歷史文獻，以彌補和提升高自己在歷史學上的不足。

　　還有一次，某劇團準備出國表演，身為顧問的作家按照慣例審視了演出的劇碼，不經意間又犯了老毛病，說了一句外行的見解，結果大家當時立即沉默了，作家也覺得奇怪。審查之後，一個朋友立刻將他拉到身邊說：「大哥，你對舞臺劇劇完全就是外行，不要亂講好不好？你亂講一通，下面的人就很難做事了。」作家聽說後，羞愧得無地自容，此時他才明白自己喜歡出風頭的毛病遲早會害了他。之後他又發奮鑽研舞臺劇，大量閱覽相關的書籍，而且還經常向演員、大師們請教，充實自己的相關戲劇知識。

　　這位作家的學問已經足夠淵博了，不過沒有人會是通才，總會在某些領域有存在一些知識盲點和認知錯誤。沒有調查研究就沒有發言權，隨便地表現自己的學問只會在眾人面前出醜，這名作家就是由於曾經自負是個學識淵博的讀書人，結果鬧了兩次笑話，被別人厭惡。而意識到自己的缺點之後，他認真進行自我改進改正，多學多聽，彌補不足之處，因此成為了原來並不熟悉的兩個領域的專家或準專家。不懂就要多

問，不懂就要學，這是最基本的道理。沒有人能夠洞悉一切，有知識盲點很正常，也並不可怕，真正可怕的是不懂裝懂、不行卻裝行，打腫臉充胖子的結果基本上就是讓別人看笑話或者乾脆自討苦吃。做人應該謙虛低調一些，即便自己有經緯天下之才，也不能因此就恃才傲物，傲慢地認為自己無所不能，否則這樣的人即便不遭到對手的打擊、他人的排擠和厭惡，也一定會因為高估自己而自食惡果。

年輕人對於那些超出自己能力範圍或難以控制的事情，一定要謹慎對待，低調處理，不要狂妄自大地草率參與進去。這樣做不僅於事無補，還會令自己陷入難堪的境地，甚至承擔相應的風險和責任。年輕人中受過教育的人才越來越多，如果因此就自命不凡地對待各種大小事情，那麼遲早會吃虧的。

一個人一旦進入社會中就會發現自己的能力和見識其實還遠遠不夠，想要應付和解決各種問題，不僅需要書本上的知識，還需要社會經驗，何況書本上沒有的東西更是數不勝數。所以低調和謙遜是必要的，只有不斷精進自己的能力、充實自己的學識和見聞，才能更好地立足於社會，更好地適應社會競爭。

6. 好話也須委婉說

聰明的人不難發現，阿諛奉承之言，句句不實，卻句句中聽，也許說者無心，但聽者卻很陶醉。「良藥苦口利於病，忠言逆耳利於行」的道理大家都能夠明白，但現實中「聞過則喜」的人卻往往少之又少，而那些喜歡讚美他人的人反而會名利雙收。世事竟然如此奇怪，所以小人求存求利，盡量挑好話說；君子為明哲保身，只能採取中庸之道，不說好也不說壞。

愛爾蘭著名作家蕭伯納（George Bernard Shaw）某次收到一個陌生的小女孩的來信，小女孩在信中說：「您是一位令我最佩服的作家。為了表達我對您的景仰，我打算以您的名字來命名我的小鬆獅犬。牠是我過生日時親戚們送給我的。不知您意下如何？」

蕭伯納顯然知道孩子對自己並沒有什麼惡意，來信也談不上什麼侮辱，反而覺得孩子極為可愛。不過把人的名字套用在狗身上，多少有些勉為其難，也缺乏道德，但他又不好意思直接地拒絕小傢伙，於是就回信給她：「親愛的孩子，讀了妳的信，頗覺風趣盎然，我認同妳的打算。但是，最重要的一點，妳務必和小鬆獅犬一起商量。」蕭伯納沒有直接對孩子說不能用人名替狗命名的大道理，以免傷害孩子，只是委婉、幽默地拒絕了孩子提出的請求。

中肯的建議必定會得到良好的效果，但中肯的話往往不是特別中聽，有時會讓人難以接受，所以即便是好話，直接說也可能會引起別人

的不滿。如果能夠委婉地表達清楚,效果就會截然相反,既表述了自己的觀點和看法,又因為言語得當而沒有受到對方的牴觸。面對這樣委婉的表達方式,對方也就更願意接受你的觀點或建議。

說話的學問在於實現所要達到的目標和要求,而不僅僅是為了表明自己的某種立場和態度,所以說話時一定要講求方法,即如何才能更加打動人心。如果話說完了沒有什麼作用或者只能造成反作用,那麼說了還不如不說。尤其是勸告別人的時候,一定要確保自己表現出一個較低的姿態,不要站在一個教訓者的高度來闡述自己的觀點。很多時候,對方也明白其中的道理,只不過是有所顧忌罷了,如果你不停地強迫對方作出你認為正確的選擇,只會讓對方更加討厭你。

委婉是一種低姿態的表現,沒有過多地顯露出自己強迫對方接受的意味,反而盡量以一種平和的順從的態度讓對方體會到話語中的特定含意。詞不顯而意達,雖然表面的語句非常含蓄,但內在的意思傳達卻很有力,使人很快就能夠了解。

戰國時期,秦國趁趙國政權交替之機,大舉進攻趙國,趙國形勢危急,向齊國求援,齊國卻要求趙國以長安君為人質才肯出兵解圍。趙國執政的趙太后身為長安君的母親自然不肯將兒子交給齊國,大臣們從國家利益出發,冒死進諫,可是效果並不好,還引得趙太后雷霆震怒,甚至放出狠話說誰要是再敢提議讓長安君出使齊國的話,就毫不客氣地吐他一臉唾沫。

大臣觸龍得知這一情況後,深知長安君出使齊國之事不可再拖延,於是立刻進宮向太后進諫。同樣是表達自己的立場和觀點,比起那些只會死諫到底和明哲保身的忠臣相比,老到聰明的觸龍無疑要高明許多。

對於派長安君出使齊國的重要性,以及當前趙國艱難的政治局勢,

趙太后一定十分清楚，但是身為一個母親，護子之心是值得尊重的。因此，觸龍沒有直接發表讓長安君為使的觀點，也沒有直接去挑戰太后的耐心和權威，而是以話家常的形式閒聊為人父母替孩子著想的心態，並漸漸引出長安君為使的好處，從而改變太后固執的看法，太后最終同意讓長安君前往齊國。

直言直語來聊表忠心或情誼，這份感情和勇氣實在很難得，但並不應該被提倡，這樣來表達自身的勇氣過於天真，也十分不值。聰明的人不應該成為見風轉舵的小人，但必須懂得見機行事，不要讓自己始終高傲不屈地處在監督人和解惑者的位置上，一定要注意把握訴說對象的心理，你不能只把自己當成一個發言人和說話者，更重要的是要讓對方成為傾聽者，而這就需要把握說話的態度和技巧。

年輕人在進入社會後，一定要注意學習如何用語言表達自己的想法，即便沒有人會懷疑你的真心，但是人們往往無法接受從你嘴裡說出的真話。勇於直言的人通常都性格剛烈、行為大膽，辦事則有欠考慮，直接的表達也會被當成高姿態的指揮或強勢的命令，讓人無法輕鬆接受，效果也不好；採用低調委婉的說話方式，則可以很好地讓對方接受你所要表達的意思。對於年輕人來說，重要的不是如何說好話，而是要懂得如何把好話說得更好聽。

7. 有名無實者遲早會被看穿

　　隨著選秀節目的日漸增多，越來越多的年輕人擠破了頭、削尖了腦袋也要衝上星途大道，但是又有幾人是真正依靠實力說話的呢？實力不濟卻光環加身的人比比皆是，可是能夠長久保持璀璨星光的人卻少之又少。是金子總會發光的，是黃銅則遲早要遭到淘汰，名氣的大小從來就不應該是人為給予的，萬事須憑實力說話。

　　雞始終是普通的家禽，即使飛上了枝頭，也始終無法成為鳳凰，即便頂著鳳凰飛天的美名，也無法掩藏內在能力和氣質上的欠缺，遲早會被人發現其中的破綻。想要真正變成鳳凰，只有一個方法，練就鳳凰所擁有的一切本領。

　　有名無實的人經常以一種高姿態來面對他人，而且總是抱著居高臨下、盛氣凌人的態度，這樣的強勢並不能掩蓋內心的虛弱和虛偽，越是掩飾，反而越是膽怯，裝腔作勢不能作為長期立足的策略。

　　有名無實的人其能力處於位置之下，兩不相符，所以基本上都難堪重用，無法真正做到「在其位，謀其政」。他們擁有的只是自大的嫌疑，只是藉助外在的名氣來迷惑別人，甚至是狐假虎威。而這種虛偽的強勢狀態，其實很容易被人戳破，最終會原形畢露，貽笑大方。要知道，能力才真正決定著地位和運氣，而那些能力不足的人，很難長時間維持原來的運氣。

　　西班牙是最早開始進行海外殖民的國家之一，靠著掠奪金銀財寶，迅速發展成為歐洲最為富有的帝國。為了確保海上的安全航行，以及掠奪資源的需要，西班牙王室決定建立一支實力雄厚的海洋艦隊，艦隊由100多艘艦船、3,000多門大砲以及10,000多名士兵組成，在艦隊的巔峰時期，曾經發展到1,000多艘戰艦，橫行大西洋和太平洋，沒有任何國家可以對其構成威脅。

　　不久之後，英國也漸漸崛起，並開始了向海外擴張的殖民策略，這顯然影響到了西班牙的海外利益。西班牙王室向來都自高自大、目空一切，從來不把任何對手放在眼裡，於是貿然向英國海軍宣戰。當時的西班牙王室揮霍無度，國力漸漸空虛，根本就很難維持龐大艦隊的開支，而且日益嬌慣的艦隊實際上已經喪失了部分戰鬥力，所以西班牙龐大的艦隊戰鬥群只是徒有虛名。

　　戰爭發生後，西班牙艦隊顯然不堪一擊，被本身並不強大的英國海軍輕鬆打敗。對於西班牙無敵艦隊的失利，有人認為是西班牙用人不當以及海上大風的影響，但是西班牙砲彈射程不遠卻是鐵一般的事實，而英國的大砲要比西班牙先進得多，所以西班牙艦隊只有被動挨打的份。

　　隨著戰爭的失敗，西班牙偽強國的身分被英國無情地揭露出來，其海上強國的地位也一舉被英國替代，從此一蹶不振，漸漸走向落寞。而英國則意識到自己的對手原來是這樣的脆弱不堪，於是信心倍增，加速了海外掠奪的步伐，積極接手並拓展了西班牙在全球的殖民地和貿易，從而正式開啟了日不落帝國的強勢之路。

　　越是行事高調的人越存在危險，沒有實力或名不副實的人更應該低調行事，以便讓自己得到進一步的充實和發展，貿然壯著聲勢和別人競爭，很有可能會因為力有不逮而損失慘重。年輕人要有自知之明，給自

己一個明確的定位，強行將自己提拔到高位上，遲早也會摔下來，有能力的強者尚且會說名氣是累贅，以至於要不斷放低姿態和身分，尋求更好的生活環境，更何況是那些原本就不能勝任的徒有虛名的人。

漢末狂生禰衡在自創的〈鸚鵡賦〉中，狂傲地做出自我要求：「懼名實之不副，恥才能之無奇。」這一番話聽起來總是有自誇自大、目中無人的感覺，雖然表面上是對自我進行特定要求，但實際上卻有鄙視眾生、抒發憤懣之感。然而他終究有些見識，明白名不副實、有名無實可能帶來的巨大危害，將其與無能相比，實在沒有必要。其實平凡並不可恥，所以平常人不要害怕自己沒有實力，也不要害怕自己能力不濟，真正能帶來災禍的是「名之不副」。

為人處世最忌好強，尤其是年輕人，一定要克制自己，能力出眾的要注意隱忍和示弱，能力不濟的人則更加要保持低調，千萬不要虛張聲勢。盲目爭強好勝，並不可取，只是沽名釣譽罷了，等真正行事時，能力上的缺點就可能會被無情地放大，弄不好就是騎虎難下、自找麻煩。掩飾自己的無能才是真正的無能，想要獲得名利和成功，就應該依據自身的實力去打拚、奮鬥，胡亂地給自己戴上高帽，最終受罪的只能是自己。

8. 腳踏實地，切忌好高騖遠

　　志向與勤學是做人做事能夠成功的重要條件。自古有志者事竟成，志向決定了人生的方向，也決定了一個人到底能走多遠。當年劉邦見到秦始皇時說：「大丈夫當如斯！」而項羽見了也說：「彼可取而代也。」結果兩人都成就了霸業。勤學則是走好每一步的基礎，是志向得以實現的前提。勤學注重於當下，志向則著眼於未來，兩者相互連繫，而其中最重要的關鍵就是腳踏實地。勤學的人要腳踏實地，一點一點地學，由易到難，志向的選擇要盡量合乎現實，不要作一些固執的空想。

　　曾有政治家說：「認真做事，踏實做人，凡事都要腳踏實地去做，不弛於空想，不騖於虛聲，而唯以求真的態度做踏實的工夫。以此態度求學，則真理可明，以此態度做事，則功業可就。」的確，腳踏實地做事、不好高騖遠，是每個人應該具備的求學、處事態度，只有著眼於眼前的路，才能走好每一步路，盲目地抬著頭注視遠方，腳下的每一步都將是坎坷之途。

　　北宋政治家司馬光向來就與提倡社會變革的大臣王安石不和，他在政治上整體趨於保守，因此也沒有什麼建樹，但是身為一個史學家，他在史學研究上的造詣在整個中國歷史上也是獨樹一幟的，其史學鉅著《資治通鑑》被人們視為《史記》之後的又一顆明珠，在歷史學上享有極高的地位，具備很高的學術價值。

　　長久以來，司馬光就有歸綜歷史的心願，尤其是《史記》的存在更是進一步激勵了他的著書心願。在這座中國的文化高峰面前，他既沒有妄自菲薄，也沒有任何驕傲自大的心態，他想成為司馬遷第二，但也知曉其中的難度，想要有所成就，一蹴而就顯然不可能。

　　司馬光意識到自己只有像司馬遷那樣博覽群書、四處遊歷收集數據，才能真正寫好這部史書，雖然自己也是學識淵博之人，但想要做到更好，一切必須從頭開始。為此他開始查閱大量書籍，而開明的宋神宗也允許他借閱「集賢」、「昭文」、「史館」三大書庫中的所有的相關書籍，並特許可查閱「龍圖閣、天章閣及祕閣」的藏書。宋神宗還拿出自己私藏的書供司馬光參考。

　　此外，司馬光還參閱了大量的野史、譜錄、正集、別集、墓誌等數據，為的就是盡量不遺漏一處。如此嚴謹的治學態度，還表現在校對上，他每天晚上都要對一天所寫的東西進行校對修改，謹防出錯，因此工作量大得驚人，為了防止打瞌睡，他還命人做了一個大小合適的圓木枕頭。

　　修改也是一項費時費力的大工程，司馬光修改的書稿堆滿了整整兩間屋子。書法家黃庭堅曾慕名前來觀看，並認真翻閱其中的幾百卷，發現司馬光連初稿都書寫工整，沒有一個草字。

　　司馬光曾問他的好友邵雍：「你看我是怎樣一個人？」邵回答說：「君實腳踏實地人也。」就是這樣，司馬光花了 19 年的時間完成了這部中國史學鉅作，成書後的他已經是一個白髮蒼蒼的六旬老人。

　　每個人都期望獲得成功，希望自己可以創立一番豐功偉業，年輕人更是如此，一入社會就豪情萬丈、雄心勃勃，夢想自己有一天能夠開創自己的天地。這種志向本身沒有什麼不對，但是志向只是一個美好的希

望，至少在沒有實現之前是這樣，過度沉迷於此並不理智，只有腳踏實地地打拚和奮鬥，才能使目標更加接近。

然而，一些人甚至不能清晰地了解自我，總是把目標定得很高，本身就難以實現，而且還一味地「君子動口不動手」，口號一個比一個高調，卻從來不想一點點地付諸實踐，只夢想著有朝一日能夠一步登天。

年輕人必須記住，飯要一口一口吃，路需一步一步走，成功沒有什麼捷徑，凡事要低調處理，一點一點做起；目標也要定得明確，盡量切合實際，不可行的目標基本沒有什麼價值和意義。好高騖遠的人總是習慣於以一種高姿態來審視自己，審視自己的人生，在他們看來，目標是越大越好，而行動則是越少越好，所以一直很難有所進步，而既然不能做到腳踏實地，那麼就只能原地踏步。

儒學大師荀子說：「不積跬步無以致千里，不積小流無以成江海。」只有腳踏實地，才能積少成多。一步一個腳印走路，路才能夠走穩走好，凡事都急於求成，動不動就以「燕雀安知鴻鵠之志」來進行自我標榜，這樣並不利於長遠的發展。不切實際的夢想一般只能成為幻想，不虛浮、不空談、不妄念，才是尋求前進和突破的要領。

9. 鷹立如睡，虎行似病，正是養晦的最佳狀態

　　文學家洪應明在《菜根譚》一書中說：「鷹立如睡，虎行似病，正是它攫人噬人手段處，故君子要聰明不露，才華不逞，才有肩鴻任鉅的力量。」的確，雄鷹和老虎是最凶猛的兩種動物，能夠一擊必殺，但是在平時的生活中，牠們都故意顯露出疲勞懶散的病弱姿態，藉以迷惑獵物，這樣做不僅可以隱藏自己的鋒芒，防止強大的對手發動攻擊，同時也可以使獵物麻痺、放鬆警惕。如果牠們始終保持凶惡的姿態，那麼其他獵物一定會注意防備，提早作出逃跑的決定，如此一來，想要成功捕獲獵物就會有難度了。

　　聰明的強者總是善於偽裝自己，絕對不會把自己的實力和鋒芒顯露出來，反而盡量讓自己表現出弱小、不堪一擊的狀態，這樣不僅可以躲避對手的騷擾和排擠，也能讓對手產生錯覺，使對方失去應有的防備。這樣一來，就可以趁其麻痺大意之際，快速發動進攻，從而一舉擊垮對手。

　　三國時，魏明帝曹叡在彌留之際，向太尉司馬懿和大將軍曹爽託孤，希望兩人能夠聯手共同管理朝政，輔佐幼帝曹芳，兩人都表示將會忠心於幼主，但是司馬懿與曹爽私下卻一直不和。司馬懿能力出眾且智謀過人，他的兩個兒子也是才華出眾、能征善戰的猛將，而曹爽認為司馬氏只是一個外姓，根本不宜過度參與朝政，以免會對曹魏的政權造成威脅，所以他一直處處防備和排擠司馬懿。

司馬懿當然有能力作出反擊，但是他明白曹爽宗室的勢力過於強大，幾乎控制了大半個魏國，就連幼主曹芳也明顯偏向於自己的宗親家族，有意壓制司馬家族的壯大。侍奉過曹操、曹叡兩位君主的司馬懿，自然明白外臣從政的難處，所以他選擇隱忍和示弱，曹爽則藉機不斷擴大自己的政治勢力，並且讓曹芳撤銷了司馬懿的兵權和職務。

司馬懿的權力被架空之後，曹爽兄弟開始獨斷專行，把持朝政，在宮中各個顯要的職位上安插親信，意圖謀朝篡位，而司馬懿則乾脆稱病在家，不再上朝，以免曹爽對自己下手，暗中則培養勢力，準備隨時發動政變。對於司馬懿臥病在家，曹爽並不放心，他命令親信藉著拜訪的名義故意前去打探消息，結果司馬懿早就看穿了曹爽的把戲，於是故意裝作病得很嚴重，不僅穿衣服非常困難，就連喝粥也弄得滿臉都是，說話也是語句錯亂。

曹爽的親信看了之後，高興地回去回報，至此，曹爽對司馬懿徹底放鬆了警惕。而司馬懿則迅速集結各方勢力，並聯合朝中反對曹爽的大臣們，等待最佳的時機發動反擊。西元 249 年，司馬懿在洛陽發動高平陵政變，趁勢一舉擊垮了曹爽的勢力，並將曹爽誅滅九族。

老子認為「反者道之動」，萬事萬物通常都會向著與現在性質完全相反的方向轉化。所以明智的人事先就懂得反其道而行之，保證事物在正確的方向和軌道上發展，位高而不自驕，才高卻不自詡，注重藏拙的技巧，以便實施「扮豬吃虎」的計謀。

胸懷大志的能人，如果一味用強取勝，那麼成功的希望將會減小，懂得機巧權變才能更順暢地達到自己的目標。藏巧養晦是一種很有效的障眼法，可以使對手被迷惑，從而等待或創造出合適的進攻機會。真正聰明的人不會炫耀和顯露自己的才華，面對對手時，一定會把自己的鋒

芒隱藏起來，向對方示弱，而這樣才能成就一番大事業。

在競爭日益激烈的今天，想要獲得成功非常困難，每個人都希望能夠出人頭地和躲避風險，所以每個人的機會都會被平均分配掉，年輕人更是如此。對於整個社會的發展而言，年輕人堪稱崛起的一群強勢競爭者，但面臨著巨大的生存壓力，他們往往是一個弱勢的群體。他們的社會經驗、生存技巧尚不完善，能力也沒有多少發揮的空間，常常要受到別人的排擠和打壓。

不僅如此，年輕人內部也會為了難得的發展機會相互競爭，力求率先鶴立雞群、出人頭地。可是往往事與願違，越是表現出眾的人，離成功越遠，因為這種強勢的表現會引起其他人的警戒，時機尚未成熟就鋒芒畢露，自己就很容易成為眾多競爭者打擊的目標。年輕人一定要明白強勢不是做給別人看的，而是做給自己看的。處上位則居人下，心自高而氣不傲，才華不外露的人，通常沒有理由被成功拒之門外。

10. 行事淡定，不驕不餒

東漢史學家班固說：「恃國家之大，矜民人之眾，欲見威於敵者，謂之驕兵，兵驕者滅。」這就是後來人們所說的驕兵必敗。至於「驕兵」一般都分為兩種情況：一種是具備強大的資源優勢的人，這類人實力非常雄厚，堪稱先天性的強者，與其他對手相比，可能會具有絕對的壓倒性優勢；第二種是成功型的能人，這種人不僅才智過人，而且功績顯赫，因此往往會藐視一切，根本就不把別的對手放在眼裡。

嚴格說來，這兩類人都稱得上是強者，而強者通常又都高高在上，讓人敬畏，受人敬仰，所以他們自然就免不了會驕傲自大，這幾乎是強者的通病，而驕傲自大的結果往往就是自我傷害甚至是自取滅亡。

《七經紀聞》中有這樣一則故事，雄鴿見到貓捕食了雌鴿，就非常憤怒地跑過來啄它，結果貓狼狽地四處逃竄，雄鴿自以為貓害怕自己，於是不免有些輕視對方。第二次貓又來抓捕雌鴿，雄鴿自以為強悍無比，對貓不加防範，結果被貓輕鬆捕食。

人們對於事物的判斷往往源於經驗所得以及自身的能力，依照自己來了解和判斷世界這原本並沒有什麼值得質疑的地方，但是人們卻過分看重自身，從而產生了自負的心理。這樣一來，就會過分地高估自己、過低地評價對手，從而作出昏庸的失敗舉動，這些錯誤的舉動常常輕易就會被對手抓住，從而給自己招來滅頂之災。

三國時的馬謖年少時就很有才氣，一直都名聲在外。馬氏一門共兄弟五人，個個都是難得的人才，人稱「馬氏五常」，馬謖是其中最突出的。他原先在荊州謀生，劉備進入川蜀之地後，馬謖為了在軍中謀取一份差事，就跟隨大軍一同前往，由於才智出眾，他很快就嶄露頭角並得到了諸葛亮的重視和欣賞。

馬謖雖然才氣逼人，但是為人比較自負，而且沒有什麼實戰經驗，所以最多只是一個紙上談兵的書生。對於這一點，劉備早就看出來了，劉備認為諸葛亮把這樣的人留在身邊做事，難免有點不夠踏實，於是在白帝城託孤的時候，告訴諸葛亮馬謖言過其實，沒有什麼真才實學，千萬不可大用。不過諸葛亮愛才心切，因此並沒有放在心上。

西元 228 年，諸葛亮率領大軍北伐，此時他力排眾議任命沒有實戰經驗的馬謖為先鋒。馬謖認為自己一展平生抱負的時候到了，於是表現得非常積極和活躍，並向諸葛亮主動提出讓自己守街亭。街亭乃策略要地，對於整個北伐行動有很大的影響，所以諸葛亮也是十分謹慎，雖然他相信馬謖的才能，但還是再三加以囑託，讓他務必按指示行事。

馬謖領命後，並沒有按照諸葛亮的指示依山傍水部署兵力，卻驕傲自大起來，認為憑藉自己的才學完全可以打敗魏軍，於是自作聰明地把部隊駐紮在遠離水源的街亭山上。副將王平認為此舉與丞相的命令相違背，於是就加以勸阻。馬謖卻認為自己熟知兵法，連諸葛亮尚且還要向他請教，一個不懂兵法的小將又如何說三道四。馬謖一意孤行並不理會王平的勸阻，完全按照自己的意願行事，結果很快就被魏軍攻破街亭，諸葛亮最終只能無奈地揮淚斬馬謖。

一個驕傲貌似強大的人，實際上往往只是徒有虛名、毫無實力的紙老虎，即便是真的強者，一旦陷入自我炫耀和自我誇讚的漩渦中，也會

作出一些愚蠢的舉動。聰明的人絕對不會給自己挖陷阱。古希臘哲學家蘇格拉底（Socrates）認為「驕傲是無知的產物」，而無知的人通常都會作出無知的事，為自己設下障礙。英國戲劇家莎士比亞（William Shakespeare）說：「一個驕傲的人，結果總是在驕傲中毀滅了自己。」

　　事實上當一個人自我感覺十分強大的時候，也許正是他最脆弱的時刻，這種自我催眠帶來的直接後果就是自我毀滅。年輕人是社會上的新興勢力，發展的氣勢一般比較強勢，加上他們缺乏足夠的生活閱歷，所以很容易就產生驕傲自大的情緒，一旦取得一些小成就就更加堅定地認為自己才是最強大的競爭者，而這樣一來通常都會嚴重影響自身長遠的發展，因此年輕人一定要保持淡定的心態。

11. 知人者智，自知者明

　　能夠自我認知的人，才是真正高明的人。而沒有自知之明的人，往往會作出近於無知的表現，因為沒有自知之明的人通常都比較自負，總是認為自己高人一等，無論什麼時候都擁有過分的自信，想問題看事情很有主見，而且幾乎每次都認為自己的決定是正確的，但實際上卻很容易發生錯誤，而一旦發生錯誤就很難及時改正過來，直至釀成大錯。

　　可見，自負的人雖然具備一定的見識和能力，但是通常都很容易陷入到無知的惡性循環中，其原因就在於自負者過於看重自己，卻忽略掉其他客觀事實。既然把什麼事情都控制在自我意識之中，那麼當然也就容易出錯，而且他們不願承認這種錯誤，一定要加以粉飾。自負的人的字典裡從來不會有「犯錯」這兩個字，結果卻總是會錯得一塌糊塗。

　　項羽英雄於天下，無人能夠匹敵，以為天下盡歸己手，卻兵困垓下、無奈自殺；關羽雄霸三國，誰人敢奪其鋒，自言戰神非己莫屬，終敗走麥城、被人斬首。這二人都是中國的蓋世英雄，卻也都是自負自大的人物，行事全憑自己的喜好，從來不考慮對手的情況如何，他們雖能昂首仰觀於天，卻難以俯察於地，最終只能被自己絆倒。從最終的結局來看，他們都很無知，沒有認真地了解自己，更沒有認真地了解對手，一切的決定都只是來源於一個草率的「自以為……」，實際上卻是一無所知，而這種無知通常都會讓他們付出慘重的代價。

　　乾隆皇帝是中國歷史上有所作為的帝王之一，儘管康熙和雍正兩位先人替他鋪好了一個盛世的基礎，但好命的他並沒有坐享其成，而是發揮了自己的能力和特長，文治武功都面面俱到，將大清國的實力推向了更高峰。不過乾隆為人好大喜功，又頗為自負，自認為無論是內修還是政績都稱得上歷代帝王中的翹楚，而他這一生最值得自誇的功績就是所謂的「十全武功」。

　　十全武功就是指乾隆在位期間發動的十次大規模的戰爭，有些戰爭，如平定葛爾丹的確有其必要，而且產生了許多正面的作用，但是許多戰爭卻實在顯得有些多餘，徒有擴大功勞的嫌疑，只是為了滿足自己的私慾，卻還為此吃了不少虧。戰爭之後，乾隆都會自負地要求修改策略，並留下碑文或詩文炫耀自己的功績，乾隆甚至自封為「十全老人」。

　　除了戰爭，乾隆還經常大興土木，這些都需要耗費巨資來完成，更奢侈的就是下江南，據說乾隆經常去江南遊玩，每次都興師動眾，不僅消耗國家財政，對地方來說更是勞民傷財。乾隆竭盡一生都希望成為中國歷史上最傑出的明君之一，並極力為後世留下值得評說的偉大功績，他希望自己的國家可以達到歷史的巔峰，但是他自負的舉動卻為社會帶來了巨大的經濟壓力，國家建設也遭到嚴重破壞。做夢都想著創造盛世天國的乾隆沒有想到，大清天國夢的斷送竟然與自己有關，就在乾隆之後，大清開始快速衰落，經濟大國從此迅速沉淪。

　　藐視一切的人實際上一無所見，因為他們相信自己即使閉著眼也一樣可以成就大事，也一樣可以知人知事。每個人心中都會有一座天秤，無論是秤人還是秤事，都會有一定的標準，而自負者心中的秤永遠都偏向於自己那一方，自以為一切盡在掌握中。這份超級自信實際上就是一種大意的表現，常常替別人製造了攻擊的機會，所以當別人輕易就戳破

自己給自己編造的那個美麗的「幻覺」時，才發現自己原來也會如此孱弱不堪。

事實上，謙虛低調的人總是能走得更安穩，也能走得更遠，他們總是可以清楚意識到自身的實力，了解到外在的各種客觀事實，其中也包括自己的對手，所以他們在面對競爭時，總是能夠作出合理有效的應對策略。

在競爭日益激烈的社會環境中，年輕人一定要注意保持謙卑的態度，不要總是裝出一副無所不知、無所不能的樣子，這樣只會增加自己的失誤。即便真的身懷絕技，也要懂得低調做人，要知道，強勢可以用來隱藏，也可以用來展示，但絕對不應該當成浮誇的本錢。

12. 夾起尾巴，暗中積蓄能量

　　當今華人社會個性化的趨勢越來越明顯，個性張揚成為普遍的社會現象，這與古代崇尚內斂、低調的人格要求產生了極大的衝突。孔子曾說：「企者不立，跨者不行。自見者不明，自足者不彰，自伐者無功，自誇者無長。」這種君子式的說教與當今社會的風氣不免會存在很大分歧，但是並非不可契合，也並非就一定失去了意義和作用，那些金玉良言即便是到了今天依然具有很好的指導意義。

　　事實上所謂的張揚指的是做一個有特色的人，是展現和突出個人魅力的一種方式，而不是那種狂妄自大的炫耀。那些平時所見的張揚只是一種驕傲任性、目中無人的表現，兩者有著一定的區別，只不過多數人都把個性當成張狂來理解了，所以稍有能力的人就會驕傲地來回展示自己，絲毫沒有任何顧忌。但是個性化可取，而張揚狂妄卻實在不可為。

　　另外，當前社會競爭日益激烈，每個想表現自己的人都會遭遇到外來的巨大的阻力。這時候，為了保證自己能夠順利獲得成功，就更加有必要保持低調的態度。所以凡事都要盡量放低姿態，千萬不能把自身的那點優勢當成無可匹敵的個性化標籤，因為，越是狂放張揚就越容易成為眾矢之的，最終淪為競爭時代的炮灰。

　　在古代狩獵中，那些高高翹起尾巴的動物總是很容易就被發現，從而輕易就成為獵人的目標，人們從中得到啟發，認為只有夾著尾巴做人才更加安全。事實上夾著尾巴做人絕對沒有任何貶低的意思，反而是一

種有效的生存方式，一個四處高調張揚的人，一般都會遭到眾人的嫉恨和反感，而且喜歡炫耀自己的人通常都自高自大、不思進取，而這種性格常常會成為失敗的根源。

英國拳擊手路易斯（Lennox Lewis）是世界拳壇的名將，他曾連續擊敗了世界名將魯道夫（Marco Rudolph）、梅威瑟（Floyd Mayweather）、莫里森（Tommy Morrison）等人，順利登上了世界拳王的寶座，那是路易斯一生之中的巔峰狀態，幾乎罕逢對手，風頭自然是盛極一時。2001年4月的南非衛冕賽上，路易斯再度成為世人的焦點，而大家對他也寄予厚望，至於路易斯本人對冠軍也是志在必得。

但是比賽中，輕敵的路易斯竟然出人意料地輸給了名不見經傳的拉赫曼（Hasim Rahman），拱手將拳王的稱號讓給了對手，爆出了當年拳壇最大的冷門。事實上就連拉赫曼自己也沒有想到會奪得冠軍，但是高傲狂妄的他並不認為這只是僥倖，反而更加狂妄自大起來。在擊敗並取代路易斯之後，拉赫曼張揚狂妄的本性暴露無遺，他經常在公共場合發表狂妄的言論，而且言語之中多是冒犯路易斯的話，但路易斯卻沒有作出任何回應。

拉赫曼認為路易斯只是一個喜歡夾著尾巴逃避的膽小鬼，但他並沒有因此而收手，反而透過電視向全世界發出了「路易斯已老，我才是真正的拳王」的狂言。如此赤裸裸的挑釁徹底激怒了低調的路易斯，他決心找拉赫曼報仇。此後他更加低調，每天都在家中勤奮練拳，盡量提升自己的力量、拳速以及技巧，努力發揮出自己全部的潛能。

七個月後，路易斯終於等到了復仇的機會，一開始拉赫曼對於這個昔日的手下敗將十分輕視，處處顯露出一副高姿態，但在比賽中，他才發現路易斯的可怕。路易斯一改先前低調的姿態，快速發動猛攻，拉赫

曼一時難以招架，結果在第四個回合中被路易斯用一記勢大力沉的直拳直接擊倒，而拉赫曼掙扎著沒能站起來，路易斯就此重新奪回了冠軍腰帶。

　　夾著尾巴的人善於忍耐，能夠顧全大局、沉得住氣，不會因為一時的衝動而做出糊塗的舉動；夾著尾巴也是一種謙虛的態度，從不輕易在人前保持高調的姿態，以免給自己帶來不必要的麻煩；夾著尾巴做人還是一種淡然的心態，能夠坦然地看待虛名浮利，不為所動、忍辱不驚，也不會為此而到處炫耀；夾著尾巴更是一種做人的高明智慧，真正做到了不爭之爭，表面上低調退出，實際上卻暗中積蓄力量。

　　尾巴很多時候就是身上的缺點，每個人都有這樣的缺點，如果你不懂得藏拙，整天翹起尾巴耀武揚威，那麼只會最大程度地暴露自己的缺點，如果能夠夾起尾巴低調做人，就能夠把缺點隱藏於無形之中。年輕人愛面子愛虛榮，常常喜歡出風頭，殊不知愛出風頭的人往往愛出洋相，而在競爭場合，很多洋相是出不起的。所以年輕人一定要放下心中的慾念，只有把尾巴收好，人生的路才能走得更好。

13. 急流勇退是大智慧

　　成功是每一個人都所樂見的，也是每個人的理想，但是絕對不會是一種最終的結果。成功不意味著終點，至少多數人都是這樣認為的，因為成功之後才是幸福生活的開端，取得成功只是為日後的美好生活開啟了一扇門。可見，成功只是美好生活的一個重要引信。所以有人說成功就意味著爬升到了一個新的高度，之後就可以輕鬆實現自己理想中的生活。

　　不過，成功多數時候都是一把雙刃劍，成功者達到人生的巔峰，自然是喜上眉梢、身心愉悅，人生的路也能開闊許多。但是成功同樣會招致嫉妒和猜忌，通常人們寧願給予失敗者一些同情，也不願見到成功者臉上半點喜悅，對於成功者總是懷有一種嫉妒和敵視的心理，理由當然很簡單，他們從成功者那裡感受到了威脅。

　　聰明的人不會刻意把自己放在被攻擊的位置上，所以老子說：「功遂身退，天之道。」但是能夠急流勇退的人並不多，因為一旦取得成功，人們就不願意輕易放棄到手的利益，必定要好好享受和利用自己的成功。這實際上是一個享受的過程，既然拿到了開啟美好生活的鑰匙，又如何能輕易丟棄呢？

　　執著有執著的樂趣，放棄有放棄的思考，其人生結局往往大不相同。西漢的開國功臣張良明白「狡兔死，走狗烹；飛鳥盡，良弓藏」的道理，所以他在人生的巔峰階段適時隱退，成為「西漢三傑」中唯一一個全身而

退的人。反觀主張變法的商鞅，在變法初見成效的成功之際，卻不識時務，未能急流勇退，結果遭到別人的迫害，身受五馬分屍的酷刑。

當一個人站在成功的巔峰時，往往也容易樹大招風。一方面成功之時最是得意忘形之際，所以缺少必要的防備；另一方面，成功的人木秀於林，表面上雖然最風光，但實際上最容易成為眾矢之的，無論是敵人的仇視，還是那些妄圖取而代之的挑戰者，抑或是害怕對自己的地位形成威脅的掌權者，他們都會想方設法地除掉那些成功者，以便為自己爭取到更大更多的利益。因此，聰明的人絕對不會把自己置於危險的境地之中，他們懂得，及時放棄那些名利的誘惑，這樣才能消除潛在對手們的敵對心態，從而使自己更好地免除禍患。

西元 1783 年 12 月 23 日，領導美國獨立戰爭的喬治·華盛頓（George Washington）辭去了自己在軍隊中所有的職務。作為美國獨立戰爭之父和獨立戰爭的總司令，華盛頓曾一度擔任大陸軍總司令。《巴黎合約》（*Treaty of Paris*）簽訂以後，英國承認美國的獨立地位，此時，有些部屬和同僚認為華盛頓應該建立並領導軍事政權，但華盛頓卻適時地遞交辭呈，解甲歸田。

隨著獨立戰爭的勝利以及美國的獨立，華盛頓的形象深深烙在了幾乎每一個美國人心中，他的聲望日隆，按理來說正是人生的巔峰時刻，但他放棄了長期占有並享用權力的做法，反而一心嚮往田園生活。他遣散了部屬，隻身回到綠農山莊，大家都對功成身退的華盛頓表示不理解，但唯有華盛頓明白，此時國家需要一心一意謀求建設和發展，而戰爭一過所伴隨而來的常常就是權力的分享和鬥爭，而這會為新獨立的國家帶來新的創傷。為了防止出現這種情況，他作了表率，甘願放棄權力，逃離了政治權力鬥爭的漩渦。

西元 1787 年，他主持召開了費城制憲會議，制定了聯邦憲法，並廢除君主制，努力將美國推向民主共和的道路。西元 1789 年，選舉團推舉華盛頓為美國第一任總統，此後憑藉著絕對的聲望，他連任兩屆，並在任期內制定了一系列政策，完善了相關制度，他在任期內將各項工作完成得井然有序。

任期滿後，大家都有意讓華盛頓繼續擔任總統，但是華盛頓委婉地拒絕了。他認為自己如果繼續連任就會破壞民主法制，為日後的美國選舉帶來不好的影響，而且一個人長期處於國家權力的中心，很容易招來對手的打擊。西元 1797 年，華盛頓正式退出了國家權力中心，再次隱居到綠農山莊當起了一個平凡的農民，而美國也因此形成了一個傳統 —— 任何總統都不能超過三任（由於二戰的特殊原因，羅斯福曾連任三次）。

都說失敗不足懼，成功不足喜，成功的人必須具備一種淡定的心態，越是執著於成功所帶來的名利富貴，就越要承受名利富貴帶來的風險，你放不下名利當然也就逃脫不了風險。不妨淡定地看待成功，姑且當成一種嘗試和挑戰，就像徐志摩詩中所寫的那樣瀟灑 —— 「悄悄的我走了，正如我悄悄的來，我揮一揮衣袖，不帶走一片雲彩。」

14. 常行君子事，勿起小人心

　　為官的人希望節節高升，求財的人夢想著財源廣進，讀書的人渴望成為最頂尖的優秀學子，每個人都希望自己能夠得到更多更好的東西。因為強勢的人總是會具有一定的優勢，可以方便行事，所以強大既是一種人生理想，也是一種奮鬥工具，擁有強大力量的輔助，人們往往可以更加輕鬆有效地實現心中的理想和願望。

　　當「強勢」成為一種理想時，多數人的想法都具有一致性，但是當其變成一種被利用的工具時，往往會呈現出不同甚至是截然相反的想法，當自己變得強大時，又會如何更合理地利用自己的強勢力量呢？關於這一點，就要依據個人的心性來決定了，有人是為了得到他人的認可，有人是為了自己的人生鋪路；君子處於強勢地位是為了更好地造福於人，而小人卻利用強勢力量為自己爭取更多的私利，並以此危害他人。

　　真正的強者應該合理地應用自己的強勢力量，充分發揮它的正面力量，而不是把強勢力量當成謀取私利、危害他人的罪惡工具。「居廟堂之高，則憂其民」的范仲淹就是君子典範，這樣的人具有強烈的責任心和愛心，凡事都能夠從大局出發，絕對不會因為一己之私而濫用手中的權力。

　　唐代建中年間，反賊滋擾各地，民不聊生，對中國國家政權也造成了非常嚴重的影響，朝廷也積極派兵鎮壓，但是由於軍需不足，鎮壓活

動也就受到了很大的牽制。唐德宗李適雖然貴為一國之君，為人卻貪財好利，即便政權受到影響也不肯從堆積如山的庫存中撥出一筆剿匪的款項。

大臣陸贄對德宗的荒唐舉動感到不解，他認為萬里江山才是皇帝最大的財富，江山不保，錢財再多也是無用。德宗聽了陸贄的話後非常生氣，想要給予一些懲罰，幸虧一個老太監求情，陸贄才逃過一劫。老太監好心勸告陸贄要順著皇上的性子，陸贄卻認為自己作為臣子，既然國家有難，就應該冒死進諫。

德宗貪財成性，竟然暗示藩鎮官員進貢給他，並以此作為升遷的條件。宰相李泌苦勸皇上卻惹得龍顏大怒，他知道陸贄也會去進諫，於是就告誡陸贄不要「自討沒趣」，但陸贄沒有害怕，反而激昂地說：「時下皇上處處胡為，我若不進諫就是一個小人，這比殺死我還要難受。」

陸贄見到德宗後，直接說明來意，並坦誠地說讓皇上不高興絕對不是本意，可是讓皇上自壞根本，那就是不忠的小人所為。他陳述弊端後，德宗無言以對，此時有小人進讒言，認為陸贄過於囂張，對皇帝不敬。好在德宗還比較清醒，認為沒有誰會為了名譽而承擔殺頭的風險，於是就沒有定陸贄的頂撞之罪。

大臣裴延齡為了討德宗的歡心，竟然向德宗賄賂了 13 萬兩銀子，還謊稱是從土中挖出來的。陸贄知道後先是責罵了裴延齡，然後又寫了《論裴延齡奸蠹書》呈給皇上。結果德宗非常生氣，將「愛管閒事」的陸贄貶了官職。陸贄卻並不後悔，反而認為君子最看重的是名聲，只要名聲還在就沒有什麼顧慮了。

「位尊而無功，俸厚而無勞」的做法已經是強者的失職，享受了強勢帶來的各種權利，卻沒有履行相關的義務，而那些整天想著如何藉由

高位來謀取私利的小人更加引人反感和憎惡。強者原本就容易招嫉，危險重重，那些謀私利的人甚至危害他人的人就更容易成為眾人打擊的對象。

強者不要把自己的強勢當成一個包袱，或者是潛在的風險因素，而是要勇敢地承認並接受這個事實。強者如果能夠盡量保證君子之風，那麼就一定能有效地消除別人的嫉妒心和戒備心，而且還會因為福澤他人而受到大眾的歡迎和尊重，別人也願意接受並認可強者的存在，這樣一來，強者就能夠進一步鞏固自己的強勢地位。

年輕人如果無法成功掩飾或隱藏自己的強勢，那麼不妨轉換一下思想，光明正大地把自己的強勢力量應用到幫助他人的行動中去。這樣一來，就能有效地緩解與他人的衝突，而且還能夠進一步籠絡人心，從而為自己的生存發展設定良好的保障。

四、用腦子來謀劃生活

——成事補事在於謀晦

1. 凡事豫則立，不豫則廢

　　聯合國有關部門曾經作過一項調查，發現只有不到3％的成年人會制定周詳的生活計畫，多數人都沒有一個明確的生活規劃，處於有理想沒計畫的半混亂狀態。聯合國的調查人員對此表示了擔憂，因為在社會競爭日益激烈的大時代背景下，無計畫的生活方式無疑會降低自身的社會競爭力，從而加劇生活品質的落差。

　　《朱子家訓》中有這樣一句話：「宜未雨而綢繆，毋臨渴而掘井。」凡事都要事先做好計畫和準備，否則事到臨頭，想要彌補也為時晚矣。在棋局對弈中，哪怕是棋差一子，尚且要滿盤皆輸，如果不做詳細的謀劃、走一步算一步，則將步步危險。

　　真正懂得下棋的人每走一步棋，都會仔細地分析可能發生的狀況，努力算出接下來的幾步甚至十幾步棋，因為如果事先不考慮清楚，不規劃好棋路，那麼很有可能會陷入對方的陷阱之中，所以下棋的高手有時候會故意露出破綻，讓自己處於下風，結果往往在麻痺對方之後反敗為勝。

　　成功絕對不是偶然的，沒有一個詳細的規劃和準備，僅僅依靠運氣顯然不能得到成功的青睞，正如有位哲人所說：「成功不會像一個莽撞的醉漢一樣突然闖入你的家中。」機會永遠只留給有準備的人。許多人習慣於韜光養晦，但這並不是無所作為，而是在養晦過程中做好充足的準備。「不鳴則已，一鳴驚人」的楚莊王深謀遠慮，表面上表現出無為的隱

晦狀態，實際上卻在暗中作足準備，謀劃長遠的發展，等待合適的時機起飛。如果事先不做隱身準備，他根本不會有起飛的機會和能力，因為對手不會給予他更多的發展機會。

除了迎合發展的需要，事先做好計畫還可以有效防備風險，現實生活中有許多未知的風險，有時候即便你想隱藏躲避，危險也會主動找上來，那麼最有效的防範方法就是一定要有憂患意識，在事前就做好防禦，以便應對潛在的危險。如果忽略潛在的各種不穩定因素，且堅持按原先的節奏去走，那麼很有可能會付出慘重的代價。

曾國藩一生官運亨通，但是為人處世卻非常謹慎，無論做什麼都事先做好打算，因為他知道在險惡的政治仕途中如果不能做到輕車熟路，就不如退出官場，一旦進入官場就要保持足夠的警惕，凡事都要作好計畫和準備，這樣才能有備無患。

太平天國運動的爆發直接成全了曾國藩的政治生涯，但是也為曾國藩帶來巨大的政治風險。這一點，他早有預料，所以每次的成功都照樣讓他寢食難安。因為清朝政府始終都對漢族官員進行監視，一旦勢力過大，必然會引來殺身之禍，所以每次他都要把功績推給別人，尤其是滿清軍隊。曾國藩的弟弟曾經認為哥哥太過小心謹慎，而且還建議曾國藩自立為王，占據清朝的半壁江山。

對此曾國藩當然也想過，依據湘軍的實力以及嫡系部隊，自己完全可以對抗清朝政府，而自己能夠稱王的話，就不必每天擔心清朝政府的懷疑，但是曾國藩認為自己的盟友，包括李鴻章、左宗棠等人都各有打算，未必願意聽從自己發號施令，一旦與清朝發生正面衝突，這些人的立場如果不夠堅定的話，就會使湘軍面臨孤立無援的境地。

經過詳細的考慮後，曾國藩決定放棄稱王的機會，與此同時，他必

須為以後的生活做準備，於是便在人生的巔峰期選擇急流勇退，並就此解散了湘軍主力。因為他知道自己功高震主，再加上湘軍勢大，朝廷對此一定會加以防範，視湘軍為眼中釘，必欲除之而後快。面對可能的殺身之禍，曾國藩未雨綢繆，及早地讓自己處於隱晦的狀態，以求自保。

聰明人在做事的時候，目的非常明確，因此考慮得非常周詳，常常會主動保持不爭之爭的狀態，甚至刻意讓自己消失在大眾和對手的視線之中，防範可能出現的危險和阻力。而且他們總是能夠知道預先設定好的對策，在日後必定能得到很好的效果。

年輕人行事比較衝動，很少顧及後果，而且沒有什麼特定的謀劃，常常是想到什麼就做什麼，結果槍打出頭鳥，很容易被別人打壓下去。對於年輕人來說，發展固然很重要，但是穩定的發展環境更加重要，如果能夠做好打算並預測到潛在的威脅，那麼盡量讓自己隱身才是最安全最保險的辦法。

2. 成大事者，不拘小禮

　　失意者常常用「不以成敗論英雄」這樣的話聊以自慰，而性格剛烈、雄心勃勃的人則推崇「成王敗寇」的生存哲學。在現實生活中，成功往往代表了一切，包括正義、地位和能力，而失敗的人甚至會遭到唾棄和口誅筆伐，所以人們對於成功的渴望非常熱切。既然如此，那麼只要能夠達到成功的目的，一些特殊手段的使用也就顯得很有必要了。不過這並不意味著可以不擇手段，成功也需要一定的道德規範，成大事者可以不拘小禮，但絕對不能無禮。

　　中國古代但凡成就一番功業的名人，都能夠適時適度地使用計謀，絕不拘泥一格，長久地將自己束縛在德仁禮義之中。劉備當初無處可去時，曾經向孫權借取荊州，以圖謀生存之地，孫權依魯肅之意同意暫借荊州。而荊州向來是兵家必爭的重地，劉備當然也希望長期占有這塊「風水寶地」，於是他在得到荊州後，不免就行了小人之事，不惜背信棄義，甚至沒有再想過要歸還荊州，反而將其作為立足點，逐漸建立起西蜀政權。

　　劉備亦是如此，其謀臣諸葛亮更是長於此道。當初諸葛亮使用火燒藤甲兵的計謀時，自言太過殘忍，並不符合天道人倫，非賢人所為，甚至說自己將會因此而折壽，然而這也是無奈之舉，藤甲兵堅不可破，只有火攻。如果受制於仁義常理，蜀國就會有危險，雖然不夠人道，但諸葛亮最終成功收服了孟獲。

相對於前人，唐太宗李世民的決心和勇氣無疑更大，他不惜背負手足相殘的千古罵名，毅然發起了玄武門兵變事件，最終除掉了奪取皇位的最大競爭者。假使他狠不下心或者略有顧忌的話，那麼李建成和李元吉也許將會取而代之，成為大唐的主人，這也印證了武則天的那句話 —— 欲成大事者，至親亦可殺。

熟知中國楚漢爭霸歷史的人，一定會知道劉邦手下第一謀士張良，人們通常都只記住了他的絕代才華，殊不知他也曾對自己的作為十分懊悔。司馬遷在《史記》中這樣描述張良的奇特心態：「吾所用多陰謀，吾子孫當誤矣。」可見張良始終覺得陰謀不是君子所為，於是深深自責。可是反過來說，張良正是憑藉這些陰謀創造了極大功勞，如果他一直拘泥於小節之中，那麼漢室江山還會存在嗎？中國的歷史也必將被改寫。

堅持原則做事固然是一種難得的好品德，不過「兵無常勢，水無常形」，世事總是處於變化之中，做人一定要懂得變通，墨守成規、拘泥於常態，可能會影響到長遠的發展。關鍵時刻耍心機、使計謀對於局勢的發展往往會更加有利，一旦放不下內心包袱，可能就會失去良機。哲學家認為「君子成不了帝王」並不是沒有道理的，君子為人太過正直，從來不屑於用計，自然也就無法克敵致勝，在競爭中只能被動挨打。

孔子言逢大勢不踐小諾，處大事不拘小禮，這是為人處世的至高境界。通則變，變則通，只有懂得隨機應變，依據客觀形勢改變自己的行為、決策，才更能適應環境的變化。一味地按照道德規範和原則行事，並不總是會「好人有好報」，死板和固執往往會招致更大的傷害，立身立人固然重要，但即便那些使用卑鄙計謀的人，也很少會被當成小人看待，適當地拋棄禮義並不會造成什麼壞的影響。

在哈佛大學一直有這樣一個教學案例，有位高才生去家鄉的某個礦

場面試，結果礦主是個不識字的粗人，他沒有上過學，對那些整天講大道理的知識分子非常反感，於是直接拒絕了高才生的請求。高才生知道了礦主的脾氣後，立即想了一個計謀，他告訴礦主自己在學校裡混了四年，其實狗屁都不懂，編完瞎話後，他還一本正經地讓礦主千萬要保密。礦主聽了十分高興，於是立即聘用了高才生。高才生不惜損毀名譽、刻意貶低自己，來滿足礦主的畸形心理，最終成功得到了工作。

　　每個人都希望自己能夠展現出最完美的形象，但是過分地去維持這種好形象，反而會使自己的發展受到牽連。一個人想要得到更多，就必須懂得適時放棄一些小的禮節，必要的時候，為自己製造一些「汙點」，並不是什麼壞事，只有努力打破常規思維的束縛才能有更大的突破。

3. 謀是成功者的通行證，無謀是失敗者的墓誌銘

　　計謀的出現往往與戰爭有關，在古代的征戰殺伐中，為了打敗對手，《孫子兵法》、《孫臏兵法》、《三十六計》等應運而生，這些計謀與策略實用性很強，往往成為影響戰局甚至扭轉乾坤的關鍵。之後，兵家權謀作為一門大學問，不斷發展壯大起來，一直影響到今天。美國著名的西點軍校就將《孫子兵法》奉為圭臬，是每個學員必須接觸的書籍。除了軍事和戰爭上的使用，計謀漸漸延伸到社會生活的各個領域和角落，在生活中有著舉足輕重的作用，與知識、力量、資源一起歸為能力的範疇之中。

　　計謀通常是獲得成功的重要保障，有勇無謀的人往往難以成事，因為不懂得運用計謀，在對抗中總是要吃虧，一般都會遭到排擠和淘汰。有人說：「頭腦簡單的人，不如沒有頭腦的人。」沒有頭腦的人根本不會去想到和別人爭，而頭腦簡單的人想爭卻爭不到，最終只能無奈地成為一個徹底的失敗者。劉邦和項羽爭霸天下時，劉邦手下的文臣武將個個都是用計的好手，而驕傲自大的項羽卻過度迷信武力，為人剛愎自用，只能算作一個武夫，所以最後遭遇失敗也在所難免。

　　想要以力克敵的話，如果做不到「不戰而屈人之兵」，就容易出現「傷敵一千自損八百」的狀況，最終可能就是兩敗俱傷，而計謀則能夠以最小的代價獲得最大的利益，因此使用計謀的安全性要更高一些。另外，計謀的功能性也比較強，如果說實力是決定勝負的基礎，那麼計謀

就是影響勝負的 X 變因，是一個難以預知的意外因子，尤其是在關鍵時刻，它更是具備改變局勢的能力和作用。更重要的是，實力的大小通常都是明顯的，而計謀卻是隱藏著的競爭手段，讓人防不勝防。

春秋時期，晉楚兩國為了爭奪中原地區的霸權，相互之間不斷發生摩擦，不過由於楚國實力太過強大，晉國長時間都處於下風和劣勢。西元前 632 年，楚國圍攻宋國，弱小的宋國立刻向晉國求援，晉文公具有長遠的策略目光，他意識到這是打擊楚國的絕好機會，於是一口答應了。

與楚軍正面交鋒並不明智，於是晉文公決定攻打依附楚國的曹、衛兩國，使用「圍魏救趙」的計謀替宋國解圍，他還許諾將曹衛兩國送給宋國，以堅定宋國抗擊楚國的決心。另一方面晉文公讓宋國積極賄賂秦、齊兩個大國，從而製造它們與楚國的矛盾，結果形成了晉、秦、齊三國共同對抗楚國的局面。

楚王擔心楚軍失利，於是命令部下撤退，但是楚國的大將子玉為人驕傲自負，有勇無謀，他堅持與晉國決一死戰，楚王沒有辦法，只好讓他出戰。晉文公知道楚軍實力雄厚，於是採取了麻敝敵人的策略，主動後退 90 公里，然後在城濮與秦、齊兩軍會合。楚將子玉卻以為晉軍膽怯，於是草率地帶領部隊追擊。

戰爭開始後，晉文公讓部隊先攻擊楚軍相對薄弱的右翼，於是，晉軍的戰馬全部披上了虎皮，這就造成了強大攻勢的假象，結果楚軍右翼驚慌失措，遭到了慘敗。此後，晉軍的一部分軍隊主動撤退，並在戰車上拖著樹枝，利用揚起的沙塵造成全軍退卻的假象，毫無謀略的子玉認為晉軍畏懼楚國的戰力，於是命令楚軍左翼迅速追擊，等到楚軍進入埋伏圈後，晉軍立即形成圍攻之勢，一舉殲滅了孤軍深入的左翼部隊。眼

見左右兩翼都遭到失敗，子玉迅速撤軍，等到部隊逃到連谷時他被迫自殺。

晉國以謀略戰勝了實力雄厚卻有勇無謀的楚國後日漸強盛，而楚國則元氣大傷日益衰弱，不久就將中原霸主的位置拱手讓給了晉國。

當今社會，隨著時代不斷發展和進步，人與人之間的競爭已經不是遠古社會的人力對抗，單純憑藉力氣和人數取勝，已經變得越來越困難。而計謀的使用則漸漸被人們看重，無論是冷兵器時代的角逐爭鋒，還是現代社會的生存博弈，計謀都是必不可少的競爭手段。即便是科技發達、武器先進的軍事大國，也要注重計謀的應用，僅僅依靠硬體上的實力，顯然無法輕鬆適應激烈的競爭環境，也無法輕鬆擊敗競爭對手。

北宋文學家歐陽修說：「攻人以謀不以力，用兵鬥智不鬥多。」現在社會的競爭日益激烈，想要站穩腳跟，就必須懂得取巧，使用計謀自然必不可少。一味與人硬拚，並不明智，而且常常會對自己帶來傷害，成功的機會也不高。年輕人沒有經驗，也沒有足夠的人力資源，在實力上就處於下風，因此想要在競爭中實現突圍，想獲得成功，就應該懂得如何使用計謀，這是收穫成功的有效保障。

4. 弓拉得越滿，箭射得越遠

宋朝的大才子蘇軾的《江城子‧密州出獵》中有這樣幾句詞：「會挽雕弓如滿月，西北望，射天狼。」雕弓如月，一旦發射出去，必定是迅疾無比、力道驚人，難怪蘇軾將目標直指西北上空的天狼星。從物理學的角度來說弓箭發射的原理就是彈性能的作用，弓拉得越滿，箭弦上累積的彈性能就越大，箭自然也就射得越遠。

「弓滿則箭疾」是自然規律，也同樣適用於為人處世的教化哲學。拉弓射箭可以看作是以退為進的策略，表面上退卻和示弱，實際卻在暗中積聚力量，為下一步的進攻做好最充足的準備，正所謂後退是為了更有效地前進。求進是每個人的期望，但是一味地主動前進，往往會導致後勁不足，前後脫節，這樣就難以走得更遠，相反如果能夠適時後退一些，方便集中力量衝刺，效果則要更好。

人們只知道進攻是最好的前進方法，卻往往忽略了退讓也是一種好的進取方式。有謀略的人經常會主動退讓，這不是逃避和害怕，而是為了得到更多的東西。那些毫無心機、直來直往的人就像直弓射箭一樣綿軟無力，尚未發射就已經是強弩之末，根本就沒有什麼殺傷力。而高明的人則懂得以屈求伸的道理，越是往後退，對敵人的迷惑性就越強，所能產生的衝擊力也就越大，所以真正的獲得往往不在於積極地爭取，而在於主動地退讓。

東漢和帝劉肇的皇后陰孝和因為在宮中行巫蠱之術，被皇上廢除，最終鬱鬱而終。為了防止皇后一職長期空缺，劉肇準備新立皇后。最有資格榮登皇后的人只有身為貴人的鄧綏，況且鄧綏向來就非常知書達理，劉肇早就有心立她為后。不過為了少生事端，他還是暗中對宮人和大臣做了一次民意調查，結果大家一致贊同讓鄧綏當皇后。

皇帝得到大家的意見後，於是就準備冊封鄧綏為后，卻沒想到被鄧綏一口拒絕了。鄧綏是一個聰明的女人，她當然明白皇后的地位是一人之下萬人之上，統領後宮位高權重，可是她知道時機尚不成熟，而且皇后的位置早晚都是她來擔任，並不急於一時。為此，她告訴劉肇說自己對陰孝和的死也有一定的責任，希望能夠替她超度亡靈，順便為大漢祈福。此後的三個月裡，鄧綏果然閉門不出，一心超度和禱告，藉以表明自己並不覬覦皇后之位。

劉肇看到鄧綏如此賢惠，心中十分高興，於是再次提出冊封皇后之事。可是鄧綏依然拒絕了皇上的好意，她對劉肇說陰孝和剛死不久，自己就立即上位，不免會被認為是一場宮廷爭鬥，而招來非議，自己聲譽被毀是小，皇家的威嚴受損是大。鄧綏如此深明大義，皇上自然是尊敬有加，認為皇后的人選非她莫屬。

沒過多久，劉肇再次提出要冊封鄧綏為皇后，這一次，她沒有拒絕，順理成章地成為劉肇的新皇后。鄧綏在陰孝和失寵後，並沒有急於搶班奪權，因為此時已經沒有人對她取得皇后的位置構成威脅，即便陰孝和死了，她也始終保持低調，反而以退為進，兩次拒絕劉肇的「盛情相邀」，以博取劉肇的歡心。因為她知道，即便得到了皇后之位，也有可能失去，陰孝和就是前車之鑑。其實，鄧綏在沒有得到皇后之位時，就已經計劃著如何鞏固皇后的位置了。

「將欲取之，必先與之」，想要得到更多東西就要懂得放棄，暫時的退讓就是一種放棄行為。爬坡之前，人們總是要盡量往後退，以騰出足夠的衝刺空間；賽跑之前，運動員並不是爭相著往前伸，而是保持一個向後蹬的姿勢，為的就是增加爆發力。以迂為直、以退為進的曲線生存方式，有時候要比直接的打拚進取更加有成效。「尺蠖之屈，以求信也」，適當屈身有利於更好地伸展，適當退讓是為了更好地前進。

年輕人習慣於直接進取，有一種初生之犢不畏虎的氣勢，凡事都堅持迎頭趕上，絕對不會輕易示弱服軟，根本不知道如何去妥協退讓，也根本沒有想過要去妥協。其實，有時候撤退也是一種成功，而策略性的撤退和有計謀的退讓更是意義重大，這是保證前進的前提和基礎，暫時性的退讓是為了更好地發起進攻，是為了獲得更大的成功。年輕人在工作生活中要謹記，義無反顧地往前衝，並不能保證順利到達終點，必要的時候，要懂得退讓一步，為自己前進的步伐加足馬力，這樣成功也就會來得更快。

5. 欲實則虛之，聲東則擊西

　　古人用兵向來講究謀略，注重虛虛實實，出其不意，令對手難以捉摸，防不勝防。《淮南子‧兵略訓》中說：「故用兵之道，示之以柔而迎之以剛，示之以弱而乘之以強，為之以歙而應之以張，將欲西而示之以東。」其實總結起來就是一句話：永遠不要讓對手猜到你到底想做什麼。軍事家孫子說：「知己知彼，百戰不殆。」反之，一旦自己被人看穿意圖，那麼在競爭中已然處於下風了。

　　謀略的隱蔽性很重要，但懂得隱藏並不意味著「不動」，有時候還要求「亂動」。因為「不動」常常會令人起疑，而適時地有所動作，反而更容易製造出假象，以迷惑對手，使之做出錯誤的判斷和決策，這樣就能順利實施自己的計畫，出其不意，一舉擊敗對手。與其讓對手胡亂揣摩，還不如使對手信以為真，這樣一來，迷惑性更大，成事的機會也會越大。因為揣摩可能會有跡可循，而且即便是賭博式的博弈也具備一定的機率，不過人們大都相信眼見為實，一旦對手誤以為洞悉了你的意圖和動向，那麼一定會錯誤地「部署防備力量」，施計者想要收穫成功也就更加輕而易舉。

　　西元 1661 年，鄭成功為了更有力地對抗清軍，他決定改變原有的騷擾策略，希望建立一個穩固的根據地，於是他將目光瞄向了臺灣。此時臺灣被荷蘭殖民統治，而荷蘭人船堅炮利，裝備精良，並不容易對付，但鄭成功認為占領臺灣勢在必行，即便困難重重，也值得孤注一擲。

想要攻打臺灣，首先就要拿下赤嵌城。鄭成功仔細分析地形以及荷蘭守軍的分布情況，發現有兩條進軍的航道：一條是水深路廣的南航道，這裡地理條件優越，適合率領大軍水上作戰，不過這裡的守衛力量十分強大；另一條是水淺道窄的北航道，可以繞道赤嵌城的後面發動進攻，但水中礁石暗布，想要行船非常困難，除非等到漲潮的時候，這裡易守難攻，所以守備力量薄弱。

鄭成功認真考慮之後，決定從北航道進攻，但是為了迷惑荷蘭守軍，他先命令一小部分軍隊在南航道進行佯攻，並且盡量弄得聲勢浩大，讓荷蘭軍隊誤以為他們準備從南航道發動進攻。某天晚上海水上漲，鄭成功命令部隊立即行動，結果荷蘭守軍驚慌失措，集結重兵加強南航道的守衛。鄭成功只用一小部分的誘敵兵力，就順利牽制住了荷蘭的主力部隊，而北航道則完全被疏忽了。鄭成功趁著夜色在北航道中迅速發動進攻，此處守軍尚在睡夢之中就被鄭成功的軍隊包圍了。接著，鄭成功迅速繞到赤嵌城的另一面，對南航道守軍的後防發起突然襲擊，赤嵌城很快便被收復，而這一戰也為攻占臺灣奠定了堅實的基礎。

聲東擊西的計謀在古代戰爭中應用十分廣泛，目的是利用佯攻給對手造成錯覺，方便自己打擊真正的目標。這樣一種障眼法，先利用一些假動作欺騙對手，引起對方的注意，從而牽制和分散對手的防備力量，減少或消除進攻中的阻力，等到對方轉移注意力、疏於防範的時候，再趁其不備，全力發動攻擊。

聲東擊西也可以理解為「明攻無人之地，暗襲有用之城」，「聲」是手段，意在掩護和迷惑，「擊」才是最終的目的，具備真正的殺傷力。因為代價小、風險小、成功的機率大，聲東擊西的計謀具有很強的實用性，在現實生活中擁有廣闊的應用空間。在競爭中，每個人都希望能夠

擊敗自己的對手，但博弈的關鍵在於資訊能否對稱，尤其是勢均力敵的對手，誰隱藏得更深，誰獲勝的機會就會越大。當你的意圖無處遁形，完全暴露在對手眼皮底下的時候，你的一切舉動都將變得毫無意義，而一個善於迷惑對手的人，則更容易獲得競爭的主動權。

年輕人喜歡直來直往，愛一個人、恨一個人、打擊一個人都經常表現得非常明顯，根本不會拐彎抹角。對身邊的好友這樣，自然是無話可說，但如此「坦率」地對付競爭者，就未免顯得太過迂腐。把自己的招式都明白地傳達給對手，那麼對手就總是能夠輕易地見招拆招，你想要取勝必定會變得艱難。只有懂得迷惑對手，盡量製造假動作誘敵，才能更順利地擊敗對手。年輕人應該明白，眼睛往往最能夠欺騙人，一旦對方過分相信自己的眼睛，這時就是發動進攻的最佳時機。

6. 成君子之名，行小人之事

　　一部《論語》洋洋灑灑兩萬餘言，道盡為人立身之本，其中論及「君子」二字的就有一百多次。在孔子的眼裡君子與小人有著天壤之別，應該劃清界限。後人記住了孔夫子的教誨，盡量做到親君子遠小人，將為人處世的儒家標準研習得透徹，可是他們卻忽略了孔子說過另外一句話：「以直報怨，以德報德。」這裡的「直」表面上看應當用正直來解釋，然而綜合了許多專家學者的意見，這個「直」更偏向於「等價回報」的意思，所以這句話也就類似於古希臘先哲亞里斯多德（Aristotle）所說的「以怨抱怨，以德報德」，可見孔子也認為君子要適當地作出等價的反擊，尤其是對待小人。

　　縱觀歷史，君子和小人的劃分向來都是為人處世無法迴避的問題，然而何為君子，何為小人呢？以孔子為代表的儒家學派認為一個能夠稱得上君子的人必須具備很高的道德修養，因此成為君子的關鍵點是修養，是心靈上的高度，而行為上的表現應該在其次。真正的君子不應該是一個迂腐呆板的花瓶，而應該是一個懂得變通的有德之人。只要德行不變，適當地行小人之事並沒有什麼不妥，而且很多時候只有實行小人的辦法才能成全君子之名。

　　宋太祖趙匡胤是有勇有謀之人，他在建立大宋政權後，擔心自己手下那些掌握重兵的大將會對自己的皇權造成威脅，於是採用了「杯酒釋兵權」這種辦法，將兵權集中在自己手中。大將們失去帶兵的機會，就

只能閒在家中，漸漸開始了窮奢極欲的生活，不僅大肆聚斂錢財，而且四處圈地建宅，整天就只知道吃喝玩樂。

眼見大將們如此明目張膽地斂財，宋太祖漸漸有些不安，而且朝廷正是缺錢之際，邊疆軍餉不足，各地災荒頻發，它們都等著朝廷去發錢，國家的財政壓力很大。於是他決定讓這些過著奢靡生活的大將替「朝廷解圍」，當然直接向人要錢實在不好意思，因此只能智取。

宋太祖以獎賞眾人為大宋建功立業為由，賞賜這些大將每人一塊好地，並讓他們修建住宅。大將們深感皇恩浩蕩，自然是欣然領受，安心地蓋起了房子。等到竣工後，宋太祖召集眾人一同飲酒，眾將十分高興，因此個個都喝得酩酊大醉、不省人事。此時宋太祖讓眾將的家人來接他們回去。等到眾將的家人入宮時，宋太祖故意告訴他們說將軍們在酒席上說要捐錢給朝廷，還特意當他們家人的面褒獎了諸位將軍。

等到將軍們酒醒後，發現自己已經回到家中，他們十分害怕自己酒後失態，於是就連忙詢問家人，結果聽得家人說自己只是許諾捐錢給朝廷。大將們雖然不知道酒席上究竟發生了什麼事，但對自己是否說過獻財之類的話深表懷疑，可是皇上既然已經這麼說了，自己也只能吃這個悶虧。

宋太祖的本意是好的，為民生社稷著想，因此也算得上具有君子之風，但是他的做法實在不很光彩，甚至可以稱得上卑鄙下作，的確有違君子之道。堂堂一國之君竟然如此戲弄和欺騙大臣，騙取大臣們的錢財，當真說不過去，可是這種方法誰又能想得到呢！趙匡胤使用這種瞞天過海的計謀，實在令人拍案叫絕，除了這些貪圖享樂的大臣，相信沒有人會認為他這是小人之舉，反而只會把他當成偉大的君主看待。

好人壞人之分，君子小人之辨，並不由表面上的行為方式來決定，小人常行君子之意，是不折不扣的偽君子，那麼君子為什麼不可以仿效小人的舉動呢？一個好人即便他做錯了一件事，也不會被人們當作壞人對待，而一個壞人也不會因為做了某件好事，就輕易被人當成好人對待。好壞在於人心，在於仁德，況且，「君子坦蕩蕩，小人常戚戚」，既然心中坦蕩，就沒必要被別人的看法所困擾和束縛，一句「問心無愧」也就足夠了。

從行事的結果來看，小人把自己偽裝成君子的時候，其危害性往往比較大，而君子行小人之事，也常常會產生意想不到的效果，因為誰也不會料想到一個正直的人會使用耍詐的小伎倆，所以事先根本就不會有任何防備，那麼成功的機會自然會加大。

君子當一回小人，算不上道貌岸然，而是君子固有的謀略，特別是面對小人的時候行小人之事，在打壓小人的同時還能成就自己的君子之名，至於不入流的手段最多算是以其人之道還治其人之身。懂得利用外在的形象來欺騙對手，這也是一種高明的生存方式，值得年輕人借鑑。能夠以端正的態度為人處世，自然應該得到鼓勵，不過凡事都不應該太死板，做人始終要有君子風範，但做事時，當一次小人也無妨。

7. 你能滿足別人，別人才會滿足你

　　人們都會發現，在人際往來中你對別人好，別人就會對你好。從物理學的角度分析，這是力的相互作用；從經濟學的角度來說，則是雙贏；從社會心理學的角度解釋，可以稱為人情債；從哲學的角度來說，是你付出了多少，就能收穫多少。有時候，想要滿足自己的需要，並不一定要靠自己去競爭和打拚，很多時候，成功是別人甚至是對手帶給你的，或是為了報恩，或是為了還人情，抑或是純粹的合作關係，別人都有可能會為你創造成功的機會。

　　英國科學家法拉第（Michael Faraday）在發明電磁感應的時候，面臨著研究經費嚴重短缺的問題，他決定和助手去找首相要一筆贊助。見到首相後，助手提出了索要經費的事，並興致勃勃地解釋了這項發明。不過首相對於發明一竅不通，也不感興趣，可憐助手費盡唇舌，首相依然無動於衷。

　　這時，法拉第開了口：「我想我助手說得很清楚，科學可以帶來發明，發明可以改變人們的生活方式，漸漸地人們就離不開這個發明。到時候，我想您可以用它收稅。」首相聽說有利可圖，思考了片刻便同意提供一大筆援助。

　　想要得到就先要學會給予，只有讓對方嘗到了甜頭，對方才會記得你的好處，讓對方的滿足感越強，你所能得到的回饋也將會越大。這就像人脈投資一樣，高明的投資者喜歡且擅長收買人心，無論對方是真心

歸附，還是別有所圖，這都是一場利益互換的遊戲，收益的大小往往取決於籌碼的多少，只有捨得付出，才能有機會從別人手中得到更多。

中國「戰神」韓信是劉邦手下最著名的戰將，即便說劉邦的大半個江山都是他打下來的，這也不算過分。能力出眾是他得以重用的關鍵，他有勇有謀，既是能征善戰的大將，又是謀略出眾的軍事天才，論及軍事才能，天下沒有哪個人敢與他爭鋒，有人甚至將他評為西元前 3 世紀世界上最偉大的軍事家和策略家。

謀士蕭何當年替劉邦月下追韓信，看重的就是他的不世之才。蕭何之後極力在劉邦面前舉薦韓信，劉邦一開始並不認為韓信有多大才能，只是看在蕭何的面子上勉強許諾封為將軍，但蕭何認為想要得到韓信，就必須盡量給予他足夠的尊重，只有奉為上賓，才能真正俘獲韓信的忠心。劉邦只好選了一個良辰吉日，然後設立壇場，親自拜韓信為大將軍。

面對如此禮數，韓信的自尊心得到了極大的滿足，於是堅決表示願意輔佐劉邦爭奪天下。隨著劉邦對韓信信任和重用的加深，韓信的才能得到了極大的發展和發揮，不斷為劉邦攻城略地。但是能力過大也導致了他居功自傲、目中無人的性格缺陷。

韓信後來在平定齊國之後，主動向劉邦索要官職，希望劉邦能夠封他為假齊王。韓信封齊王，就意味著他在漢軍陣營之中已經是一人之下萬人之上了。面對如此無禮的要求，劉邦十分惱火，此時他正被項羽圍困在滎陽，身家性命危在旦夕，所以在他眼裡，韓信顯然有乘人之危的嫌疑。不過陳平和張良立即竭力相勸，認為劉邦應該先滿足韓信的胃口，盡量為大局著想，萬一韓信叛變，那漢軍就必敗無疑。

劉邦意識到問題的嚴重性後，立即轉變思維，並公開表示韓信功勞

很大，當個假齊王實在有些屈才，而且爽快地封韓信為齊王，這才穩住了韓信。韓信得到分封後，自然更加賣力地替劉邦打天下，並最終在垓下之戰中大破楚軍，替劉邦除掉了最強勁的對手項羽。

正因為劉邦懂得滿足和順從韓信的欲望，韓信才願意效忠劉邦，甘心為他打拚，並且助他達成了當皇帝的心願，所以有些史學家說：「劉邦用一個齊王，換取了天下。」試想一下，如果劉邦一直不願意讓韓信稱心如意，那麼他就很難在楚漢爭霸中勝出，而天下也許就不會姓劉了。

一個人的成功並不全是去從對手手中爭搶而來，也不全是依靠努力奮鬥去打拚而來，讓對手為自己創造機會，這無疑要更加安全保險。聰明的人總是懂得滿足對方的需求，藉以達到自己的目的，即便只是毫無所求的付出與給予，也能帶來心靈上美好的精神享受，正如法國作家拉布呂耶爾（Jean de La Bruyere）所說：「最好的滿足就是給別人以滿足。」

在處理那些力有不逮的事情時，一個莽撞的人，通常只知道順著自己的欲望去行事，他們具有拚勁和狠勁，但是缺乏巧取的能力，所以常常會遭遇失敗。而一個聰明的人能夠懂得先屈就別人的意思，然後藉助別人的力量來實現自己的目標。

年輕人要懂得如何進行人脈投資，並且要善於觀察和發現別人的需求，這樣才能投其所好，滿足對方的需要，而對方自然就會義無反顧地貢獻自己的力量為你提供幫助。不要在意一時的得失，更不要在意眼前的付出與回報是否成正比，只要你用心地去做，真誠地付出，你一定會收穫屬於自己的幸福。

8. 勢單力薄時切忌正面交鋒

　　中國歷史上有很多以寡敵眾的戰爭，例如秦漢時期的鉅鹿之戰、三國時期的赤壁之戰、元末的鄱陽湖之戰等等。之所以會出現以寡敵眾的結果，並不是因為士兵強壯得能夠以一敵十，而是因為弱勢的一方能夠有效避開與敵人正面交鋒，使用戰術和謀略讓敵人的優勢無法發揮作用，從而達到克敵致勝的目的。

　　面對強大的對手，自己必然顯得勢單力薄，此時如果硬碰硬只能使自己損失慘重，而想方設法避開與敵人正面交鋒才是上上之策。三國時，面對魏軍的追殺，諸葛亮讓實力較弱的蜀軍先行撤退，自己則選擇用空城計來阻擋魏軍。司馬懿怕其中有詐，不敢輕舉妄動，只好引兵混亂地逃了回去。試想如果諸葛亮只是領兵據守城池，那麼城破就成為必然，而守軍也無法有效地為大部隊爭取撤退的時間，其結果可能面臨全軍覆沒的危險。

　　正如某位軍事家所說：「謀略是進行非對稱作戰最有效的辦法。」面對對方壓倒性的優勢，弱勢一方想要取勝，只能智取，不可力敵，正面拚資源和力量只能是以卵擊石，不僅沒有任何功效，反而會帶來毀滅性的打擊。因為客觀上的實力差距不是人為可以控制和抹殺的，但是謀略卻是一個不確定性因素，可以有效地扭轉頹勢。

　　西元 1399 年，燕王朱棣起兵造反，叛軍一路上勢如破竹，很快就抵達濟南城下。朱棣認為濟南城是南北通道的中心，地理位置優越，攻下

濟南就可以確保在北方建立鞏固的根據地,為此他命令士兵對濟南城夜以繼日地發動猛烈進攻。這對濟南的守軍帶來了巨大的壓力,因為雙方實力懸殊,守軍很難做出長期有效的抵抗,形勢日益危急。

守軍的總指揮鐵鉉親自指揮民眾抗敵,卻依然難以阻擋叛軍的攻勢。這時候,鐵鉉意識到即便全軍拚死抵抗也難以保住城池,硬拚顯然不行,必須另謀他法,於是便想到了用詐降的方法來迷惑朱棣。他命令士兵去城下求和,宣布投降,結果朱棣果然上當,叛軍也因此放鬆了警惕。鐵鉉祕密命令守城士兵將一塊大鐵板吊到城門之上,等叛軍入城受降時放下鐵板砸死朱棣,同時還交代守吊橋的士兵,一旦燕王入城就砍斷繩索,阻止叛軍入城。

事情安排得天衣無縫,燕王朱棣也高興地入城,可是守城士兵非常緊張,提前放下了鐵板,結果只砸到了朱棣的馬頭。朱棣知道自己上當受騙,然後就換了一匹馬往回逃,而守吊橋的士兵也沒能及時砍斷橋索。

朱棣逃回大本營後,立即下令對濟南城發動更加猛烈的進攻,甚至派出火炮隊來轟城牆。眼看著城牆被毀,鐵鉉又想到一個計謀,乾脆命令士兵在大木牌上寫上「太祖高皇帝之靈」,並將靈位擺在城牆正中,結果朱棣見了父王靈位,立刻命令部隊停止炮擊,然後拜倒在地上磕起頭來,鐵鉉則藉機恢復元氣。由於鐵鉉的機智和勇敢,濟南城雖然長期處於風雨飄搖的狀態,但是叛軍依然久攻不下,只能退回北平。

西方有句諺語說:「上帝是公平的,他或許沒有給予足夠的資源,但是卻能給予智慧。」當力量處於下風時,計謀則是最重要的博弈手段。一方面,弱勢的一方往往會遭到對方的輕視,高傲的心理會成為弱者的利用對象,這為弱者實行計謀提供了便利和可能。另一方面,弱者想要

取勝只能將所有的希望都寄託於自己的計策，所以一定會小心謹慎地安排和策劃，爭取做到最隱蔽、最完美。

年輕人在面對比自己強勢的競爭者或對手時，一定要懂得保護自己，正確看待存在於雙方之間的差距，不要貿然行事。熱血和志氣並不能真正改變客觀的事實，當然也無法有效地替自己增加更多的勝算，因此面對強勢的對手時，不妨隱忍和理性一些，承認實力上的羸弱和劣勢，避開對方的正面攻勢，然後趁機制定有效的計謀來攻擊對手。

計謀是弱者的殺手鐧，也是強者忌憚的武器，其不可預見性往往具備巨大的殺傷力。比爾蓋茲（Bill Gates）創造了龐大的微軟帝國，在國際上罕逢敵手，但是他依然對潛在的對手心生畏懼。正如他所說：「你不要覺得目前的微軟有多強大，總在和當前的競爭對手比較我們公司的優勢，微軟最大的風險在於那些看不見的對手，你不知道哪天就會從車庫裡冒出兩個小子，把你打得一塌糊塗。」每一個弱者都不可輕視，弱者們更沒有理由小看自己，但前提是懂得正確運用謀略。

9. 假裝突出對方的強勢，以逸待勞

俗話說「藝高人膽大」，每一個實力強大的人都會有充分的自信，面對挑戰的時候，更是如此，實力強大自然就骨氣十足，這是很常見的心理現象。不過這種自信總是夾雜著虛榮的成分，往往會演變成為自負、自戀，而這時所謂的自信就不再是心理優勢，而是一劑傷害自己的毒藥。不過並不是所有的自信和虛榮都會變成這種不可一世、藐視一切的心理，這需要一個過程，或者需要某些特定的催化劑，而弱者的恭維和崇敬往往就是最理想的催化劑，所以一個聰明的弱者總是不失時機地襯托強勢對手的「偉大」和「強大」。

其實，弱者示弱尊強是現實所決定的，更是弱者以弱勝強的需要。在競爭條件不利的情況下，弱者為了保存自身實力以圖後計，有必要讓自己變得更加弱小，並處處維護和凸顯競爭對手的強勢，盡量滿足對方的虛榮心，這樣對方就容易在驕傲自滿中得意忘形，作出一些不明智的舉動，甚至走向自我毀滅。同時，強者還容易喪失基本的警惕性，從而給弱者留下喘息生存的機會，而這恰恰是弱者積蓄力量伺機發動反擊的關鍵。

西晉惠帝時期，太傅楊駿長期獨攬朝政大權，恣意妄為，大臣們懾於他的威勢都臣服於他，就連惠帝本人對他也是唯命是從，天子的位置完全被架空。皇后賈南風是一個權力慾極強的女人，她不甘心政治大權落入外姓大臣手中，因此一直都仇視楊駿，迫切地希望除掉對方，然後自己取而代之。

不過楊駿在朝中的勢力實在太大，別人根本不能輕易地撼動，皇帝一時間無法整治太傅，對於遠離政治權力的賈南風來說更是難上加難，所以她只能長期隱忍不發。隨著楊駿實力不斷增強，賈南風漸漸坐不住了，她擔心日後除掉對方會更加困難，於是決定提前動手。

宦官董猛是賈南風的心腹，他地位卑微，但才智過人，深得皇后的寵愛和信任。在認真分析局勢後，他認為皇后此時動手勝算太小，根本就是以卵擊石，於是竭力勸諫賈南風不要意氣用事，反而應該處處向對手示弱，襯托對手的強大，使楊駿在驕傲中自亂陣腳，只有這樣，才有機會除掉對方。

賈南風聽後，覺得很有道理，於是放棄了原先的計畫。為了盡量刺激和滿足楊駿的虛榮心，賈南風親自設宴款待楊駿，席間更是頻頻向他敬酒，完全是一副恭敬卑微的姿態。眼見一國皇后如此尊敬自己，楊駿心中非常高興，更是藐視一切。

從此，楊駿更加肆無忌憚，在朝中到處安插親信，任用近親，進一步擴大勢力範圍。此舉無疑觸犯了其他官員的切身利益，因此遭到了許多官員的不滿。有人曾勸告楊駿，讓他適當收斂一些，如果長期如此任意妄為，一定會招來禍患。楊駿聽了非常生氣，他自認為權勢遮天，連皇后都要敬他三分，其他人更是對自己唯唯諾諾，還有什麼好擔心的。

自以為是的楊駿沒有聽人勸告，而皇后賈南風表面上依然對楊駿恭恭敬敬、尊重有加，暗地裡卻趁機拉攏那些對楊駿心生怨恨的大臣，等到時機成熟後，賈南風聯合眾人迅速出擊，一舉除掉了楊駿，隨後便將大權掌握在自己手中。

弱勢的人也會有謀求發展壯大的進取之心，但是在自身條件尚未成熟的情況下，保留實力才是最重要的任務，也是求強求勝的前提。如果

貿然與強勢的對手針鋒相對，那麼成功的機會就會很渺茫，只能白白斷送掉自己的努力和卑微的本錢。

在競爭環境中，任何一個強者都不希望看到潛在的對手發展壯大，對自己的利益構成威脅，所以無論如何都要想盡辦法除掉這些眼中釘肉中刺。因此潛在的競爭者都會面臨巨大的挑戰和威脅，尤其是其中的弱者更是毫無還手之力。

遇到強者步步相逼，弱者就一定要更加謹慎小心，既然不能硬碰硬，那麼最有效的辦法就是躲。弱者首先要做的就是努力消除雙方的對立情緒和對手的戒備心理，至少在表面上保證自己不會讓對方感覺到威脅。其次就是想方設法讓對手自己失誤犯錯，從而進一步降低殺傷力。如果這兩步都能順利進行，那麼弱者取勝的機會無疑會增加許多，而能夠確保這兩步順利進行的前提條件就是盡量襯托對方的強勢。

弱者保持示弱的姿態，無形中就降低了可能對對方造成的危險程度，對方自然就不會把你列入「黑名單」，而尊強則能夠促使對手信心感爆發，這種驕傲自滿的情緒往往會使對方走險棋，從而給自己帶來風險和危害，同時也為弱者的反擊創造了絕好的時機和條件。用自己的弱小來襯托對手的強大，才能真正做到以弱勝強，這種謀略就像糖衣砲彈一樣，讓對手毫無招架還手之力，而等到對方深陷其中時，想要挽回就已經太晚了。

助長對手的強勢並不是「長他人志氣滅自己威風」的愚蠢舉動，也不是膽小怕事的懦弱行為，而是一種高明的謀略，目的在於麻痺對手，為自己創造更大的勝機。年輕人在面對比自己強大的競爭對手時，千萬不要魯莽衝動，衝鋒陷陣的拚命三郎實在不可取。無論是戰場還是社交商場，向來都是智大於力，更何況是在實力懸殊的情況下，所以年輕人一定要謹慎行事，有必要的話不妨多替對手戴高帽，盡量為自己爭取到好的反擊機會。

10. 懂得隱忍，蓄勢待發

　　世界萬物都處在不斷變化的過程之中，強弱關係也是如此，總是會不停地轉變，所以強者不一定永遠都是強者，弱者也不一定永遠都是弱者。但弱者想要成為強者不是一時半刻就能得道成仙的，也不是一朝一夕就能實現的，要知道，羅馬城不是一天造成的，成長壯大需要一個漫長的過程，只有在漫長的進化中不斷提高自己和累積力量，最終才能由量變轉化為質變。

　　由弱變強必須遵循事物發展的規律，如果違背這個規律，弱者一般來說就很難成為真正的強者，最多是一個偽強者。想要成為強者就要懂得忍耐和等待，急功近利只能弄巧成拙。成功沒有捷徑，一味追求節省時間、縮短路線，最終的結果必然會大打折扣。在面對競爭者的時候，身為弱勢的一方一定要沉住氣，如果實力沒有達到要求或時機尚未成熟，就千萬不要貿然出擊，一定要注意忍耐，盡量等待最合適的時機出手，提前動手可能會事倍功半，還可能使所有的努力都付諸東流，甚至會將自己推入險境之中。

　　一個聰明的弱者應該是一個善於忍耐的人，只要時候不到，無論發生任何事情都要堅持忍下去，不要輕易將自己暴露在對手面前。同時還要竭力避免自大的情緒，不能因為自己有了一些修練和進步就沾沾自喜、藐視一切，大言不慚地去挑戰對手，而實際上的能力卻遠遠還沒有達標，如此衝動行事，吃虧也就在情理之中。所以心態很重要，保持一

顆靜心是忍耐的前提，真正能忍的人，在沒有強大之前，絕不會草率地讓自己曝光。

漢朝是中國歷史上比較強盛的朝代，但是漢朝始終都存在一個強大的敵人，這就是匈奴。匈奴人向來都彪悍異常、驍勇善戰，從秦朝開始，一直就是中原國家的勁敵，長期在邊境上騷擾，弄得邊界上的百姓苦不堪言，至於漢朝也不例外。

匈奴人的氣焰如此囂張，大漢的皇帝自然也有心殺賊，可惜卻力不從心。漢高祖劉邦曾經親率大軍前往剿殺，結果自己被困白登山，險些喪命，就連雄才大略的漢武大帝也吃了不少虧，馬邑之圍就是最大的恥辱，可見並非大漢不肯做，而實在是不能做。在面對強大的匈奴人時，漢朝總是顯得很被動，但是必須學會隱忍，所以從漢高祖劉邦開始，漢朝就主動與匈奴人聯姻，提出和親政策，以保大漢政權的穩固。

文帝景帝更是實行無為而治的策略，盡量不興戰事，大力倡導和親，暗中則休養生息、積蓄力量，等到羽翼豐滿的時候，再向匈奴發起反擊。劉邦的委曲求全以及「文景之治」都收到了很好的效果，國家在這一段時間裡得到了快速的恢復和發展，國家很快累積了鉅額的財富，而且軍事實力也有了很大的提升。到漢武帝時，國家已經空前繁榮，漢武帝依然不急著「復仇」，繼續與匈奴人和親，以便尋找一個最合適的機會，直到馬邑之戰爆發，雖然漢朝以失敗告終，但象徵著漢武帝正式放棄了將近 70 年的和親政策，轉而進入反擊階段。

此後，漢武帝不斷向匈奴用兵，而漢朝也依靠著強大的經濟實力和軍事實力給予匈奴沉痛的打擊，匈奴從此一蹶不振，無法再對漢朝構成威脅。漢朝用了 70 年、歷經了四代君王才從弱者變成強國，這是一個漫長的過程，但是漢朝選擇了等待，並最終等到了強大復興的那一刻。

　　從無到有、由弱變強從來就不是一蹴而就的，這需要一段很長的時間來完成轉變，算得上一種修練和進步。弱勢中的累積是一種量變，而成為強者則是質變，在哲學中量變的定義是：事物在數量上的增加或減少以及場所的變更，是一種逐漸的、連續性的、不顯著的變化。可見在量變過程中，事物的性質不會發生任何變化，反之，只有出現質變，事物才能表現出足夠大的改變，而如果內在的力量還沒有累積到能夠發生質變的地步，那麼弱者依然還是弱者，這是無法消弭的事實。

　　一個尚未進化成強者的弱者，無論能力怎麼提升，面對對手的攻擊時依然會遭遇到重大的挑戰，依然還是會在競爭中處於下風。這就像煮開水一樣，一般情況下要堅持燒到攝氏 100 度才可以成為滾水，如果你見到熱氣就急著喝水，那麼即便燒到了攝氏 99 度，它依然還是生水，不管它看起來多麼像滾水。

　　弱者一定要懂得隱忍，在實力沒有得到本質的提升之前，千萬不要衝動，輕易就和對手競爭對抗，這樣對整個競爭情勢的變化不會造成什麼影響，不僅要承擔很大的風險，而且極有可能無法撼動對方強勢的地位，對自己百害而無一利。貿然出擊不僅對情勢的發展沒有任何有效的作用，而且還會因為過早地暴露了目標而成為對方攻擊的對象，那麼所有為了韜晦所做的努力都將付諸東流。

　　處於弱勢地位更需要有冷靜的心態，想要變成強者不是一朝一夕就能夠得償所願的，正如越王勾踐屈辱 20 年才能滅吳，如果他提前行動，根本沒有足夠的實力與夫差較量，結果必定是失敗被殺。成功從來就不是一蹴而就的，它需要長時間的累積，需要漫長的等待，而一個尚未進化成功的弱者，最多只是一個弱者中的強者，但本質上依然是弱者。

11. 適時放棄也是明智之舉

據說有一種脾氣暴躁的河豚，經常會因為撞到了橋柱而大動肝火，然後鼓著肚子豎起魚鰭浮在水面上與橋柱對峙，這樣就會被上面飛過的鷹輕易捕獲。大文豪蘇東坡對此頗為感嘆，認為河豚「因遊而觸物，不知罪己」，反而對橋柱發脾氣，那麼被鷹叼走自然也就是活該。退一步說，即便橋柱真的有錯，河豚也應該放棄報復的念頭，姑且吃一次虧，下次繞道而行，盡量避免再觸碰到橋柱。

由河豚說到人，其中也不乏吃不起小虧而終吃大虧的例子。滑鐵盧戰役中，法軍在大雨泥濘中艱難行進，不過拿破崙（Napoleon Bonaparte）並不想放棄自己最拿手的砲兵，因此猶豫不決，影響了行軍速度，最終遭到失敗；號稱中國「千古一帝」的康熙，智慧超群且精力十分旺盛，還非常喜歡狩獵，與那些養尊處優的皇帝相比，他更加健康，不過他一生都將權力緊緊抓在手中，事無鉅細，一律親自過問審批，從來都不願放手交給別人處理，結果極大地耗費了精力，最終拖垮了強壯的身體。

為人處世往往就是如此，人在必要的時候應該懂得放棄，錙銖必較或者寸步不讓可能會使自己面臨更大的險境。很多時候，事情的發展並不是表面上所看到的那樣，其中可能存在或潛藏著諸多的風險，如果你不能仔細看清事物發展的本質，貿然抓住的很可能就是巨大的風險，自己就只能成為錯誤的陪葬品，而放棄等於給自己一個喘息或發展的機

會，為自己爭取到更多生存和發展的機會。

麥克萊恩是英國的一名退伍軍人，平時酷愛登山，而且一直夢想著登上世界之巔聖母峰。1976 年，他如願以償，隨同幾位英國探險家一起順利登上珠峰。但是當他們下山回家時，卻遇上了罕見的暴風雪，暴風雪持續不斷地肆虐著，絲毫沒有停止的意思，這位前行的探險隊員們帶來了巨大的困擾，並嚴重影響了他們行進的速度。

此時，探險隊貯備的食物已經不多了，這就意味著隊員們絕對不能在山上多作停留，否則一旦食物出現短缺，大家就有被餓死的危險，所以不能停下來紮營休息。另外，由於風雪一直不停，大家的行進速度不斷減緩，這樣一來就不能準時到達目的地，長時間拖延下去的話，大雪會掩埋掉路標，到時想要安全下山就會很困難。經過一番仔細分析後，麥克萊恩最終帶頭丟棄了隨身的各種裝備，只留下一些食物輕裝行進。

同伴們對此提出了反對意見，在這樣惡劣的環境中，人隨時都有可能出現缺氧或被凍傷的情況，甚至危及生命，而且下山最快也要十天，這十天如果都不休息，搞不好隊員們會疲勞而死。同伴們分析得也很有道理，不過麥克萊恩認為現在情況危急，身上的重物會嚴重影響行進速度，而對於大家而言，時間才是最重要的，一旦大雪封山或食物短缺，那麼沒有人能夠活著走出去，而且重物才是引發疲勞的最大因素，只有輕裝前行盡量爭取時間才是最明智的決定。

最後，大家都接受了麥克萊恩的建議，紛紛丟掉了裝備，結果不到八天，隊員們就順利到達了山腳下。麥克萊恩放棄了具備防護作用的重型裝備，為隊員們爭取到了最多的逃離困境的時間，雖然邁克萊恩最後還是截掉了凍傷的十個腳趾和五個手指，但是他和他的隊員們卻得以生存下來。

聰明的人總是能夠站在人生的制高點上，做出最明智的判斷和決策。他們知道什麼事可為，什麼事不可為，什麼事情應該努力去爭取、去完成，什麼事情又需要及時放手和放棄，任何時候都能夠朝著最有利於自己發展的方向靠近，做出最有利的判斷。在他們眼中，放棄並不是無可奈何的被動行為，也不是消極處事的無所作為，而是一種生存的方式。

不過，什麼時候才應該放棄，什麼情況下才應該放棄呢？波蘭現實主義作家顯克微支（Henryk Sienkiewicz）給出了一個明確的答案 ──「較小的事物必須為較大的事物犧牲。」一位美國作家則說：「為了偉大的事業，不要害怕失去美好的東西。」放棄雖然也是一種損失，但是這種損失是一種有價值有策略的選擇，暫時性的放棄是為了保留或得到更多更有價值的東西，尤其是面對競爭者的時候，放棄就是一種策略，暫時避其鋒芒，以保全自身謀定後動。

該爭取的一定要盡力爭取，該放棄的也必須大膽放棄，放棄需要一定的勇氣，更需要一定的謀略，無論是壁虎的斷尾保身，還是靈狐捕雉的卑躬屈身，抑或失之東隅收之桑榆的策略性選擇，總之，適時地讓自己變得弱小一些，往往能在競爭中取得更多的優勢。年輕人在面對競爭者的時候，一定要慎之又慎，凡事切不可硬拚硬搶，必要的時候，一定要懂得放棄，要知道有捨才有得、能棄方能取。

12. 有捨有得，能棄方能取

　　希臘的先哲蘇格拉底曾經發出「人哪，了解你自己」的偉大感慨，證實了人們自我認知的困難。在人們努力尋求世間萬物發展的規律並試圖了解它們時，卻總是容易忽略掉自身的發展規律，努力揭示自然界中各種奧祕，卻常常不能正確地了解自己。當然不是不能，而是不想，人們害怕去了解自己，確切地說是害怕面對自己的缺陷，所以人們既是世間最聰明的探索者和求知者，也是最愚蠢的保守派。

　　一位青年向丹麥物理學家波耳（Niels Bohr）請教成功的方法：「先生，大家都知道您建立了一流的物理學派，請問其中有什麼祕訣嗎？」波耳禮貌性地微微一笑，然後從容地說：「因為我不怕在學生面前顯露我的愚蠢。」正視自己恰是波耳成功的最大祕訣。而有些人卻無法容忍和正視身上的瑕疵，佛教《百喻經》中記載了一個長有酒糟鼻的女人，丈夫為了徹底遮掩妻子身上的這一缺點，於是就自作主張地為她換鼻子，結果弄巧成拙，得到了一個更加難看的刀疤。

　　每個人都會有缺點，有一些甚至難以改正和抹殺，但這往往並不影響整體的形象，有些甚至還會產生斷臂維納斯那樣的美感。如果遮遮掩掩，不願意承認自己的缺點，那麼缺陷也許永遠都不能真正地改正過來，而自己也將長期不能得到進步和發展。

　　能夠正視自己的人才是真正聰明的人，劉邦自知謀略普通，於是重用張良、蕭何，他自知帶兵能力普通，於是重用韓信，正因如此，他才

打敗了項羽，並建立西漢政權。一個人只有勇敢地面對自己的缺陷，才能知道自己真正需要什麼、真正缺乏什麼，也才能更準確地了解自己如何才能更好地把握成功，反之就很難獲得成功。

諸葛亮是蜀國的丞相，由於文學名著《三國演義》的刻意渲染，他幾乎已經成為能夠呼風喚雨的神奇人物。而事實上，諸葛亮的軍事能力並沒有想像中的那樣出神入化，他只能算是一位出色的政治家，而非軍事家，與軍事相關的功績除了北伐，就是經典的《隆中對》了，不過北伐未能成功，而《隆中對》更像是一種對於國家格局的策略謀劃。

編寫《三國志》的陳壽也認為諸葛亮的治國能力大於用兵能力，他制定了許多法規和經濟手段來促進蜀國的振興，即便對待民族關係上，他也將漢人和少數民族的關係處理得井然有序，蜀國的安定繁榮與他的能力分不開。不過諸葛亮卻放棄了治國上的優勢，轉而投身於軍營，還忽視了自己在軍事上的缺點和不足 —— 不善於用人。在軍中幾乎所有的軍事行動都要經由他來制定和決定，其最大的弊端就是壓制人才。

其中有名的兩次事件對蜀國造成了很大的損害。一是魏延提出的全力攻打長安的計畫，結果諸葛亮以太過冒險為由否決掉了，事實上蜀國完全值得一試，而歷史也許會就此改變。另外一次就是安排馬謖守街亭，諸葛亮與馬謖十分要好，也深知他的為人，按理應該了解他紙上談兵的性格，不過卻最終沒有選擇讓別人去守重要的街亭，結果遭到失敗，徹底地喪失了北伐的主動權。馬謖被斬後，諸葛亮方才意識到自己犯下的錯誤，不禁感慨自己的確不如劉備那樣能夠識人，可是此時方才悔悟，實在悔之晚矣。

想要解決困難，首先就要過自己心裡這一關，人都是先有自知之明，才會有知人知物之明。換句話說，連自己也不願面對的人，又有什

麼勇氣去面對外在的困難和危險呢，更別提有什麼能力去解決問題了。人不要害怕錯誤和缺點，應該害怕的是一錯再錯，如果你不能認真地看待自己的缺點和不足，那麼這些不足就會永遠地存在下去，甚至不斷累積和擴大，最終可能會引發禍患。

華人自古有「吾日三省吾身」的自覺，要求自己盡量在第一時間了解自身的不足和失誤，這樣一來就可以最大程度地減少失誤帶來的損失，也可以盡可能地減少缺點所造成的傷害。如果一味地逃避自己的缺陷，把所有見不得人的不足之處都隱藏起來，連想也不敢去想，那麼這個人就真的稱得上是一個「金玉其外敗絮其中」的偽裝者了，這樣的人沒有真正的實力去承擔各種風險的衝擊，遲早會因為力有不逮而遭受失敗。

把自己的缺點毫無顧忌地展示出來，這並不是丟臉的事，相反是一種難得的勇氣，不敢正視自己又如何能夠正視自己的對手？只有鼓起勇氣面對自己的不足，才能想到更好的辦法去改正自己的不足，這樣才不會被對手抓住把柄和弱點。所以，正確的心態十分重要，越害怕丟臉或者害怕失敗的人越容易成為對手攻擊的對象，因為在對方看來，越是躲躲藏藏的人越是沒有任何抵禦能力，越是沒有盲點的人，越是存在致命的失誤。

當世人都在死死抓住李太白「天生我材必有用」的自信論斷時，卻很少有人願意給自己的缺點一個名正言順的展示機會。且不說家醜不可外揚，有人甚至就連家醜存在的事實也要掩飾，結果自然是越來越醜，而一旦紙再也包不住火，那麼其結局無異於玩火自焚。所以真正的聰明人一定懂得去正視自己，因為只有這樣才能展現出最完美的自己。

五、讓思想轉個彎，不固執己見

—— 出奇制勝的詐晦藝術

1. 小人耍詐謂之奸，君子耍詐謂之權

　　儒家學派講究捨生取義、殺身成仁的殉道精神，但是捨生不一定能夠取義，殺身也不一定就能成仁，與其白白送死，倒不如像小人一樣取義求生。儒家學說對於死亡雖然沒有一個明確的標準，但是一個人要生得有價值，死也一定要有價值，毫無意義的死亡往往可悲。君子求生只是出於人的一種本能，並不算違背天道人倫。南朝史學家范曄曾經說：「義重於生，捨生可也；生重於義，全生可也。」所以聰明的君子在面臨危險時，要懂得使用計謀來保全自己。

　　叔孫通是秦朝的名士，被秦二世任命為待詔博士。他是儒家子弟，自然懂得恪守君子之道，所以為人一直都很正派，有大儒和賢人的風範，被當時的儒生所崇拜，就連後世的司馬遷都尊稱他為「漢家儒宗」。

　　雖然作風正派，很有君子氣度，但是為了求存保身，叔孫通也曾像小人一樣說過諂媚奉承的話。當時陳勝吳廣率先揭竿起義，聲勢很快壯大起來，各地也都紛紛發生暴動，秦二世向來就有些自負，認為大秦軍隊裝備精良，攻無不克戰無不勝，區區幾個農民根本就不值得大臣們慌張，出現叛亂只能證明自己治國無方，能力不濟，這實在是一種侮辱。不過大臣們都呈報說，起義的農民軍攻占了不少城池，秦二世心中又不免憂慮萬分，擔心任由暴動如此延續下去，局勢一定會更加惡化，對大秦的江山造成巨大的威脅。

秦二世不知如何是好，只能召集博士儒生們商討對策，結果幾乎全部的人都建議皇帝趕快出兵討伐，壓制住亂軍的暴動，否則後果不堪設想。秦二世聽了明顯就不高興，臉色變得十分難看。眾人不知道自己已經觸犯了皇帝的自尊，還以為皇帝為暴動的事生氣呢。

叔孫通一眼就看穿了秦二世的想法，怕他重蹈秦始皇焚書坑儒的覆轍，對這些博士儒生痛下殺手，於是就立刻上前說：「眾人說得不對，依我看，先帝曾經毀掉防備的城牆，銷毀天下的兵器，這就表示天下不必再發生戰爭了，如今天子英明，國家法律也很完善，人人都守法奉公，四海之內有誰會想著造反呢？這些暴動的人只不過是些小偷而已，犯不著興師動眾。」

聽到這番言論，秦二世立即平息了怒火，但仍把那些認為農民是在造反的博士儒生扣上了汙衊盛世、妖言惑眾的罪名，直接打入大牢，而叔孫通不僅逃過一劫，而且還得到了秦二世的封賞。回到家後，他的弟子們都很不解，雖然嘴上不敢說，但是心裡卻認為叔孫通今日的行為實在不夠光彩，有違儒生立身處世之道。叔孫通看出了弟子們的不滿，對他們說：「你們不知道啊，我差一點就沒能逃脫虎口。」

叔孫通機智過人因此保全了自己，他深感大秦朝不保夕，於是帶著弟子們逃離了秦都咸陽。

君子使用計謀或許也是出於求生的需要，但是與小人相比，卻有著天壤之別。小人通常分為兩種：一種是真小人，他們通常會把自己的斑斑劣跡毫無顧忌地展示給眾人看，膽大妄為。另一種就是偽君子，他們是披著道德外衣卻游離於道德之外的人，這種人比真小人更善於偽裝，也更加危險。不過無論是哪一種小人都有一個共同點——只為求利保身，為了達到目的，他們往往不惜代價，不擇手段，當然也不顧禮義廉

恥，而且他們總是習慣於把自己的快樂建立在別人的痛苦之上。

　　小人行事不講道理，而君子卻能夠把握住基本的道德底線，為人處世心中都有一座天秤。平時，謹遵「有所為有所不為」的道理，特殊時刻可為而不妄為。同樣是耍心機，小人耍計謀是奸詐的表現，而君子用計則是一種智慧權術，主要原因就在於人心，小人居心不正，行事自然有失偏頗，君子則是人正不怕影子斜。

　　年輕人要懂得權衡利弊，必要的時候，使用一些不光彩的權術和手段，對自己的生存和發展會有很大的幫助，如果拒絕變通就只能任人魚肉。另外，真正的君子本色首先必須有人性，刻意壓制自己的欲望，做一些無意義的犧牲根本沒有任何必要。那些做事一板一眼，不懂得變通的君子固然有可敬可佩的地方，但是他們不該成為人們學習的榜樣。縱觀歷史，人們往往能夠發現那些懂得變通的君子才更加光彩照人。

2. 偽裝自己來迷惑對手

自然界中，許多動物都是詐偽的高手，變色龍的隱身，蛇的潛藏，昆蟲的擬聲、擬色、擬態，青蛙的詐死等等，它們稱得上是技術高超的偽裝大師。透過偽裝來發出各種訊息，迷惑和欺騙捕食者或獵物，誘使對方上當。當然，使用這些技巧是為了更好地適應自然環境，從而更好地生存下去，一方面牠們要躲避天敵的傷害，一方面則是為了方便捕食獵物，赤裸裸地暴露在自然環境中，是難以長時間生存下去的。

而說到偽裝，人的偽裝術無疑比動物們的高明得多。動物們通常都依靠自己擁有的天賦和能力來迷惑對手，而人類卻依靠智慧和計謀來麻痺對手。動物們是為了求生，而人類則是為了求存和發展。人類社會的競爭比自然界單純的生死角逐要複雜得多，以力取勝的時代早就已經遠去，現代社會最大的競爭籌碼就是才智，只有那些聰明的人才能夠更好地生存下去。

人類是有高級智慧的生命，每個人都會有攻擊和防守的能力，想要在競爭中取勝，難度無疑要更大一些。欺騙對手是在競爭中取勝的最好方法之一，當對手無法正確評估你的實力、動向、意圖時，就會猶豫不決，或者乾脆就做出錯誤的判斷和決策。一個人如果連對手的大致情況都沒有弄清楚，是很難取勝的；反過來說，一個人如果可以製造假象迷惑住對手，那麼獲得成功的機會無疑就會更大。

唐朝末年，天下大亂，各地義軍首領紛紛盤踞一方，自立為王，盜

177

賊出生的楊行密趁著局勢大亂，迅速壯大自己的勢力，他和部屬們幾乎占據了中國淮南一帶，而他也自稱吳王。楊行密的內弟朱延壽認為楊行密看不起他，而且總是認為自己受到了欺負和侮辱，於是準備發動叛亂，密謀殺掉楊行密。

楊行密知道朱延壽擁有自己的軍隊和心腹，但是勢力很大，一時之間難以剷除，而自己又無法去奪取他的軍隊和兵權，因此一直都不知如何是好。他的衛隊統領徐溫手下有一位名叫嚴可求的謀士得知這一情況後，替楊行密出了一條計策 ── 裝瞎。

因為實在想不出其他更好的辦法，楊行密只能依計行事。起先他只是裝作頭痛眼花，逢人就說自己近來眼睛生了疾病，看不清東西。朱延壽認為楊行密有裝病的嫌疑，於是就派使者藉著上奏的機會前去打探，結果楊行密見到使者就故意喊錯名，以表示自己真的不能辨物識人，使者們信以為真，但是老到的朱延壽依然不放心，他寫信給自己的姊姊（楊行密的夫人），讓她監視楊行密，檢視他是否真的瞎了。

楊府中的奴婢們聽說主人眼睛不好，就不免做一些偷雞摸狗的小事，因此，家裡的東西常常被下人偷走。楊夫人對此睜一隻眼閉一隻眼，並不追究和調查，以此來試探丈夫是否真的不能見物。楊行密當真不聞不問，就像沒事發生一樣，而且每天走路故意跌跌撞撞，經常要靠人扶著才能走好。

楊行密的一個小妾與僕人私通，她認為楊行密真的是雙目失明，於是當著他的面，與僕人親熱，兩人甚至公開進行淫亂的行為，楊行密卻安靜地坐在一旁，就好像什麼事也沒看到一樣。楊夫人見到丈夫如此行為，這才深信不疑，於是立即寫信給弟弟，認為楊行密眼瞎的事已經確信無疑。楊行密還來到夫人房內，用力撞上柱子，他告訴夫人自己有心

建功立業，想不到卻早早就失明，他不想自己的基業毀於一旦，於是就想讓朱延壽回來主裡大局。

楊夫人聽說後，就寫信催促弟弟前來，朱延壽沒有多想，直接帶著心腹來到楊府，結果被事先埋伏好的衛隊抓獲，於是楊行密殺掉朱延壽，消除了隱患，並重新掌控了軍隊。

《孫子兵法・虛實篇》中說道：「故策之而知得失之計，作之而知動靜之理，形之而知死生之地，角之而知有餘不足之處。故形兵之極，至於無形；無形，則深間不能窺，智者不能謀。」偽裝的目的就是隱真示假，讓自己歸於無形，使對方放鬆警惕，或者產生錯覺，做出錯誤的判斷。當對方無法對你的行動進行預判時，你的行動就可以生效，然後出其不意地發動攻擊。

一個善於偽裝的人，往往是一個聰明的人，這種人不會讓自己過分地曝光在對手的視線之內，因為越是赤裸往往就越是危險，越是直白坦率就越要吃虧。因此必要的時候，應該委屈低調地把自己偽裝起來，這樣才有利於更長久的生存和發展。

3. 適度藏拙，最低成本獲得最大機會

　　清代李漁在《慎鸞交·計竦》一書中說道：「花封縱美，也敵不過親職高，和盤托出空貽笑，倒不如藏拙高。」在這裡李漁將藏拙當成為人處世的策略，一個讀書人能有這樣的見識，自然是難能可貴的。縱觀中國歷史上的文人墨客，有如此想法的人真的不多，多數文人都是清高自傲的「明白」人，根本不懂得隱藏，更不願意去隱藏。

　　唐代大詩人王勃六歲就能寫詩，二十幾歲就作了《滕王閣序》，可謂才高八斗，但是卻因為處處顯才而得罪了高宗，結果被貶，以至於後來鬱鬱寡歡年少夭折。「詩仙」李白也是天賦異稟，才氣縱橫，卻恃才傲物，貴妃磨墨、力士脫靴的故事固然蕩氣迴腸，可是李白卻明顯不願藏拙，最終被唐玄宗賜金放還。

　　大唐的才子們幾乎都有這樣的通病，喜歡顯山露水，這當然是當時強大的國家實力和開放的文化氛圍決定的，所以每個人都可以大方地露一手，可是卻也造就了這樣一個尷尬的事實 —— 文化繁盛、能人輩出的大唐王朝，文化巨匠們都不幸地被擋在了宮門之外。而這也許只是中國文人命運的一個縮影，當然我們不能據此就判斷他們枉讀了聖賢書，不過文人喜歡顯露聰明才智的缺點確實屢見不鮮。

　　古代讀書人的生存環境往往比較惡劣，因為他們不懂得隱藏自己的聰明，不懂得表現出愚笨的一面。不過這並非只是針對讀書人而言，任何不懂藏拙的人，都容易在生活中遭到挫折和阻礙，尤其是在競爭激烈

的社會環境中，那些處處表現能力的聰明人往往要吃大虧，很難得到發展的好機會。

聰明外顯的人通常都容易招致別人的嫉妒，所以基本上不會有什麼好的下場，肆無忌憚地表現出自己的才智，弄不好只能得到一個「出師未捷身先死」的悲劇。事實上，安全比勝利和成功要重要，連最基本的自我保護都做不到，那麼成功的誘惑再大也是枉然，然而從長遠來說，只有先保全自己才能圖謀大計，也才能保證他日會有所成就。

一個聰明的人懂得如何藏拙，盡量在別人，尤其是競爭對手面前表現出愚笨的一面。這種示弱示假的行為通常都能夠有效地迷惑別人，使之產生錯覺，誤以為自己的對手只是一個沒有任何作為的傻瓜。一般而言，輕視對手往往要付出很大的代價，更何況是在被欺騙的前提下。每個聰明人都應好好地利用這一點，以便讓那些真正愚蠢的對手犯下更大的錯誤。

普魯士（德國的前身）領導人俾斯麥（Herbert von Bismarck）向來以鐵血政策著稱於世，但是他的智慧同樣讓世人欽佩。某次普魯士希望與奧地利簽署一項合約，不過這項合約的本質卻明顯損害了奧地利的國家利益，只要奧地利人仔細檢視和分析，就能發現其中的不妥之處，因此想要和奧地利順利簽約可能會遇到巨大的困難，不過俾斯麥卻想出了一個絕妙的計策來迷惑對手。

俾斯麥得知奧地利的談判代表是布洛姆伯爵，此人是一個玩牌的高手，而且善於從牌局中揣摩打牌人的性格，於是俾斯麥乾脆將計就計，讓對手名正言順地觀察自己。談判的前一天晚上，俾斯麥故意邀請布洛姆一起玩牌，精明的俾斯麥故意表現得十分莽撞，似乎從來就不懂得瞻前顧後，經常是想到什麼就出什麼牌，根本不會去多作考慮，結果這個

晚上，俾斯麥一連輸掉了很多錢。

不過俾斯麥卻因此成功地迷惑了對手，布洛姆伯爵從俾斯麥的打牌方式中猜測到俾斯麥是一個魯莽衝動、富有攻擊卻完全沒有腦袋的人，並由此認定俾斯麥根本沒有什麼談判技巧，也沒有什麼新機，自己輕易就能搞定他。結果雙方談判時，俾斯麥自然是急不可耐地簽下了合約，而一直輕視甚至於鄙視對手的布洛姆也沒有多想，也草草地簽下了合約。

事後，俾斯麥高興地對身邊的人說：「我真不敢相信居然能找到一名奧地利外交官肯簽署這份文件！」布洛姆伯爵看似聰明，卻被俾斯麥玩弄於股掌之中，而聰明的俾斯麥則假裝自己是一個魯莽愚蠢的人，結果順利簽下了合約。

大智若愚的人總是會抓緊時機向對手展示自己的弱勢，這當然不是為了博取同情，而是為了更好地保存實力，甚至是為自己發動致命一擊做好掩飾和鋪陳。不過無論是出於何種目的，都需要做到一點 —— 迷惑對手，這是最為關鍵的部分，把聰明隱藏起來已屬不易，還要刻意地表現出愚蠢的樣子，這樣就更加逼真也更加有迷惑性和說服力，對手一般就能夠輕易上當。

年輕人缺乏社會經驗，做人比較簡單直白，一般情況下，他們不會刻意去隱藏什麼，而且年輕人向來就喜歡出風頭，尤其是在競爭者面前更是希望能夠好好表現一番，或是出於炫耀，或是出於打擊對方，都希望把自己最好的一面，最強勢的一面展現出來，結果常常會招來競爭者的反擊，甚至遭到他人的妒忌。年輕人應該記住一點，表面上越聰明越有能耐的人，往往越容易成為競爭戰場上的炮灰。

4. 大智若愚，於不經意間達到目的

縱觀歷史，你會發現愚笨者的壽命通常要比聰明人更長。或許上帝是公平的，他既然賦予你足夠的智慧，那麼就必然要讓你失去其他東西。且不論這句話是不是有唯心主義的嫌疑，單看邏輯也就存在著很大的問題，事實上，能夠長壽的往往都是真正的聰明人，只不過他們習慣於表現出愚笨的形象。

用愚笨來武裝自己，這樣就能達到避禍保身的目的，從來沒有人會和笨蛋、傻子之類的人過不去，即便凱旋獲勝了，那也是勝之不武，只能折煞了自己的名聲，得不償失。一個愚笨的人基本上不會對別人造成什麼威脅，所以競爭者對於愚笨的人一定是秉著放任不管的輕視態度。正所謂傻人有傻福，愚蠢的人不僅活得更久，也更容易獲得成功，在這樣寬鬆的環境中，愚笨的人一般都能夠獲得極大的生存機會，這樣也就能專心地為自己的目標而奮鬥，而不用擔心會遇到外力的阻撓和打擾。

在美國西部大淘金的時代，整個美國都陷入瘋狂的境地，挖到金子幾乎成為每個美國人心中的理想，大約有 70 萬人浩浩蕩蕩地挺進大西部，去追尋自己的發財夢。到達加州之後，瘋狂的淘金者經常處於一種失序的狀態，而政府也沒有特別進行約束和管制，所以經常發生一些搶奪金礦的事件，有人希望挖到金子，而有人則希望坐享其成，當起了奪金大盜，目標是那些弱勢群體，尤其是那些孤身前來淘金的人。

有一位叫摩根的窮小子也跟隨人潮來到西部淘金，不過他明白自己

勢單力薄，就連一個幫手也沒有，所以即便真的找到了金子，猜想也會落入其他人的口袋中，甚至還會因此而丟掉性命。為了盡可能地保護自己，他想出了一條妙計。

某天一大早摩根就趕到淘金的地方，那裡已經聚集了許多人，有的人甚至就夜宿在金礦採集地上。他選了一處偏僻的地方後，立即賣力地向下挖掘，結果運氣還不算壞，很快就發現了金礦石，他警惕地檢視了一下四周，迅速將礦石裝進袋子裡，然後在上面鋪上一層銅礦石，正當他迅速裝袋時，不遠處就走過來三個彪形大漢，摩根猜測到對方是搶奪金子的人，卻故意假裝沒看見他們，反而高興地叫喊起來：「金子，金子。」對方聽說後立即跑了過來，並強行開啟袋子，結果看到的只是一堆銅礦，他們非常失望，不過卻鄙夷地笑著走開了。

之後的幾天，摩根故技重施，每次都故意引來那些掠奪者，結果幾次之後，掠奪者們認定摩根只是一個誤把銅礦當成金礦的大傻瓜，於是不再來檢查和搶奪，摩根也因此順利地保住了自己的金子。

愚笨的人看上去總是一無是處，甚至還會表現出一無所有，而這樣的人通常都不會引起別人的關注，這是一個很好的避禍辦法。所以聰明的人常常會裝瘋賣傻，故意演戲給那些潛在的競爭對手看，以消除他們的戒心，從而達到保全自己的目的，而對方也根本不會想到你會使用這樣的絕招來躲避危險。

另外，愚笨的人總是能夠有效地轉移和解除危機，因為他們說話做事往往不拘常態，經常會作出意料之外的驚人之舉，甚至於做出一些不可靠的蠢事。但僅從這一點上而言，對手通常就無法抓住什麼把柄，也很難從中得到什麼有效的資訊，因為他們想要得到的與愚笨者所表現出來的可能會存在很大的反差，這種資訊上的斷層一般人很難進行有效的

分析，更是無從去分析，所以愚笨的人一般都能夠輕易地擺脫對手的糾纏。

戈巴契夫（Mikhail Gorbachev）54 歲時就任蘇聯總書記，如此年輕就身擔要職，大家都不免起疑，有人甚至認為他不過是共產黨政權的傀儡而已。某次記者會上，一位好事的美國記者毫不留情地問道：「戈巴契夫先生，我們都知道你是有激進思想的領導人，可是，當你要決定內閣名單時，是不是會先和上面的重量級人物商量？」

這是一個敏感且令人難堪的問題，正當大家都等著看戈巴契夫的笑話時，他卻故意板著臉說：「喂！請你注意，在這種場合，請不要提起我的內人。」他的回答實際上有牛頭不對馬嘴的嫌疑，誰都知道記者們真實的想法是什麼，戈巴契夫的回答實在有些愚笨，但沒有誰會認為戈巴契夫真的就是一個笨蛋，看似糊里糊塗的回答卻是聰明之極，最終這個記者只能無奈地報以掌聲。

事實上沒有人甘心當一個傻頭傻腦的笨蛋，都願意看到自己的對手是一個笨蛋，正因為這樣，你的演戲恰好能滿足對方那一點自私的心理。而在特殊的環境下，確實有必要主動讓自己的智商下降幾個等級，因為笨蛋的運氣往往要好於聰明的人，因為在大多時候，太過顯眼的舉動會給自己招來禍患，而那些看似愚蠢的行為卻可以為自己構築起一道穩固的防護牆，從而為自己的成功保駕護航。

5. 備周則意怠，常見則不疑

有人曾經做過這樣的實驗，把青蛙直接放進幾近沸騰的開水中，結果因為熱水的高溫迅速刺激到了青蛙的神經系統，青蛙因條件反射迅速從熱水中跳了出去。第二次，實驗者把青蛙放在冷水裡，然後在冷水下面點起一堆火，試著讓冷水慢慢升溫。這時，青蛙在水中愜意地游泳划水，根本沒有感覺到危險的存在，就好像對慢慢升溫的水失去了基本的感知能力，結果等到牠感受到灼熱的時候，卻已經無力再去動彈，最終只能無可奈何地在熱水中死去。這就是著名的「溫水煮青蛙」理論。

人們或許以為青蛙是愚笨的動物，犯下如此低階的錯誤也在所難免。殊不知，人在處理事情時，常常也會犯下與青蛙一樣的毛病。多數人都依據自己的習慣性思維來做事，由於對一些事情司空見慣、見怪不怪，所以總是會不自覺地產生鬆懈的心理，從而造成疏漏，即便危險來臨了，也難以察覺。而在競爭中，這種麻痺大意的心理常常會被對手利用，對手會刻意不厭其煩地展露自己的動作，好讓你陷入常規化的認知思維中，長此以往，你可能就會放鬆警惕，這樣一來就可能出現大的破綻，最終招致失敗。

西元 589 年，隋國準備攻打陳國，雙方隔著長江相互對峙。隋國的主將賀若弼是一位謀略超群的戰將，他仔細分析陳國的防守力量後，認為隋國如果直接大舉進攻陳國，那麼將很難占到任何便宜，能不能順利攻下陳國暫且不說，自己一定會遭受到巨大的損失，這樣做實在不划

算，也太過冒險，只有出其不意地發起進攻才有更大的勝算。

為此，賀若弼每天都布署沿江守備部隊，並且命令部隊要大張旗鼓、虛張聲勢，盡量造成準備發動攻勢的假象。陳國起初非常警惕，每次隋國軍隊一召集，他們就立刻緊張起來，迅速調兵遣將，隨時準備迎戰，可是每次都是虛驚一場。他們發現隋國軍隊僅僅是在召集，並沒有什麼其他舉動，更沒有侵犯的意思，自己則是平白無故地做著白工，來回地浪費時間跟體力，每次都是無奈地撤回兵力。

如此反覆數次之後，陳國軍隊對於隋軍的召集習以為常，漸漸地也就放鬆了警惕，不再像原來那樣關注。就這樣，賀若弼趁著陳國麻痺大意的時候，抓住機會迅速命令部隊渡江，然後大舉進攻陳國，被迷惑的陳國依然不相信隋軍會發起進攻，結果很快就被隋國取代。

美國作家愛默生（Ralph Waldo Emerson）說：「習慣若不是最好的僕人，便就是最差的主人。」很多人對於事物的觀察和判斷經常受縛於習慣性的認知，在他們看來那些常見的常識性的東西往往是最可靠的，所以對此是深信不疑，根本就不會產生應有的懷疑和警惕心，而這通常就是失敗的關鍵。善於炒股的大戶總是會事先不斷提高股價，造成行情不斷繁榮的假象，以便吸引散戶積極跟進，等到散戶上鉤，這時候大戶就看準時機拋售手中的股票，從而造成股價下跌，散戶因此被牢牢套住。聰明的獵人則會在獵物經常走動的路線上設下陷阱，因為獵物們在熟悉的線路上行走，一般會放鬆警惕，所以獵人捕獲的成功率會更高。

當一個人習慣性地認為安全時，往往最危險的時刻也快到來了，因為此時最容易忽視掉潛在的威脅。同理，一旦對方認為理所當然或勢在必得，就一定會放鬆應有的警惕，這時候乘虛而入，往往可以做到一擊致勝。當你對自己的對手產生習慣性的認知時，一定不要疏於防範，有

時候這種草率的認知行為會產生致命的缺陷，別人的習慣可能會是一個陷阱，自己的習慣性認知則會是一個墳墓。

聰明的人懂得如何保持警戒心，任何時候都不能夠掉以輕心，競爭中所要把握的是事情是否會發生，而不是那些沒有確切保障的機率，因為，即便1％的小機率事件也可能會導致重大的失敗。年輕人更要懂得如何長久的迷惑對方，培養和利用對方的慣性思維，從而為自己製造出擊的絕佳機會，這是一種有效的進攻策略。

在面對競爭對手的時候，一定要時刻保持謹慎的態度，不要盲目地相信對方的習慣性動作，因為對方的習慣往往會成為自己認知上的習慣，而這往往會成為陷阱。在進攻中也要懂得利用人的慣性思維大作文章，人總是容易被自己的思維方式所欺騙，所以心理戰術永遠都是最有效的攻擊戰術之一。

6. 直道難行，彎路通幽

　　兩點之間，直線的距離最短，這是小學生都能夠明白的數學原理。不過在哲學中，這個理論卻並不一定會成立。看似最直最近的線路，通常都難以到達，而那些稍遠的曲線往往是通往成功的捷徑。例如，商人經商時很少直接把商品賣給消費者，而是歷經多個經銷商、代銷商，商品的價值和品牌效用才能得到更大發揮、展示。走曲線並不是一種距離上的遙遠或相近這麼簡單，很多時候，走曲線還是一種戰術安排和策略技巧，直接地說就是一句話 —— 走不尋常的路。

　　如果正常的行為和辦法沒辦法達到預期的效果，那麼就不妨改變一下奮鬥的方式，死板地守住常規方法只能坐以待斃。孟嘗君如果不借助雞鳴狗盜之徒的幫助，就難以逃出秦國；吳起若不是伏在先王屍身上被亂箭射死，就不能借別人的手報自己的仇。他們都是劍走偏鋒，嘗試了別人沒想到也沒想走過的路，結果都能夠得償所願，達到了自己的目的。

　　李林甫是唐玄宗執政期間的大臣，他原本只是一個普通的世家子弟，官職不高，但是他與當朝宰相源乾曜的兒子卻是十分要好的朋友。為了進一步向上爬，他委託這位富貴的朋友向宰相索要一個司門郎的官銜。

　　宰相源乾曜對李林甫的為人不大看好，他認為李林甫既沒有才能，又缺乏聲望，尚不夠資格擔任這個職位，於是毫不留情地拒絕了李林甫

的請求，只是勉為其難地將其升為東宮諭德。李林甫有些鬱悶，他一直都認為這樣慢慢升遷實在沒有什麼意義，而他時刻都夢想著能夠一步登天，坐到宰相的位置上。

　　為了盡快地得到提拔，他找到了吏部侍郎裴光庭的夫人武氏。武氏已經是個半老徐娘，但李林甫還是利用美色與她私通。裴光庭去世後，武氏希望李林甫能夠接替丈夫在朝中的職位，於是就向皇上身邊的紅人高力士求助。高力士原為武氏的家奴，他念及舊情，就同意向皇上推薦李林甫為宰相。

　　高力士雖然不敢直接向皇上舉薦李林甫，但是卻得知唐玄宗有意任命韓休為相，所以就讓李林甫上奏章舉薦韓休為相，以獲得皇上的認可。結果玄宗認為李林甫與自己很合拍，不免對他懷有一些好感。而韓休也認為自己的宰相全是李林甫的舉薦所得，自然是感恩戴德，於是他在上任後投桃報李，多次在玄宗面前舉薦李林甫。高力士這時也適時地在皇上耳邊說一些好話，結果李林甫很快就被任命為宰相，官拜禮部尚書。

　　李林甫沒有什麼顯赫的家世，也沒有什麼強勢的靠山，正規的晉升路線完全行不通。但是他卻能夠另闢蹊徑，向女人尋求幫助，最終藉助女人的力量爬上了權力的巔峰，成為一人之下萬人之上的一代權臣。

　　看似筆直平坦的通天大道，卻往往有著很高的門檻，不僅漫長而且常常難以到達目的地，而那些看似曲折難行的小道，卻有可能會是最快捷、最省時省力的成功之路；那些正宗的著名的藥方有時候也難以藥到病除，而一些容易被人忽視的偏方卻往往能夠達到很好的治療作用。很多時候，走常規的正道並不能解決實際問題，而那些旁門左道的方法卻具備這種特定的功效，其實道理也很簡單，就如同利用冷灶也可以生出

熱火一樣，看不上眼的方法有時候也能奏效。

　　彎路還可以盡量避免競爭者的壓迫，因為正規的道路人人都知道，你想走，你的對手同樣會想到這一點。當你的舉動被對方掌握時，你基本上也就失去了成功的機會，因為你的對手絕對不會讓你輕鬆走好每一步，他們一定會想盡辦法阻撓，進而斷絕你的成功之路。而利用彎路則通常就能夠迷惑敵人，因為不按常理出牌，不以常規行事的人，基本上都難以防範和預測，這樣你就可以做到出其不意，攻其不備，從而減少前進的阻力。

　　無論是黑貓白貓，只要能抓老鼠就是好貓，常規方法和偏方雖然有很大的區別，而且還常常承擔不同的道德壓力，但是只要方法可行，能夠有效地解決問題，那麼就沒有什麼高下優劣之分。彎路在表面上看來，可能並不見得會有多麼光彩，但是在關鍵時刻的作用不容忽視。所以實在無路可走的時候，要懂得尋找一些常規之外的門路。

　　年輕人在生活和工作中常常會遇到一些難以解決的問題，那麼此時不妨另謀辦法，不要總是拘泥於現有的陳舊的方法。「樹挪死，人挪活」，不能夠及時轉變思想和風格的人，很容易被社會淘汰。另外，生活的真諦往往隱藏在曲折迴轉之中，這通常是那些直接的追求方式所不能發掘出來的。一個懂得走彎路的人，總是能夠找到最順暢有效的成功之路。

7. 換位思考，反其道而行之

競爭並不是單純的實力比拚，很多時候更像是一種智力角逐和計謀的對抗，但無論競爭如何變化，都必然會牽涉到「博弈」這個詞。而博弈向來都講究資訊的對稱性，想要在博弈中取勝，最關鍵的一點就是要把握對方的相關資訊，包括實力、目的、想法以及策略。實力一般是固定的事實存在物，只要對方不刻意隱藏，這是可以猜想和判斷的，而策略和想法卻難以把握，因為這是主觀性的東西，所以想要正確把握對手的這些資訊，就要學會如何去換位思考。

換位思考是一種重要的交際手段，它是增強相互理解、促進感情交流的有效方法。但是作為一種謀生的手段而言，它的意義還遠不止於此，反而更加符合《孫子兵法》中「知己知彼，百戰百勝」的理論。只有知道對方心中在想些什麼，自己才能做出有效的對策，反其道而行之，從而達到牽制或打擊競爭對手的目的。

一位著名的軍事家說過：「知道對手在想些什麼，有時候要比知道自己需要想些什麼更加重要。」在戰場上，知道對手的真實想法和策略戰術安排，就可以迅速做出相應的對策。職場上有一個重要的「80/20 法則」，即員工每天要把 80％ 的時間專注在工作上，把 20％ 的時間花在換位思考上，其中包括對老闆的換位思考和對競爭對手的換位思考。換位思考最終的目的在於了解對方的想法，窺測對方的行動方針，然後再針對對手的這些策略對自己的競爭方式作出調整和改變。

英國首相邱吉爾（Winston Churchill）是一個睿智而沉穩的政治家，在第二次世界大戰中，為抗擊德國以及保衛世界的和平做出了重要貢獻。1930 年代，英國積極與美國結成同盟，尤其是在歐洲面臨法西斯威脅的時候，英國故意走近美國，更是明智有遠見的舉動。但是美國人對於英國人的行為顯然感到不齒，因為美國曾經是英國的殖民地，這是無法抹去的一個歷史仇恨，所以當邱吉爾出訪美國時，美國民眾對他並沒有什麼好感。

某次聚會上，一個美國貴婦故意走到邱吉爾面前，對他說：「如果我是你的夫人，我一定會在你的酒杯裡投毒！」顯然，這個貴婦人有意激怒邱吉爾，好讓他失態，邱吉爾自然也猜到了她的心思。這個貴婦正等待著英國首相憤怒的大爆發，可是邱吉爾卻笑了起來，非常友好地說：「您放心，如果我是您的先生，我一定把它一飲而盡！」結果這個婦人無言以對，根本抓不到邱吉爾的把柄，只能怏怏地離開。

第二次世界大戰爆發後，邱吉爾深感法西斯的強大，於是多次公開表示要和蘇聯聯合起來對抗希特勒，但英國人民對此非常不滿。因為英國是資本主義國家，而蘇聯是一個社會主義國家，這兩個不同體制的國家，無論是意識形態還是國家利益，都存在著嚴重的分歧和衝突，因此民眾難以接受首相與蘇聯聯合的計畫。

有位記者曾經在記者會上當面質疑邱吉爾的決定，她尖銳地問邱吉爾：「您為什麼要替史達林（Joseph Stalin）說好話？」這是一個敏感的政治問題，回答不恰當的話，一定會激怒英國國內的廣大民眾，這個記者有意讓首相處於尷尬的境地，從而迫使他放棄原先的合作計畫。

邱吉爾知道記者想要挑起爭議，這樣就可以將問題的分歧擴大討論，但這不是他願意見到的。於是，他坦然而鎮靜地回答說：「假如希特

勒侵略地獄，我也會為閻王講好話的。」結果臺下掌聲雷動。他沒有直接落入對方的圈套，然後心急如焚地講述國家利益的需求以及與史達林相關的事情，反而機智地繞開了史達林，並以希特勒作為關鍵的切入點，成功轉移矛盾的重點。

換位思考是人與人之間的一種心理體驗過程，將心比心，盡量從別人的角度和立場來看待和分析問題。它是一種獨特的思維方式，目的就在於把握對方的想法，這樣在面臨競爭對手的時候，可以有效地避免與對方發生正面的衝突和交戰，並能有效地防止落入對方的圈套之中，從而將問題的控制和解決引導到有利於自身的方向上。

福特公司的總裁亨利・福特（Henry Ford）曾說過：「如果成功有祕訣的話，那就是站在對方的立場來考慮問題。」年輕人不光要了解自己，還要試著去了解別人，經常換位思考，能夠將別人的真實想法揣摩出來。這樣在處理事情，尤其是面對競爭的時候，才能制定出更有效的防守和反擊策略，從而增加自身的勝算。

8. 善意的詐晦使人際關係更緊密

在現實生活中，雖然每個人都被要求誠信做人、誠信做事，但是在諸多場合中，人們總是無法避免要撒謊，比如面對身患絕症的親人或朋友，相信誰也不願意把真實的病情告訴病人，反而會盡量替病人遮掩病情，撒下「很快就會復原」之類的謊言。這種欺騙並沒有什麼罪惡，因為與其讓對方在痛苦和絕望中死去，不如讓對方樂觀開心地過好剩餘的每一天。

美國短篇小說家歐·亨利（O. Henry）有一部小說名篇叫《最後一片葉子》（*The Last Leaf*），小說中的主角是個畫家，為了讓一位萬念俱灰的病人重新樹立生活的信心，他努力地在牆上畫下了綠色的樹葉，最終位病人帶來了生命的希望。類似的這種欺騙行為完全可以當成一種善意的謊言，它並沒有什麼惡意，反而可能會產生令雙方都愉快的效果，從而拉近彼此之間的距離。

撒謊和耍詐是交際中的一門藝術，善於耍詐的人通常都是善解人意的心理學高手，他們總是能夠很好地把握對方的心理波動和情感需求，然後故意掩飾自己、掩飾真相，從而給對方以最愉悅的精神體驗。對方通常會因為這樣的美好體驗而主動拉近彼此之間的距離，所以相對而言，詐晦的人更容易取得別人的信任。

唐玄宗在安史之亂爆發後，逃難於蜀地，留下太子來平定叛亂，後來野心勃勃的太子乾脆取而代之，自己在靈武做起了皇帝，稱為唐肅

宗。不過唐肅宗為人懦弱無能，基本上沒有什麼大的志向和能力，可他的妃子張良娣卻頗為精明，善於心機。

唐肅宗平叛時兵力有限，對抗安祿山的叛兵沒有任何優勢可言，他的四周經常都會出現安祿山的軍隊，所以自身的處境十分危險，他也十分警惕，擔心發生意外。精明的張良娣看出了唐肅宗的顧忌，為了討好唐肅宗，她每天晚上睡覺時都故意用自己的身體擋住唐肅宗，唐肅宗起初認為這是她的習慣而已，但她卻信誓旦旦地說要替皇上擋壞人，唐肅宗覺得很好笑，因此幽默地說：「抵擋敵人不是女人的事。」

可張良娣依然裝腔作勢地耍詐，她故作深情地對唐肅宗說：「如果有敵人猝然進犯，妾以身抵擋，您就能從後面逃走了。」張良娣的話明顯有虛情假意的詐偽成分，但這種故作姿態的討好方法卻讓唐肅宗非常感動，於是內心裡更加疼愛這個善解人意的妃子。

後來張良娣在靈武產下皇子，唐肅宗非常高興，命令下人一定要好好侍奉張貴妃。不過張良娣產後的第三天就開始下床，並親自替平定叛軍的將士們縫製軍衣。唐肅宗擔心她勞累過度，堅決不允許她這樣做，張良娣卻說：「眼下形勢危急，妾身哪能安心靜養，縫幾件戰衣，也能為陛下平亂盡點心力。」唐肅宗被她的深明大義徹底感動了，如此善解人意、憂國憂民的賢后實在是難能可貴，唐肅宗從此對她更是寵愛有加、言聽計從。

其實，張良娣的手段並沒有對別人造成實質性的傷害，她的出發點雖然有些自私，但對唐肅宗來說是善意的，從夫妻相處的角度來說，也算得上一種高明的可行的方法。那些善意的謊言並不是居心叵測，也不是什麼陰謀手段，而是交際過程中一種友好的表達方式。適度說謊有利於促進感情的進一步交流，而且能夠有效地防止傷害的擴大。

　　善意的謊言往往都出自真心，沒有什麼險惡的用心，也沒有什麼不道德的目的，是為了保護對方，這是一種替別人著想的良好品德，不應該承擔道德上的責任。心理學家們認為撒謊是人類的一種本能，至於是否誠信，關鍵在於使用哪種撒謊的方式。可見，撒謊和欺詐也有性質上的區別，刻意說謊的人自然令人深惡痛絕，但是善意的說謊者應該得到讚賞和表揚。

　　年輕人要謹守做人的基本原則，要盡量做到誠信待人，不要把說謊當成一種習慣、當成取利的卑劣手段，但是必要的時候，說一些善意的謊言、做出一些騙人的小伎倆，沒有什麼不對。因為撒謊也是一種情感的黏著劑，而且只要出發點是好的，那麼撒謊就沒有理由成為道德中的一個汙點。小人和壞人才會撒謊的格局有理由也應該被打破，好人也可以適當地撒謊，唯一的區別就是小人耍詐是為了自己的利益，而好人耍詐通常是為別人著想。

9.「趨凶避吉」，有時反而能遠離災禍

　　每個孩子可能都會有這樣的親身體驗或感悟，即那些誠實的犯錯者更容易得到大人們的讚賞和表揚，懂事一點的孩子更是會因為主動替別人承擔過錯而讓大人們疼愛有加。孩子的這種生活經驗或許會成為一種習慣性的思維選擇，在這裡還稱不上「心機」二字，更談不上以退為進的高超智慧，但這種主動承擔錯誤的做法無疑還是非常明智的。

　　當然，錯誤有大有小，大的過錯也許不是一個人能承擔下來的，也不是說擔就能擔的，但是平時的小錯誤卻無傷大雅，而且犯錯在所難免，人們通常並不會深究到底誰犯了錯誤。肇事者是誰並不重要，重要的是錯誤造成了什麼樣的影響，錯誤是不是還會再犯，而這當中態度非常重要。因此，越是逃避錯誤的人，越容易遭到處罰，而那些勇於擔當的人卻能夠將損失減少到最小，還會因此受到別人的讚賞。

　　漢武帝時期，魏其侯竇嬰因其門客灌夫的魯莽行事與當朝丞相田蚡交惡。田蚡是田太后的弟弟，很有權勢，就連漢武帝對他也恭恭敬敬。漢武帝雖然有意偏向於竇嬰，客觀上也認為田蚡理虧，但是礙於太后的壓力，根本無法怪罪田蚡。於是，他只能召集大臣們一起商量這兩個人的是非，希望大臣們可以幫助竇嬰說幾句好話，這樣自己就達到了目的，也不至於會讓太后不開心。

　　大臣們自然知道事情的過錯在於田蚡的仗勢欺人，但是因為害怕田太后和田蚡的權勢而不敢隨意說出正義之言，整個朝堂內只有主爵汲黯敢

仗義執言。御史大夫韓安國曾經賄賂田蚡才爬上了御史大夫的位置，按理應該替田蚡說話，但是他很有遠見，也知道皇帝的真正心思，於是決定誰也不幫也不得罪，既認為竇嬰有理，也認為田蚡想要殺掉灌夫實屬合情合理。眼見大臣們如此畏畏縮縮，漢武帝非常生氣，怒言要一併處置他們。

對於韓安國的中立態度，田蚡覺得十分不滿，退朝後，他將韓安國叫到身邊，斥責韓安國太過膽小懦弱。韓安國聽了並不生氣，反而勸告田蚡在朝堂上應該盡量表現得謙遜一些，他建議說：「竇嬰詆毀您，您就應該把丞相的官印及綬帶歸還皇上，並盡量向皇上訴說自己是無功得到富貴，確實不很稱職，同時還要主動承認竇嬰說得對，如果您能夠做到這樣謙虛，相信皇上一定會認為您有大量，絕對不會罷免您的官職，那麼竇嬰就會面臨更大的壓力。」

韓安國認為田蚡不顧丞相的身分與人爭執，實在有失體統，田蚡聽完之後，覺得非常有道理，他很後悔自己一時太過衝動，根本沒有想到這一招。後來漢武帝雖然因為太后施加的壓力而無奈地處斬了竇嬰和灌夫，但是他也開始在心中記恨上了田蚡。

明朝文學家洪應明有一句話說得非常好：「完名美節，不宜獨任，分些與人，可以遠害全身；辱行汙名，不宜全推，引些歸己，可以韜光養德。」一個聰明的人不會貪功莽撞、推過求存，功名利祿往往是招來災禍的主要原因，獨自一人承受的話，風險一定會很大，只有懂得韜光養德的人才能理智地看待功勞。而過錯雖然會帶來懲罰，但是並不意味著推諉掉過錯就可以逃避懲罰。相反，主動承擔錯誤，反而有可能會因為態度上表現良好而免遭懲處。所以《菜根譚》中進一步說道：「當與人同過，不當與人同功，同功則相忌；可與人共患難，不可與人共安樂，安樂則相仇。」

常常勇於承擔過錯的人更容易得到別人的信任，人們都會將其當成厚德載物、心胸開闊且能夠顧全大局的人，而那些貪功推過的自私鬼就難以受到眾人的歡迎。推功攬過是一種以退為進的人生哲學，這種人通常都大智若愚，且很有遠見，不會因為一時之樂而貪圖享受，也不會因為眼前的困難而選擇逃避。

每個人都有趨吉避凶的特性，這是一種本能的反應，但是從最終的結果來看，許多人所遭遇到的其實恰恰是趨凶避吉。誰都想要占得功勞，誰都想要避免過錯，可是現實往往是越想得到的越容易失去，越想逃避的卻越容易遭遇和面對，究其原因就是因為心態不正，沒有理性地看待功與過，更沒有看到內在的轉換規律。一個聰明的人會把功勞當成避禍的契機，又把錯誤當成獲得功勞的機會，有時候，堅持以退為進，人生就能走得更好。

10. 想贏就要「打群架」

競爭與對抗由來已久，只要與生存相關，就會有激烈的對抗，不過長久以來，這種對抗大多以一對一的形勢存在，即便到了文明社會以眾敵寡也向來都不被君子所崇尚，因為即便取勝了也會覺得是勝之不武，並不光彩。一對一的較量也許更加道德化、人性化，尤其是古代的文明社會，人們更加重視社會道德的規範，有能力的話一定會親自上陣，與對手一決高下，所有的恩怨情仇都靠單挑來解決，這種私怨一般不會擴大，這就如同動物世界同類之間的爭鬥一樣，永遠都是一對一的挑戰和角逐。

不過隨著社會的發展，人們漸漸改變了原先的看法，因為人脈也是一種競爭的優勢和籌碼。誰的人脈更多，那麼誰的實力就越大，競爭力也就更強，如果放著自己的資源不用，與別人「裸」拚，那麼實際上就等於是自縛雙手。從競爭的層面來說，人脈的多少沒有什麼道德上的特殊規定，它只是作為一項競爭資源存在著，是自身實力的一個重要組成部分。

試想一下，戰爭中如果採用單挑制，那麼就無所謂大國小國、強國弱國之分，因為只要你能培養出單打王就行了，而這顯然不合實際。所以有些軍事家說：「世界上根本不存在絕對公平、絕對正義的戰爭。」即便是崇尚英雄的三國時期，也沒有哪個諸侯敢放著強大的軍隊不用，而專門和對手單挑定勝負，果真那樣的話，可能丁原早就雄霸天下了，因

為三國第一猛將呂布最初是他的部將。所以資源上的優勢沒理由要被放棄，反而應該好好地、充分地利用起來。

想要在競爭中取勝，就應該「德、智、體」全面發展，智慧、計謀、幫手都應該利用起來。以多勝寡、以弱勝強原本就是自然的淘汰法則之一，但凡以數量取勝的動物，牠們的生存機會遠遠要比單獨行動的動物高出許多。一個人的成功不僅要依靠自身的能力，還要求助於外在的幫助。在競爭中，要盡量集思廣益，並努力將所有的資源集中利用，從而增加自己的勝算。

冉求是孔子的得意門生，他曾經是魯國季氏的家臣，能力十分突出。為了幫助季氏迅速聚斂財富，他曾經倡導田賦改革，嘗試推行新法，但是此舉招致魯國保守派的不安和不滿，他們擔心改革會引發更多的社會衝突，所以極力反對。

孔子也站在保守派這邊，雖然是冉求幫助他回到了魯國，而且兩人又是師徒關係，但是在是非面前，他分得很清楚，即便親若父子也要堅守自己的立場。冉求向來都尊師重道，他很坦然地把自己的計畫告訴了老師，並希望得到孔子的指點，孔子聽完後很生氣，就毫不留情地把冉求罵了一頓。

不過冉求並沒有因為老師的反對而收手，反而堅持按自己的意願行事。孔子知道以後既傷心又生氣，因為冉求竟然沒有聽進去他說的話。為了徹底制止冉求的錯誤行為，他向眾多門徒和弟子下達了「追殺令」，號召眾人一起來攻擊冉求。孔子知道自己勢單力薄，說不動冉求，於是不顧君子之風，堅決地率領眾人對冉求發動圍攻，並最終挽回了冉求的心。

　　對於孔子的以多欺少、以大欺小，沒有人會認為這是小人之舉，而孔子勇於放下身分發動眾人更是難能可貴。從這件事上可以看出孔子是一個聰明的人，他明白人多力量大的道理，並沒有拘泥於君子迂腐的道德觀，既然一個人的力量很有限，那麼發動眾人的力量來對抗冉求一人，成功的機會就會增大。

　　人海戰術也是提高競爭力的重要方式之一，多一個人就意味著多一分力量，這是不爭的事實。朋友多了路好走，認識的人越多、交際範圍越廣，那麼辦事的效率也就越高，競爭力也就越來越大。一個聰明的競爭者懂得群策群力，發揮眾人的價值和力量，並將這種力量轉化為競爭力，以便增加自己的勝算。

　　史實上、兵書上以眾敵寡、以弱勝強的案例固然值得稱道，但實際上是一種無奈的冒險行為。如果具備「人多勢眾」這一基礎條件，就一定要好好利用，因為這才是最大的優勢所在，才是決定勝負的最重要的因素，懂得以眾敵寡實際上就等於找到了競爭取勝的竅門。

　　不要排斥人數上的優勢，事實上採用人海戰術要比使用計謀來得更加光明正大，這是硬體實力的展現。人數占優勢時，雖然在競爭中有藉助外力的嫌疑，但是換一個角度想問題，外力能夠為自己所用的話，實際上就已經成為自身能力的一部分。所以，聰明的人從來不會因為人數少而絕望氣餒，更不會因為人數占優勢而產生道德負擔。

11. 得忍且忍，得耐且耐

《增廣賢文》中說道：「得忍且忍，得耐且耐。不忍不耐，小事成大。」懂得忍耐是做人做事的必備條件之一，不能忍耐羞辱的人，常常衝動行事，做出不理智的舉動，從而破壞整個大局，不僅如此，憤怒往往會為自己帶來致命的打擊。

面對別人的羞辱，任何人都會本能地表現自己的憤怒，任何人都會覺得難堪。但是羞辱並不能帶來什麼實質性的傷害，既沒有讓你失去什麼利益，也沒有讓你受到人身傷害。只要冷靜地看待別人的羞辱，堅持隱忍，就會發現事情並沒有發生什麼變化，你的處境沒有因此變得更加糟糕，對方也沒有因此而變得更加強大。

羞辱是修練的契機，而不是發洩憤怒的機會和藉口，發怒根本不能解決任何問題，對方不會因為你的發火和憤怒而退卻，這並不是符合常規的打擊手段。怒火只會燃燒自己，令自己喪失理智，從而進一步做出不理智的行動，而這正是對方願意看到的情況。這樣一來，對方就能夠輕易打敗你，所以美國著名法學家霍姆斯（Oliver Wendell Holmes Jr.）說：「發脾氣的人比被發脾氣的對象所受的損失更大。」

憤怒只會帶來衝動和魯莽，只能為對手創造更多打擊自己的機會。面對羞辱，每個人都需要做到冷靜和理智，千萬不要被憤怒牽著鼻子走，只有保持冷靜，才能作出更加正確的抉擇，才能保證始終堅持自己的計畫行事。善於克制情緒的人，能夠淡然地面對各種羞辱和挑釁，堅

持自己的本性，從而更好地把握住各種機會。

南宋末年，蒙古大軍南下侵宋，並很快攻陷德安城，城中百姓多數被殺，只有少數才學出眾的文人得以倖存下來。當時蒙古人正急於尋找儒生，所以只將文人當成了俘虜，以求日後能為自己所用。

趙復就是其中一個出色的文人，但是他為人個性剛烈，被俘之後，他一直痛罵蒙古軍隊殘殺百姓的暴行，蒙古人多次想要殺死他，而他一心求死，絲毫無所畏懼。蒙古官員姚樞早就聽說過趙復的才學，他認為趙復是難得的人才，一定要留他活口，於是就親自去見趙復，沒想到卻被趙復大罵了一頓。

姚樞愛才心切，並不計較，他所擔心的就是趙復會一時想不開尋死，於是千方百計想要穩住對方的情緒。姚樞坦白地說道：「憤怒只會加速你的死亡，除此之外還有別的用處嗎？」趙復咬牙切齒地回答說：「我不想苟活，自不怕死了。」姚樞卻認為大丈夫身負才學，就當學有所用，造福於世人，輕生是糊塗之舉。

為了防止趙復自殺，姚樞安排他與自己同住，經過長時間的規勸和心理調適，趙復的情緒終於平復下來，終於放棄了輕生的念頭，跟隨姚樞來到北方。但趙復拒絕在朝為官，朝廷非常不滿，就想要懲罰他，姚樞卻認為趙復更加適合教學育人，朝廷於是建立太極書院。趙復治學卓有成效，連姚樞也讚嘆不已，此時趙復卻感恩地對他說：「若無大人當頭棒喝，怒火攻心的我早就死了，哪裡會有今天傳道授業的機會。」

侮辱雖然常常讓人難以接受，甚至會對內心帶來嚴重的刺激，但是侮辱卻往往不能夠致命。一個人只要堅持隱忍，別人的羞辱根本無法造成多大的傷害作用，反而會提高自己的忍耐力和抗壓力。真正最致命的東西往往不是別人施加的困難和壓力，而是存在自己身上的不良情緒。

當一個人怒火攻心的時候，往往會做出瘋狂的事情，而這些憤怒最終一般都只能作用在自己身上，使自己受到更大的傷害。

但凡那些忍耐力極強的人，常常都懂得忍受失敗的打擊，能夠坦然面對和承受別人施加的侮辱。在他們看來侮辱根本沒有造成實質性的傷害，反而能夠刺激和促進自己不斷變強，侮辱是他們前進的一大動力，而憤怒則會摧毀一切，只能讓自己更加快速地接近失敗。

年輕人大多都疾惡如仇，為人比較心浮氣躁，在面對別人的侮辱時，總是很難控制住自己的情緒，常常憤怒地予以還擊，結果越是憤怒就越是做出不理智的舉動，反而給了別人可乘之機。所以年輕人面對羞辱時，更要保持從容淡定的態度，無論對方如何施加壓力，也要淡然處之，當作什麼事都沒發生，然後將其轉化為奮發向上的力量。

12. 知難而止，伺機而動

　　哲學家說：「平庸的人往往得到了大眾的認可和歡迎，而智慧超群的人卻得到了毒罵和石頭。」越是充滿智慧的人越是要遭到他人的嘲笑和打擊，儘管有智慧的少數人始終掌握著世界的真理，但是掌握真理的人同時也背負著不被別人理解的巨大壓力。他們常常會面對各種羞辱和譏諷，這是他們繼續追求真理的障礙，也是一種巨大的人生考驗。智者不一定會成為那些成就大事業的偉人，智者不一定意味著成功，只有那些能夠堅持自己的理想、堅定前進方向、堅強面對困難的智者才能真正走向成功。

　　沒有哪一條成功之路會是一帆風順、毫無坎坷的，一個人想要有所突破，想要有所獲得，就必須勇敢去面對人生道路上的各種困難和羞辱，不要在別人的反對和嘲笑聲中，失去奮發向上的勇氣和自信，妄想得到別人的理解很多時候是一種軟弱可憐的舉動。高調地對那些反對者給予反擊也毫無必要，一個人真正要做的就是義無反顧地堅持自己的理想和方向，在眾人的羞辱中隱忍堅持下去，然後腳踏實地地做出一番功績來證明自己的選擇是正確的，這才是最明智的表現。

　　戰國時期，趙國的武靈王看到周邊國家一個個都比自己的國家強大，只有自己的國家十分弱小，如此下去，必定會成為他國討伐侵略的對象，便有意進行改革，以強化和提升趙國的實力。

　　趙武靈王首先從軍隊的服裝開始下手，他認為士兵們的戰服太過寬

大，在戰爭中往往會限制戰鬥力的發揮，根本不利於作戰，不如向胡人學習，改穿靈巧輕便的胡服。此言一出，群臣表示反對，他們認為趙國乃是中原大國，怎能向人人鄙視的胡人學習，如果改穿胡服，那麼就會遭到其他國家的恥笑，這萬萬不可行。

多數人都投反對票，武靈王一方面生氣地認為大臣們思想保守，另一方面也為自己的孤立無援感到無奈，於是只能忍耐著，暫時不敢定奪。大夫樓緩上書表示支持武靈王變革，他認為武靈王目光遠大、智慧超群，實在不是一般人能夠達到的，並勸告武靈王不要操之過急，也不可灰心喪氣。武靈王不無擔憂地說道：「要建立高出當世的功名，必定要有被世俗譴責的遺憾，可是如今群臣與我看法不一，阻力實在過大，寡人擔心會引發不測。」

果然，大臣們竟然聯合起來向武靈王施壓，而且還煽動百姓造謠鬧事，希望阻止武靈王改革。武靈王被逼無奈，只好隱忍著不行動，暫且屈從大臣們的意願，將改革一事擱置一旁。相國肥義身為百官之首，說話很有分量，但是他也反對改革。樓緩找到相國說：「您已經大禍臨頭了，大王的改革非常英明，而您卻帶頭反對，恐怕會遭到懲罰。」相國肥義幾乎嚇出一身冷汗，於是第二天就擁護武靈王改革，而且說智者高瞻遠矚，愚者事後也糊塗，智者不應該以愚者的意見為準。武靈王於是堅定了改革的決心，結果改革後的趙國迅速變得更強盛。

俄羅斯總統普丁（Vladimir Putin）說過：「人應當遵從的不是別人的意見，而是自己的良心。」只要內心覺得正確，覺得無愧於天地，那麼又何必去在意別人到底說了些什麼，何必在意別人會怎麼看待自己的作為，別人的意見只能作為參考，但是內心的理想和目標絕對不要因為別人的意見而輕易動搖，遭遇到反對和阻礙是十分正常的，甚至於別人的

羞辱，也要從容地看待，不可意氣用事，否則只能增加自己行事的阻力和風險。

　　真正聰明的人總是能夠堅持自己的理想，同時也能知難而止，暫時低調屈從於人，懂得將眼前的阻力降到最低程度，以緩解矛盾衝突，然後慢慢解決。能夠忍受大辱的人通常都有過人的抗壓能力，能夠堅定自己的目標，不惜一切代價為之奮鬥到底，他們堅信只要堅持忍耐下去，一定會等到最合適的發展時機。

　　很多時候，我們都會陷入孤立無援的尷尬境地，但是一個聰明的人絕對不會以人數的多寡判定對錯，也不會因為反對的壓力而放棄自己的追求。我們應該尊重自己的內心選擇，同時也應該尊重實際的弱勢狀態，外在的壓力固然不能改變我們的志向，但是我們也要懂得示弱，不要盲目地去向那些反對者做出反擊，時機不夠成熟時，就應該暫且忍受屈辱，這樣才能保留更多的機會和實力去實現自己的理想。正如黑人領袖馬丁·路德·金恩（Martin Luther King）所說：「我們必須接受失望，因為它是有限的，但千萬不可失去希望，因為它是無窮的。」

13. 逆來順受，小不忍則亂大謀

　　科學家發現有一種青蛙面對蛇的追捕時，不像其他動物一樣四處逃竄，因為這種青蛙明白自己行動遲緩，根本逃不掉蛇的追蹤，於是就乾脆選擇不動，等到蛇將其咬住後，青蛙就會裝死，這樣就欺騙了蛇，等到蛇放鬆了戒備，放心地將其放在地上，等待著慢慢吞噬享用時，青蛙會趁其不備迅速逃走。

　　忍辱偷生常常是弱者的生存策略，他們明白如果表現出強硬的敵對姿態，那麼對方一定會加強攻勢，這樣反而會加劇受傷害的可能。當對方太過強大時，最明智的辦法不是自暴自棄也不是奮起抵抗，而是暫時隱忍，順從地接受對方的攻擊和打壓。千萬不要進行任何抵抗，這種不抵抗行為實際上是一種最有效的防備手段，你的屈服示弱很有可能會減緩和瓦解對方的攻擊，這樣一來就能將自身的傷害降低到最少，避免受到致命的傷害。

　　留得青山在，不怕沒柴燒，一個人身處逆境時，最重要的不是要抗爭，而是要懂得如何保全自己。連自己也無法保護，一切抗爭都無濟於事，最終只是無謂的犧牲而已，只有保留實力，才能有機會去打擊甚至打敗對方。面對強大的對手時，示弱是一種非常有效的生存策略，無論對方怎樣施加壓力，無論對方怎樣進行侮辱，都要選擇忍氣吞聲，小不忍則亂大謀，只有示弱忍辱才能讓對手放鬆警惕，從而為自己取得更多的發展空間。

劉邦建立西漢後，開始四處征討叛賊，妄圖平定四方。西元前 200 年，韓王信叛變，為了對抗漢朝大軍，他還投靠了匈奴，想依靠匈奴的力量來保護自己。劉邦非常生氣，於是決定親率大軍討伐匈奴。為了更有效地對付匈奴，劉邦派婁敬等人出使匈奴一探虛實。匈奴人為了誤導漢軍，就將所有的精兵猛將、犍牛強馬全部隱藏起來，只留一些老弱殘兵在營地裡走動，至於戰馬更是骨瘦如柴。

漢使回來後據實以報，認為匈奴人並不可怕，都是一些老弱殘兵，根本就不堪一擊。只有婁敬一人看出了匈奴人的詭計，他認為匈奴向來就很彪悍，根本不是所見的這個樣子，一定是匈奴人故意演戲，誘惑漢軍上當受騙。婁敬認為匈奴實力雄厚，多次羞辱漢朝，而漢朝立國不久，實在不宜交戰，不如等到兵強馬壯的那一天再堅決出兵雪恥。然而劉邦卻不這麼認為，劉邦心高氣傲，堅持要出兵，認為婁敬在動搖軍心，於是將他鎖在監獄中。

後來，漢軍果然上當，被圍困在白登山七天七夜，劉邦差點成了俘虜。逃脫之後，劉邦立即放了婁敬，並後悔地表示當初沒有聽信良言。婁敬此時再次勸告劉邦一定要忍受所受到的屈辱，不可輕易與匈奴交戰。但是劉邦卻急於報仇，總是希望能夠一雪前恥，婁敬於是對劉邦提出了與匈奴和親的計謀，他提議劉邦將漢朝的公主遠嫁匈奴的單于，這樣一來，雙方就結為親家，自然也就免除了戰禍，漢朝雖然受辱，但是卻得到了喘息和發展的機會。

劉邦依計畫行事，開始了漢朝與匈奴 70 餘年的和親歷史，文景二帝也效仿劉邦，為漢朝的崛起和壯大累積了力量。等到漢武帝時，漢朝空前強盛，終於對匈奴發動了戰爭，結束了屈辱的和親歷史，並開始在戰爭中占據上風，接連重創了匈奴。

弱者的弱勢地位在一時之間往往難以得到改變，想要變強必須有充分的發展空間和時間，但是對手從來不會輕易成人之美，一定會想盡辦法扼殺那些潛在的競爭對手。弱者這時如果採取積極反抗的策略，就一定會進一步刺激對手們做出更加猛烈的攻擊，只有想辦法穩住對方的情緒，盡量使對方放鬆警惕，才能緩解和消除對方的打擊。所以當弱者面對強者的攻擊時，不要盲目去反抗，反抗根本不能造成任何作用，只會加速自己的滅亡，逆來順受，低調忍辱方為上策。

　　當一個人無法抵禦外來的打擊，也無法增加自己的抵抗力和攻擊力時，最好的辦法就是迫使對方減輕打擊的力道。這就要求忍辱，不要反抗也不要掙扎，因為越是掙扎的獵物越是容易遭到獵手們最致命的打擊。鄭板橋說：「千磨萬擊還堅勁，任爾東西南北風。」做人要像大樹一樣，絕不迎風而生，風吹樹偏，這樣才能保證屈而不折，才能始終屹立不倒。

六、會吃虧是睿智，能吃虧是境界

——趨吉避晦的積極心態

1. 三十六計走為上策

「逃跑」一詞在華人的文化中，一直帶有貶義的意味，是一種懦夫行為，尤其是在敵我之間的競爭對抗中，很多人即便得知災禍即將降臨，往往也要堅持抵抗，寧死也不退縮。這種君子文化對華人的教化作用非常明顯，但是在歐洲文化中，逃跑並不是什麼丟臉的事。

《聖經》（*The Holy Bible*）中多次提及「逃跑」二字，希律王得知新生王耶穌誕生，於是動了殺念，天使迅速託夢給耶穌的養父約瑟，讓他帶著耶穌母子一起逃往埃及。而耶穌也曾對自己的門徒說：「有人在城裡逼迫你們，就逃到那城裡去。」這裡的逃跑似乎是上帝的啟示和旨意，試想一下如果不逃跑，耶穌及他的門徒又該如何去傳播福音呢？

逃跑不是一種懦夫的行為，退縮也不是無能的表現，力有不逮時沒必要去硬碰硬，否則只會造成更大的傷害。成大事者向來都善於隱忍，不會為世俗的小禮節所束縛，具備長遠發展的心和全局觀，凡事都能夠想得仔細透澈，始終能夠做出最有利於自身生存和發展的合理的決策，忍讓一時，往往是保住全面性的前提。

漢高祖劉邦死後，匈奴開始對大漢虎視眈眈。冒頓單于曾經將劉邦圍困在平城長達七日，所以他對漢軍向來十分藐視，而劉邦死後，他更是不把漢朝放在眼裡。為了挑起戰事，他寫了一封信給執掌漢朝大權的呂后，在信中，他極盡侮辱，並故意調戲呂后，向她求愛求婚。

年老色衰的呂后自然不會引起匈奴國主的興趣，冒頓單于的用意很明顯，就是為了激怒呂后，接著漢朝就可能會率大軍前來討伐，而這就是發動戰爭並乘機消滅漢朝的機會。呂后看了信件後，果然非常生氣，她立即召集朝中大臣商討進攻匈奴的計畫。

呂后的妹夫樊噲立即站出來表示，願率領 10 萬兵馬攻打匈奴，如此英雄氣勢，連呂后也深深佩服。有人願意出戰當然是好事，不過正當她喜出望外的時候，朝臣季布卻率先向樊噲發難。他認為照道理說樊噲應當被殺頭，因為當年高祖被困平城，樊噲也是其中一員大將，當日劉邦親率 30 萬大軍尚且遭遇重創，如今樊噲狂妄地說只帶領 10 萬兵馬前去平定匈奴，無疑是欺瞞呂后和皇上。

此言一出，大家都開始默不作聲，樊噲更是羞愧得啞口無言，呂后也覺得季布的話句句在理，萬一真的出兵，後果真是不堪設想。她看到朝堂之上，大臣們都不同意發兵匈奴，於是就暫時忍下了這口怨氣，也不再提討伐的事情了。

之後，精明的呂后還特意給單于寫了一封回信，信中居然委婉地拒絕了單于的好意，認為自己如今已經容貌不再，根本配不上單于，可能是單于誤信傳言，才會前來求婚，為了表明謝意，她還故意將自己乘坐的車馬送給單于。

單于收到回信後，非常震驚，他原以為呂后會派大軍前來報復，沒想到卻是一封言辭懇切、尊敬有加的信件。單于自覺有些過分和慚愧，於是立刻命人將好馬送給呂后，並在回信中向呂后道歉，不久之後匈奴開始主動和漢朝聯姻和親。

面對強大的對手或者棘手的事情時，就應該要及時避退，不要爭一時輸贏，甚至於意氣用事，該進攻時就要毫不猶豫地發起進攻，該撤退

時也要把握撤退的機會，否則很有可能就要吃虧，或者陷入進退維谷的險境之中。而且逃跑避讓只是權宜之計，目的是為了替自己創造一個更加有利的生存環境，從而促進自己更好地成長。如果能力不濟，還貿然迎上去抵抗，最終的結果就是雞蛋撞石頭，這種「壯烈」根本沒有任何意義。人也只是一種高級動物，所以身臨險境時，沒有必要去壓抑自己逃跑的本能。

無論是以退為進的權術技巧，還是「留得青山在不愁沒柴燒」的長遠打算，抑或是不因小失大的大局觀念，該忍時一定要忍。忍一時，風平浪靜；退一步，海闊天空。年輕人向來都習慣於衝動行事，憑著一腔熱血，自然可以做到天不怕地不怕，但是不怕並不代表就是英雄，一個英雄需要膽識，更需要智慧，而逃跑則是膽識與智慧的結合。

年輕人做事一定要冷靜考慮，能忍則忍，不要動不動就衝上前硬拚，必要的時候要懂得逃跑和躲避，並不是所有的逃兵都是懦夫，也不一定所有光榮犧牲的人就都是英雄，逃跑和退讓也是一種智慧。

2. 以寬容之心化解矛盾

「冤家宜解不宜結」，華人一直秉持中庸之道，向來都不喜歡滋事復仇。能夠和睦相處是最好的結果，這是民族性格使然。而有些人拋開性格上因素不說，這種寬容的態度更是一種為人處世的智慧和境界，尤其是面對競爭的時候，更是表現得十分明顯。

古人說：「以恕己之心恕人，則全交；以責人之心責己，則寡過。」唐代文學家韓愈也在〈原毀〉中說：「古之君子，其責己也重以周，其待人也輕以約。」一個嚴於律己、寬容待人的人，往往具備君子之風，而通常這樣的人都能夠好好地處理與別人的關係，尤其是與競爭對手的關係。唐代大詩人白居易曾經寫過這樣一首詩：「蝸牛角內爭何事，石火光中寄止身。隨富隨貧且歡喜，不開口笑是痴人。」如此寬厚、坦然，真的是大徹大悟的睿智之人。

寬恕他人是一種難能可貴的品德，小人有妒才之心，君子有容人之量，善於寬容別人的人，不僅氣量十足，而且智慧過人，因為寬容是去敵免禍的重要手段。針鋒相對只會不斷增加仇怨，使雙方陷入無休止的纏鬥之中，而在仇恨中想要成功避禍往往會很難。如果一開始就能夠寬待敵人，並將其轉變為自己的朋友，那麼仇恨和危險就能夠得到及時化解，從而替自己營造出一個更加輕鬆安定的生活環境。所以，消除成見最好的辦法就是將對手變成朋友。

宋仁宗時期的一位名相富弼是一個胸懷寬廣、學識淵博的人，少年的時候就勤奮好學，寫得一手好文章。名士范仲淹見到他後，非常吃驚，認為他有輔佐帝王的才能。正因為年輕的時候就頗負盛名，他也因此引來眾人的妒忌和打擊。

某次，有個人故意在大街上謾罵富弼，話說得非常難聽，引來路人駐足觀望。富弼的朋友們很快聽說了這件事，都恨得咬牙切齒。於是，他們找到富弼，並希望富弼立即去找那個無端生事的卑鄙小人報仇討公道，不說給點教訓，最起碼也要讓對方賠禮道歉、糾正事實，以保護富弼的名譽。

可是富弼卻一直都顯得很淡定，也沒有表現出絲毫的生氣，好像根本就無事發生一樣。好友們一個個都很著急，於是就催促富弼趕快行動，富弼卻說：「大概他是在罵別人吧！」好友們於是把聽到的話重複了一遍：「這可是指名道姓了的，擺明了不就是在說你的不是嗎？」富弼依然表現得很淡然，他微微一笑：「也許只是一個和我同名同姓的人，這也說不定呢！」好友們徹底無言以對了，他們知道富弼向來都有寬容之心，根本就無意尋仇生事，於是都只好默不作聲，快快地離開。

那個滿大街謾罵富弼的人後來得知富弼的寬宏大量後，覺得非常慚愧，自己如此肆無忌憚地攻擊富弼，而對方卻依然能夠寬恕自己的作為，兩相對比之下，這個謾罵者覺得自己實在是小人之心，於是就特意來到富弼家中登門謝罪。

俄國哲學家車爾尼雪夫斯基（Nikolay Chernyshevsky）說：「既然太陽也有黑點，那麼人世間的事情不可能沒有缺陷。」任何人都會犯錯，而且錯誤往往無法避免，關鍵是心態。世界上沒有十惡不赦的人，只有不赦十惡的人心，每個競爭對手或許都有值得記恨的地方，但一定也會

有值得寬恕的地方，只要保持一顆善良的心，就一定可以發現對方並不是想像中那樣可惡可恨。人們容易被仇恨矇蔽眼睛，被衝動矇蔽心智，所以往往無法發現和抵擋那些潛在的災禍，如果事情發生前就可以息事寧人、化解仇恨，那麼危險也就自然會得到解除。

行善的人能夠積善積德，助人的人可以求人助己，寬容的人可以消災免禍。善待每一個敵人和對手，其實就是善待自己，寬容對方就等於為自己除去了潛在的競爭和威脅，這其實是一種自助行為，表面上是給了對方一個機會，但是何嘗又不是給自己留下了更多的機會和選擇的餘地。

任何事情從來都不是絕對的，只要有心，敵人也會成為要好的朋友，這不僅僅是權術上的發揮，更多的是人情上的善解人意。一個寬容待人的人，很容易取得別人的信任和理解，也很容易在競爭環境中生存下去。不過寬容並不意味著縱容，也不代表軟弱，一旦感覺到衝突已經無可避免，那麼就一定要強硬地站出來，為自身的利益而抗爭到底。

3. 忍辱是成就大業的先決條件

有人說：性格決定命運，好的性格就會有好的人生。的確，韓信受胯下之辱，此後卻能創下舉世功名，成就大漢第一名將的美名；越王勾踐臥薪嘗膽，經歷十年生聚十年教訓，最終打敗吳國；孫臏被龐涓設計陷害，為了求生不惜裝瘋賣傻、食草嘗糞，因此逃過一劫，最終在馬陵之戰中大敗魏軍，射殺龐涓。

但凡能夠忍受屈辱的人，基本上都可以成就一番大事，而那些衝動剛烈的人，則因為性格原因只會招致失敗。劉備因為義弟關羽被吳軍殺害一事，一直耿耿於懷，草率出兵東吳，最終落得八百里火燒連營的結果，蜀國從此元氣大傷。

猶太經典著作《塔木德》（Talmud）中有這樣一句話：「即使一個非常寬容的人，也往往很難容忍別人對自己的惡意誹謗和致命的傷害。但唯有以德報怨，忍耐堅持下去，才能贏得一個充滿溫馨的世界。」這是從人際關係的角度出發。印度佛學之中則將忍辱作為菩薩六度之一，修忍辱行，有利於度脫人的嗔念和妄想，這是從自我修養的角度出發。

有句老話說得好 ——「小不忍則亂大謀」，這才是為人立世的至理名言。欲成就大事業的人，必須善於在逆境和困境中忍耐，這既是歷練心性的過程，又是積蓄力量的過程。善於忍耐的人，通常都具備長遠的目光，看得深也看得遠。他們之所以選擇隱忍，只為等待一個最佳的出手機會，絕對不會因為草率行事而壞了大計畫，也不會因為莽撞衝動而

矇蔽心智。他們始終都明白一點——忍辱是成功的重要前提。

史學大家司馬遷早年曾遊歷各地，訪古尋跡，不過因為父親突然病逝，他不得已繼承父親的遺志，成為了漢武帝的太史令，替西漢整理史料、編輯史書。他因此得以閱覽皇家庫藏，豐富了自己的史學知識，此時他已經準備《史記》的撰寫，並四處蒐集數據。西元前101年，他在完成中國第一部曆書《太初曆》後，正式開始編寫《史記》。

西元前99年，漢武帝命令李廣利等人對匈奴發動進攻，結果由於指揮不力，漢軍連戰連敗，幾乎全軍覆沒，就連統帥李廣利也率領敗降殘部逃了回來。而李廣將軍的孫子李陵卻依然孤軍奮戰，帶領五千兵馬堅持與匈奴對抗，不過最終由於下屬的出賣以及實力的懸殊，他不幸被匈奴軍隊俘虜，不久後，就對匈奴投降了。

李陵投降的訊息傳到京師後，漢武帝十分震怒。堂堂名將之後竟然賣國投賊，這簡直就不可思議，眾大臣都紛紛指責李陵貪生怕死。這時候身為李陵好友的司馬遷卻站出來替他說話。他認為李陵孤軍奮戰，奮勇殺敵的精神難能可貴，而且殺敵數萬，這完全可以向天下人交代了，如今投降匈奴必定是有什麼隱情。這番話說得合情合理，但是卻因此激怒了漢武帝。漢武帝認為司馬遷只是為李陵辯護，並有意貶低大將李廣利，這樣賣力地替一個賣國賊強辯，擺明了是在與朝廷作對。

於是，司馬遷被打入大牢，在獄中，他受盡折磨，但依然堅持自己的立場，並認為自己根本沒有犯下任何罪行。不久之後，有人故意散播傳言，說李陵準備率領匈奴人攻打漢朝，漢武帝輕信謠言，立即決定將李陵滿門抄斬，司馬遷也因此被判死刑。第二年，司馬遷改判宮刑。宮刑是大辱，不僅自己會承受巨大的精神壓力，就連親友也會臉上無光，但司馬遷沒有因此而自甘墮落，他想到自己尚未完成的《史記》，反而更

加堅定了活下去的信心。

司馬遷憑藉著驚人的毅力和忍耐力，在身體殘疾和精神摧殘下忍辱偷生，並堅持了 16 年，最終完成了被後人稱為「史家之絕唱，無韻之離騷」的《史記》，而他也成為中國歷史上最為著名的史學大家。

人生在世不可能一帆風順，做大事的人更是會遭遇到各式各樣的挫折和困難，而這些屈辱和困難更像是一種考驗，能夠堅持下去，就得到了進一步的鍛鍊，如果無法忍耐，也許就會將自己推入更大的險境之中，所以堅持才是勝利。

《西遊記》中，唐僧師徒四人歷經九九八十一難方才修成正果，取得真經，如果其中某一個環節無法堅持下去，那麼一切努力都將化為烏有。困難就是一種考驗，在這些考驗中人與人之間的關係會更加緊密，應對困難的態度和方法也才會更加成熟穩重。

有人說：「忍耐之草是苦的，但最終會結出甘甜而柔軟的果實。」只要堅持在困境中忍耐下去，就一定能夠苦盡甘來，開闢出屬於自己的一片天地。年輕人有遠大的理想和人生目標，也有充足的鬥志和幹勁，但是缺乏一定的韌性，缺乏忍受能力，而這些都是成功不可或缺的重要因素。能忍常人所不能忍，那麼必定會創造常人難以完成的偉大功績。

4. 吃虧是福，不吃虧是錯

　　每個人都有趨吉避凶的本能，很少有人會願意主動去承擔禍患，也很少有人願意主動吃虧。但是一味趨吉占便宜的做法未必總是正確的，人要善於吃虧，也要吃得起虧，因為吃虧並非總是壞事情。老子說：「禍兮福之所倚，福兮禍之所伏。」一個人吃了虧，表面上看不到任何好處，但是從本質上來說卻能夠帶來諸多利益和福氣。

　　當我們面對強大的對手時，吃虧已經成為一種必然，此時不如忍辱負重，安然地承受著對方的侮辱，這樣可以減少更多的傷害。如果嚥不下這口氣，不願意吃虧，且寸土不讓，那麼也許將會遭到對方更加猛烈的攻擊。所以耶穌（Yeshua）在勸誡自己的門徒時說：「不要與惡人作對，有人打了你的右臉，你連左臉也要轉過去讓他打。」從長遠來看，一時的吃虧、忍辱和示弱是非常有必要的，這是一種有效的自我保護方式。

　　吃虧可以看作一種包容的手段，當你懂得坦然地原諒別人的無禮舉動後，對方往往會因為你的大度而感到慚愧，雙方之間原本的仇怨和矛盾衝突反而會消弭殆盡。吃一時的虧能夠收穫別人的尊重，能夠化敵為友，能夠減少和防止自己再次受到傷害。即便不是如此，最起碼對方也一定不會再次故意找你的麻煩，雙方的衝突可以到此為止。所以，忍一時之辱吃一時的虧可以有效地緩解對方的攻擊。

有個義大利男人準備替自己的小女兒買生日禮物，於是高興地走進商店裡，結果被一個慌慌張張的年輕人撞倒在地。依照以往的脾氣，這個男人一定會憤怒地上前找對方理論一番，但是那天他的心情非常好，所以他直接站起身來，並且朝著那個撞他的年輕人微微笑了一笑，當作什麼事也沒有發生。那個年輕人愣了一下，臉上微有愧色，然後就低著頭快速離開了。

等到這個義大利男人挑選好生日禮物並高興地回家後，他在電視中看到了一起早上剛發生不久的殺人事件，一個年輕的搶劫犯撞倒了一個路人，結果路人因為過分糾纏對方而遭到殘忍殺害。這個義大利男人見到殺人犯後，幾乎嚇出一身冷汗，因為犯罪者正是早上把自己撞倒的那個人。

忍耐是保全自己的有效辦法，而且還是獲得更大利益的前提。吃虧的人總是能夠容忍自己的利益受損，因為他們能夠明白過於計較一時的得失，反而會只見樹木不見森林。保住了一時不吃虧，將來就注定要吃大虧，只有坦然放下眼前的所得，忍受一時的屈辱，這樣才能謀求更大的利益，才能否極泰來，收穫更多更大的福氣。

東漢有一位名叫甄宇的官員，他為人謙和、禮賢下士，漢光武帝都對他讚賞有加。有一次光武帝將外番進貢的羊分給大臣們，這些羊大小不一，如何才能公平分配呢，這讓負責分羊的官員感到為難，光武帝也不知道怎麼辦，眾大臣更是不知道如何是好。這時甄宇主動上前牽走了最瘦小的那一隻羊，結果眾人也一一仿效，每次都從羊群中選走最小的羊，羊群很快就被分完。光武帝見了很高興，於是當著眾人的面稱讚甄宇為「瘦羊博士」，而朝臣們也對甄宇的為人欽佩不已，他因此得到了眾人的尊重和擁護，這比得到一隻大肥羊無疑更有價值和意義。

香港首富李嘉誠曾經說過：「有時看似很吃虧的一件事，往往會變成有利的事。」吃虧並不意味著損失，也並不意味著就是人生的禍害，一個人要看到吃虧背後隱藏著的「福」，不要斤斤計較於一時的得與失，人生並不以一時的得失來計算，有些人貪圖一時便宜，卻吃虧一世，而有的人吃虧一時，卻可能會福澤一世。所以，做人做事一定要看得更加透澈，更加長遠，千萬不要因為一時的利益而失去理智，必要的時候，不妨吃點小虧。

很多時候，用爭奪的方式反而會一無所有，而忍辱讓步卻能夠收穫更多的東西。年輕人有不怕困難危險，積極進取的勇氣和雄心，但是也必須具備忍耐吃虧的氣度，這是一種為人處世的智慧和境界，有利於在殘酷的競爭環境中更好地生存下去，也有利於得到更多更好的發展機會。

5. 緩兵之策可避鋒芒

　　古代兵書《兵經百篇》中說：「可急則乘，可緩則挨。」意思是，需要急速進攻的時候，一定要竭盡全力快速出擊，否則就會失去進攻的突發性，錯失最佳戰機，從而使自己陷入被動；需要減緩速度的時候，就不能輕易躁進，否則可能會陷入險境之中，要等待時機並努力尋找更好的機會再出手。

　　但凡用兵，須張弛有度、靈活多變，具體情況具體分析，要視環境、對手乃至自己情況的變化再作出判斷。防守者不能一味保守退讓，退讓中必須及時想好對策，進攻者也不能盲目求快，以快致勝的策略需要特定的條件，如果條件不成熟，就不妨採用緩兵之計，這樣可以爭取更多的時間來進行調整，無論是防禦還是進攻都能夠保證足夠的效率。

　　西元前 628 年，秦國大舉進攻鄭國，而鄭國事先卻毫不知情，也沒有什麼準備。秦軍志在必得，希望一舉攻占鄭國，可是秦軍的行動卻被鄭國一位牛販發現了，這個牛販擔心鄭國國君還不知道這件事，立即派人向國君報告，自己則想辦法盡量拖延秦軍的行軍速度。於是，他隻身來到秦軍大營，並將自己的 4 張牛皮和 12 頭肥牛獻給了秦軍，說是鄭國國君送上的厚禮。

　　秦軍覺得很奇怪，認為既然鄭國國君已經送來厚禮，那麼一定也知道了秦國這次的軍事行動。秦軍的統帥認為鄭國一定做好了準備，而秦軍後援不足，難以擊垮或包圍鄭國，再加上路途遙遠，與一個有所防備

的對手作戰，顯然勝算不大，仔細分析之後，他決定立即撤軍。牛販利用緩兵之計不僅成功拖延了秦軍的進攻，甚至直接將秦軍嚇了回去，解了鄭國亡國之危。

緩兵之計又分為緩敵兵的計策和緩我兵的計策。常見的是緩敵之計，但多數情況下，也會出現緩我之計，尤其是當自己沒有想出很好的辦法或沒有把握取得成功時，就先放緩自己的節奏，行動前先進行試探，防止因為莽撞而出現重大的失誤，其目的就在於檢視周圍的環境，檢視成功的機率，等到時機成熟以後，就立刻大舉前進。

一般情況下，在沒有確定自己所將面臨的風險有多大時，千萬不要輕易做出什麼大的舉動，這種魯莽的賭博式的行動可能會遭到重大的打擊，使用保守的漸進式的策略才是最明智的選擇。緩我之計實際上是一種有效的自我保護策略，在沒有把握行事之前，可以讓自己盡量減少傷害，並想辦法增加自己成功的機率。

2009 年 10 月 22 日，微軟公司正式在全球發行 Windows7，各界媒體都認為 Windows7 的出現將會帶來革命性的轉變，認為微軟將會大展拳腳。但是就在大家都翹首盼望，並十分看好其市場前景的時候，微軟卻出人意料地宣布為使用者提供 Windows7 降級 XP 系統的選擇，此舉無異於變相地遏制新系統的發展，Windows7 的生存空間一定會因此大幅縮減。

外界對微軟公司的舉動感到不可思議，紛紛質疑微軟的這種做法無異於搬起石頭砸自己的腳，他們擔心此舉會對微軟的新系統乃至整個微軟公司的發展都帶來毀滅性的打擊。不過，一段時間之後，人們卻發現 Windows7 系統在市場上越來越受歡迎，發展得非常順利，此時外界不得不重新審視微軟的高明之舉。

　　微軟一直擔心 Windows7 不能快速地被使用者所接受，容易出現市場排斥反應，一旦它遭到失敗，市場就可能會被競爭對手奪走，甚至對整個微軟公司的發展造成很大的影響。這種風險對未在市場實驗的新系統來說是很普遍的現象，而 Windows7 與 XP 共存則可以有效地保證原有的市場不會消失，時機一旦成熟後，Windows7 就能夠完整地接管市場。

　　緩兵之計的應用要注意發揮它的靈活性，無論是緩敵之計還是緩我之計，一定要懂得把握具體的情況。當敵人過分強大而自己處於弱勢時，硬碰硬的戰術肯定行不通，會危害到自身的利益，這時就要想方設法延緩對方的攻勢，為自己創造更多的時間想對策；當自己準備向強敵發動進攻時，則要注意盡量避免正面衝突，不妨先放緩自己的腳步，慢慢觀察情勢變化，或等待對方的衰敗，或發現對方的缺點，或想到最有效的進攻對策，時機成熟後則立即發動猛烈的攻勢。

　　年輕人初入社會時，往往都處於弱勢，無論是工作經驗還是社會閱歷都與競爭對手有著一定的差距，因此想要和別的對手爭奪有限的生存空間，就必須謹慎行事，千萬不要衝動和躁進。直接的衝突對年輕人來說並沒有任何優勢可言，不如暫時退讓一步，想辦法延緩對方的進攻，為自己爭取到更多的時間，這樣就能夠為自己的防備和進攻做好充分的準備。

6. 恭敬是消除戒心的最好方法

　　華人的立身之術，大多都具有濃厚的儒家色彩，且信奉中庸之道，比如顏回向自己的老師孔子請教如何才能立身，孔子則告訴他恭敬、忠信才能立身，也才能免除禍患。孔子的話自然是針對君子的言行舉止來說的，但絕對具有普世的說教意義。一個人對別人越是恭敬、客氣，那麼對方通常就會不自覺地在內心認可這個人的存在，不會對其產生戒心。一般來說，君子恭敬於人，當能夠立身立名；而小人恭敬於人，則可以安身保命。對別人恭敬的人通常都更容易取得別人的信任。

　　每個人都不希望自己的對手會威脅到自己的利益，所以總是要千方百計地予以壓制或打擊，即便沒有實際行動也會保持一定的戒備。在這種情況下，想要接近對方一定會很難，對方絕對不會把機會輕易留給別人，反而會想盡辦法除掉潛在的威脅者。如果對方處於強勢地位，那麼其他競爭者一定是凶多吉少。想要成功扳倒強勢的對手，你只有暫時示弱示好，恭敬地向對方表明你的心意，以爭取對方的信任。這樣就可以消除對方的戒心，保留自己的實力，並尋找合適的機會發動攻擊。

　　宋仁宗時期，宰相丁謂長期把持朝政，勢力極大，也因此妄自專權，不可一世。有人曾偷偷地向皇上打小報告，但是很快就引起了丁謂的懷疑，於是他開始在宮中布下眼線，而且還擅自掩蓋皇上耳目，不允許大臣們在退朝之後留在宮中，更不允許他們向皇上上奏。

　　丁謂如此狂妄和霸道，大臣們敢怒不敢言，更何況還接近不了皇

上，許多反對丁謂的人暗中都遭到了丁謂的報復和打壓。大臣王曾早就有心殺賊，卻也無力回天，自知根本不是丁謂的對手，想要跟他作對無異於雞蛋碰石頭，為此他決定暫時委曲求全，對丁謂表現出恭恭敬敬的樣子，只要是丁謂吩咐的事，他總是做得非常認真妥善。丁謂向來謹慎，為了考驗王曾是否忠心，他也觀察了很長一段時間，才漸漸解除對王曾的戒心。王曾漸漸贏得了丁謂的信任後，很快就被對方當成自己人看待。

某一天，王曾對丁謂說：「我沒有兒子，老來感覺孤苦，想要把親弟弟的一個兒子過繼給我傳宗接代。我想當面乞求皇上的恩澤，又不敢在退朝後留下來向皇上啟奏。」丁謂向來很信任王曾，所以想也沒多想就同意了他去見皇上。

得到丁謂的許可之後，王曾立刻趁機單獨去宮中覲見皇上，並向皇上提交了一卷早已備妥的案卷文書，在皇上面前揭發了丁謂的種種罪惡行為。丁謂雖然同意了王曾去見皇上，但是多疑的他覺得事有蹊蹺，剛剛起身走開幾步就非常後悔，於是立即派人去追回王曾，但是為時已晚，王曾已經把所有的事情都揭露出來了。沒過幾天，宋仁宗就在朝堂上頒布詔令，將宰相丁謂貶到崖州去了。

隱藏往往是克敵致勝的關鍵，一個懂得隱藏和掩飾自己的人，常常能夠躲過實際的災禍。尤其是面對強勢的對手時，如果能夠隱藏自己的真實情感，而表現出恭敬的態度，不僅可以保身避禍，還可以趁機尋找反敗為勝的機會。古語說得好：「蛟龍未遇，潛身於魚蝦之間；君子失時，拱手於小人之下。」人要懂得變通，當環境不利於自己一方時，首要的任務就是保身求存，這樣才能以退為進。

消除對方戒心最直接、最有效的方法就是將自己變成對方的人，越是值得信任的人往往越具有出其不意的殺傷力，因為一般人很難去防備自己身邊值得信任的夥伴。一個聰明的競爭者懂得如何利用這種弱點，恭敬對手不僅可以拉近彼此的距離，還可以抹掉相互之間的競爭關係，即便對方不會將你拉入同一陣營內，你所保持的這一種低調軟弱的姿態，也能麻痺對方，從而降低威脅的感受程度，最終放下戒心。

除了競爭對手，對待他人也是一樣，因為人們對待陌生人都會有所戒備，這是產生衝突的重要原因，因此想要更順暢地生存下去，就一定要盡量保持謙遜低調、恭敬有加的態度，這樣才能消除他人的戒備，使自己更能融入到周圍的環境中。年輕人立身處世一定要保證恭敬待人的態度，這是避禍的有效方法和重要手段，無論是真心實意還是有意為之，它都會使你在人際往來中更加遊刃有餘。

7. 小心駛得萬年船

　　劉備在白帝城給兒子劉禪留下一句著名的遺言：「勿以善小而不為，勿以惡小而為之。」這句話飽含做人的道理，一個很小的細節很有可能會影響整個人格的變化，做人如此，做事更應該如此。人們通常都以做大事來嚴格要求自己，定位自己的目標，所以凡事都往大方向看，只注重大的行動和宏觀的印象，卻往往會忽略那些極細微的事情，無論是有意還是無意的放棄，都可能會造成不可挽回的損失，或者造成難以彌補的傷害。

　　一位美國作家愛說：「小心謹慎，不但可以防備別人侵犯自己，也可自防任性的放縱和腐敗。」小心的人能夠細心地關注每一個細節可能潛藏的風險，走好生活或工作中的每一步，盡量防止別人有機可乘，同時也盡可能地防止自己犯下錯誤或埋下隱患，他們看似膽小怕事，實際上很有遠見，能夠順利躲避災禍，也能夠順利獲得成功。

　　明太祖朱元璋登基稱帝以後，很快就封國舅郭德成為驍騎指揮，負責保衛京畿之地的。妹妹貴為皇妃，自己又身居要職，深受皇上的信任和重用，背景如此顯赫，按理說郭德成應該沒有什麼顧忌和擔憂，安心做好分內之事就可以了，而他為人卻很謹慎，無論做什麼事都非常小心。

　　妹妹在皇宮裡時常會感到孤寂無聊，所以經常會讓郭德成去宮裡陪她聊天，敘一敘兄妹之情。兩兄妹的感情從小就非常深厚，所以她總是

希望兩人能夠多相處一會，可是郭德成每次都只待一下，就找個理由急著離開。郭德成的妻子非常不理解，認為兄妹敘舊十分正常，就連皇上也一定不會怪罪的，何必總是那樣害怕呢？

某次，皇上特意賞賜了郭德成兩錠金子，並囑咐他不要跟別人說。郭德成於是就將金子藏到靴子裡面，可是出宮門的時候，他在眾多守衛面前摔了一跤，結果兩錠金子掉了出來。守衛覺得可疑，就將他扣留下來，最終朱元璋親自出面解釋才解除了誤會。

事後，有人嘲笑郭德成太不小心，他並不計較，不過私下裡，他卻對妻子說：「皇上制定了嚴刑峻法，那些酷吏無孔不入。我身為禁軍領袖，經常出入宮門，妹妹又是皇妃，隨時都有可能被人栽贓陷害。人言可畏，我怎麼能不處處小心謹慎呢？我故意摔倒掉出金子，正是出於這樣的考慮啊！以免將來有人說我偷金。」

不僅對皇上是如此，對待官位低於自己的下人，他也是如此。郭德成平時十分敬重那些掌管司法的大臣和獄卒，有人認為他太過迂腐，貴為皇親國戚還這樣低調謹慎，處處巴結這些小角色，實在沒有必要。不過郭德成知道難保自己將來不會入獄，若真的出了事，還能夠指望這些人網開一面，至少也能少些酷刑。正因為如此謹慎，他才能夠在嚴酷的政治環境中長時間屹立不倒。

細節往往決定成敗，小心謹慎並沒有什麼不好，粗枝大葉的人通常都會犯錯，甚至因粗心而致禍害纏身。許多禍患都是由小事演變而來，如果不注意防範這些小細節，疏忽大意，那麼很有可能會釀成大錯和災害。另外，小事雖小但是容易積少成多，千里之堤毀於蟻穴，再微不足道的小錯誤，一旦累積和發展就可能成為巨大的風險，其危害也可能難以計算。

　　只有防微杜漸，才能趨吉避凶，一個小心謹慎的人，能夠真正做到防患於未然，無論是亡羊補牢還是未雨綢繆，任何微小的細節都會被放在心上，能夠及時避免那些小錯誤。有人說有事時要冷靜得像無事發生一樣，沒事時則要像有事發生那樣警醒，寧為痴漢，不為罪人，只有保持謹慎的態度，才能真正做到高枕無憂，而越是小心謹慎的人，越能夠順利地生存下去，也越能夠長久地發展下去。

　　年輕人對於社會競爭的認知不足，生活閱歷往往比較膚淺，很多事情常常欠缺考慮，不能夠謹慎處理。經一事長一智固然是成長中常見的一種規律，但是如果能夠避免失敗和傷害的話，就應該盡量避免。很多事情的發生並不是能夠輕易承受得起的，有可能會影響你的一生，這一虧就未必吃得起。所以，凡事都要先考慮清楚，小心謹慎地走好自己的每一步。誰都無法預知未來的事，但努力控制好當前的細節，一定可以有效地減少失誤，有效地防止禍患的發生。

8. 別人貪婪時你要變得害怕

常言道：「成功於懼，失敗於忽。」有人之所以會獲得巨大的成功，常常是因為他們能夠懂得害怕，所以能夠適可而止，並積極躲避風險；而失敗的人之所以會遭到失敗的打擊，往往是因為沒處理好或直接忽略了那些微小的細節，結果導致問題變嚴重，最終難以成功。成功的人要懂得害怕，這與「股神」巴菲特的名言相似 —— 當別人貪婪時，你要變得害怕。

「富貴須向險中求」，許多人都將這句話奉為成功學的圭臬，他們認為不冒險不足以創造奇蹟，保守只能導致平庸和落後，只有鋌而走險才能出奇制勝。這個觀點在一定程度上具有合理性，但是在大多時候，相對於多數人而言，卻並不適用，因為冒險不僅需要膽識和勇氣，更需要謀略，有膽無謀的人只是一個莽漢，注定成不了大事。

誰都希望獲得成功，但是冒險求成功的人多數都有貪婪的性格，因此很容易被巨大的利益所誘惑，而這通常都是招致失敗的重要原因。對於多數人來說，想要收穫成功就不要輕易做出過激的冒險舉動，因為我們有時候根本冒不起這個險。

做人還是要謹慎行事、腳踏實地，一定要在狂熱和貪婪中冷靜下來，讓自己感覺到一絲恐懼和害怕，這樣才能更理智更全面地看待問題。那些貪婪的人通常都比較衝動，遇到事情不能冷靜地進行分析，很容易就做出錯誤的決策。

1929 年，邱吉爾辭掉了英國財政大臣一職，當時他在政治上的成就十分有限，更別談當上首相了。政治上失意之後，邱吉爾希望能夠出去走一走，開闊一下眼界並盡情享受一下生活。不久之後，他就收到了美國一位好朋友巴魯克（Bernard M.Baruch）先生的邀請，於是他和同伴們一起來到了美國。

　　巴魯克是一位著名的金融家，被人們稱為「投機大師」。因為邱吉爾對經濟向來都很感興趣，巴魯克便將邱吉爾帶到了紐約證券交易所。邱吉爾看到交易所裡萬頭鑽動的景象後，頓時被裡面的氣氛吸引住了。當時，美國經濟的泡沫非常嚴重，金融領域更是一片虛假繁榮，股票的漲勢一直很好。邱吉爾看到後，也產生了發一筆橫財的念頭，況且他一直認為炒股並不困難，何況是牛市之中，即便自己是一個初次吃螃蟹的新手，應該也不會有太大問題，於是毫不猶豫就將自己帶來的 10 萬美元全部投入股市。

　　可是不久之後，世界經濟危機率先在美國出現，金融界受到巨大衝擊，邱吉爾的 10 萬美元幾乎血本無歸。此時的他十分心疼，後悔自己的私慾太重，才導致自己幾乎面臨赤貧的境地。他的草率和貪婪甚至成了巴魯克善意的諷刺，巴魯克在晚宴上向眾多富豪介紹邱吉爾時將其稱為「前百萬富翁」，邱吉爾也無奈地附和著笑。

　　人們對於外界的認知常常是透過別人身上發散的資訊來感知的，即我們對於世界的認知常常不是自己的體驗，而是來源於別人的認知和印象。所以人們經常會喜歡跟風，別人怎麼做，自己就容易跟著他們怎麼做，別人一旦貪婪，自己也就跟著貪婪。但現實的情況是：真理往往只掌握在少數人手中，這就是說大多數人的認知很容易出現錯誤，那麼如果反過來看這件事，多數人的意見有時候可以成為一個比較可靠的指

標。聰明的人可能會認真分析局勢，然後作做完全相反的舉動。

貪婪的人對於事物的感知和了解通常會受到別人或自己情緒的影響和限制，因此容易忽略潛在的危險，陷入狂熱和盲目之中，所以貪婪通常是一個危險的訊號。一個理智的人懂得控制自己的情緒，並且能夠冷靜地看待別人的貪婪情緒，敏銳地意識到其中的危險性，然後做出最有利於自己的判斷和決策。

隨波逐流或者少數服從多數的做法並不總是對的，年輕人尤其應該牢記這一點，當別人陷入狂熱和貪婪之中，這時候更要懂得如何做回自己。你應該努力讓自己處於一種擔驚受怕的狀態，告誡自己不要輕易跟隨他們的腳步，既然多數人都陷入險境，那麼反其道而行就一定可以躲避災禍。年輕人在任何時候都要謹慎，在多數人貪婪的時候要學會害怕，這絕對不是懦弱和膽小，而是一種理智的、敏銳的覺察能力。

9. 站到敵人無法攻擊的位置

「隱」在華人文化中是一種很奇特的現象，很多人都渴望過上隱居的生活。官員要隱，文人要隱，普通百姓也要隱，當然其中一些人是真心喜歡山野田園的生活，但絕大多數人卻有著一種消極避世和躲避災禍的因素在裡面。其實渴望隱居的主要原因很簡單，就是弱勢一方在努力尋求自保。

在與別人競爭對抗中，如果你實力雄厚，能夠輕易打敗對方，或者能夠對對方的攻擊形成有效的防禦，自然就可以無視對方的進攻，也不會受到對方的傷害。但是如果自身條件和實力有限，那麼就只能努力躲避攻擊。而這種躲避並不是漫無目的地到處亂跑。想要免除對方的攻擊，最簡單有效的方式就是讓自己站在一個敵人無法觸及的安全的地方，這樣一來，敵人的進攻就不能發揮應有的作用。

想讓對手的攻擊減弱或喪失作用，通常有這樣三種情況：要不讓他鞭長莫及，比如伊拉克戰爭中，美軍的戰機飛入高空中，結果伊軍的高射炮根本無法攻擊到那裡；要不就讓他沒有施展的空間和發揮的餘地，例如機械化部隊雖然作戰能力強大，但是在城市巷戰中卻發揮不了什麼大作用；要不就是躲到敵人進攻的盲點中，即便一些先進的武器，往往也會有進攻的缺點和盲點，這些盲點通常就是最安全的地方。

不過一旦缺乏限制對方進攻的條件，或者說對方沒有技術上的不足和缺陷，那麼身為弱勢方的你就應該採用一些計謀性的應敵方式，最常

見的就是出其不意。在對方料想不到的時間、地點開始你的行動，即在對方面前隱藏你的行蹤，如此一來，就可以順利逃過對方的打擊，在錯位中將對方的攻擊化為無形，使其不能發揮正常的效果。

1930 年，法國新上任的國防部長馬其諾（Andre Maginot）統合前幾任元帥的意見，向議會提交了一份關於法國軍事防禦的計畫書，並順利通過了議會的決策。此後的十年中，法國人馬不停蹄地在法德、法義邊境上修建了一條穩固而強大的防禦線，這就是著名的馬其諾防線。

馬其諾防線是軍事史上史無前例的大工程，內部裝備精良、設施齊全，名義上是強大的防備體系，實際上它的攻擊能力也不容小覷，因此法國人對自己的軍事防禦非常自信，認為德軍再強大也無法突破馬其諾防線。在這樣強大的防禦能力面前，法國人樂觀地認為法國領土可以免遭戰火的侵擾，因為德軍休想在邊境上前進一步。

事實上，德軍的確無法突破馬其諾防線，但是德軍很快就發現原來自己根本用不著去突破馬其諾防線。在法軍如此強大的防禦力面前，德軍的進攻很難奏效，反而會遭到法軍的攻擊，但是如何才能躲過馬其諾防線的防禦和攻擊，同時又能順利進入法國境內呢？德國的統帥們絞盡腦汁，最終制定了藉由比利時繞道進攻法國的策略。

就這樣，德軍一方面在德法邊境上演出進攻馬其諾防線的假象，一方面則全速穿過比利時亞爾丁山區，最終順利進入法國。等德軍完全繞到馬其諾防線背後，防線中的法軍根本無法攻擊到他們，法軍依然不敢相信自己的眼睛，卻只能無奈地成了德軍的俘虜，馬其諾防線因此成為軍事史上最大的笑柄。

無論是利用對方的弱點和缺陷大作文章，還是迷惑對方以造成對方錯位的打擊，這些都是很有效的避敵方法，能夠盡可能地將對方的優勢

降到最低點，而將自己的優勢放到最大，敵人減一分，自己增一分，兩相對比之下，成功躲避攻擊的勝算自然要更大一些。有些人還會利用「最危險的地方就是最安全的地方」這個道理，深入敵人腹地，甚至忍辱屈從於對方，成為對方的附屬，畢竟大多數人通常都不會對自己人大動干戈。

年輕人在面對強大的對手時，一定要為自己尋找一個安全的地方，一個連對方的攻擊也無法有效形成的地方。這不是一種逃避，而應該當成是策略性的部署。許多強者在面對弱小的對手時，要努力創造「我可以攻擊你，你卻無法打到我」的競爭優勢，以便更加有效、安全地打擊對手，而一個毫無還手之力的弱者更應該如此。能夠讓自己盡量遠離對方的攻擊，這是一種高明的智慧，而絕對不是一種膽小丟人的醜陋表演。

10. 過於求全責備，傷人更傷己

　　每個人都會有缺點，這是毋庸置疑的，所以我們不要針對別人身上的缺點橫加指責，要懂得包容別人身上的缺點，包容別人常犯的錯誤，並要善於挖掘對方身上的優點和長處。世界上沒有完美的事物，我們也無法找到一個完美的人，但是很多時候我們卻斤斤計較於別人的缺點，總是抓著別人的小辮子不放，這樣最終受害的反而會是自己。

　　唐太宗曾經要求大臣封德彝舉薦一些人才為國效力，但是很長時間都沒有什麼動靜，一個人都沒能被舉薦上來。唐太宗對此頗為不滿，於是質問並責怪封德彝，封德彝感到有點冤枉，他誠懇地解釋說：「並不是我沒有盡責，而是實在找不出特別有能力的人才啊！」唐太宗聽了之後反而更加不高興，他認為用人要各取所長，難道古代的明君們治國借用了前幾代的人才嗎？找不到人才並非沒有人才，而是缺乏發現人才的能力，因此不能責怪和冤枉當今這整整一代人的無才無能。

　　每個人都希望自己的朋友無所不能，希望自己的朋友完美無瑕，但是難道僅僅因為對方有些缺點就不交這個朋友了嗎？這樣將永遠也交不到任何朋友。做人不能太過要求完美，，既然看到了對方身上的優點，那麼也要懂得忽視和包容對方的缺點，包容別人的缺點是處理好人際關係的前提，包容可以給對方一個更加寬鬆的發展環境和發展機會，同時也給自己留下更多選擇的空間。

美國總統林肯（Abraham Lincoln）長期以來始終堅持選賢與能的標準，只要發現合適的人才，他一定會大膽提拔。南北戰爭爆發後，南方軍隊一度占據上風，而北方的軍隊似乎缺乏有效的指揮，一連好幾任軍事統率都毫無作為，指揮作戰能力非常有限，輕易就被南方軍隊打敗。當時北方軍隊中的選將標準是所謂的「完人」標準，即追求全面型的人才，然而這些所謂的「完人」，每次都大敗而回，一到戰場上軍事指揮能力的缺陷就被暴露和放大，這讓領導階層非常苦惱。林肯多次提議撤銷這個滑稽的任用方法，主張提拔擅長軍事指揮的專門人才，但是其他人卻不敢冒險，他們也不願意打破原有的選人制度，因此極力反對林肯的倡議。

隨著戰事的節節失利，林肯迫切地感到北軍需要及時做出改變和調整，於是再次提出改革用人機制，並且提議讓格蘭特將軍（Ulysses S. Grant）擔任總司令，結果遭到大家的一致反對。原因就在於格蘭特是一個聲名狼藉、嗜酒如命的人，這樣的人在戰爭中讓人很不放心，也有損於北軍的威名和士氣，有人甚至悲觀地表示林肯這一愚蠢的舉動會使北軍面臨滅頂之災。

但林肯卻認為格蘭特是帶兵打仗的優秀將領，指揮能力首屈一指，除此之外實在找不出更有能力的將領。而且他認為格蘭特雖然是個出了名的酒鬼，但是在戰場上從來都沒有犯過錯，他覺得眾人不應該因為格蘭特有明顯缺點就忽略其軍事能力。林肯最終力排眾議，堅決起用格蘭特，這一決定果然造成了效果，勝利的天平漸漸傾向了北方軍隊，北軍由此取得了內戰的勝利。

做人不要追求完美主義，魯迅先生說過：「倘要完全的書，天下可讀的書怕要絕無；倘要完全的人，天下配活的人也就有限了。」追求美好

的東西是每個人都想去做的，但是追求完美只是一個美麗的誤會而已，不僅不能實現目標，反而會為自己帶來麻煩。一個人不應該死死抓住別人的缺點和錯誤不放，要以更博大寬容的心胸去看待別人，這樣既給了別人更多的機會，也給了自己更多的選擇。

11. 寬容待人助你左右逢源

有人說：「君子是人際關係的文盲。」這話很有道理，正直的君子總是容易得罪別人，因為他們嚴格按照禮法和原則辦事，說一是一，說二是二，只要有違禮法原則的人或事，就必定要堅決反對和處理，而且從不徇私，但是這種嚴苛正直的處事方式常常會替自己帶來諸多麻煩，常常會樹立諸多仇家。

其實，即便一個正直的人也能夠妥善地處理與別人的關係，做人不應該太過嚴格死板，不妨寬容一些，只要不影響大局，能忍就忍，能容就容，原則和規定永遠都是死的，而人是活的，是可以變通的，為人處世需要一些人情味。

寬容是一種生存的智慧，是穩定祥和生活的重要保障。每個人都不希望樹敵甚多，每個人都希望自己的生活能夠一帆風順、平平安安，沒有人願意得罪別人，也沒有人願意被別人得罪。不過生活中總是難免會發生摩擦，人與人之間總是會產生矛盾衝突，但是事在人為，只要有心去調解和諧，那麼矛盾就會消失。得饒人處且饒人，做人要寬容一些，別人犯下的錯誤，別人造成的傷害，已經無法避免，你所能做的就是防止事態惡化，防止類似的事件再次發生，這才是重點。你放棄了懲處和報復，別人就有可能會一輩子都記得你的好，自然也願意接近你。

歐陽修是宋朝著名的文學家，也是唐宋八大家之一，除了在文學上的成就，他在政治上同樣頗有成就，施行政事時一直主張「寬簡」政

策。寬就是寬容，簡則是簡化，歐陽修辦事向來講究人情事理，主觀的成分很大，不求博取聲名，只求能夠圓滿完成任務就行了，所以他待人一直很寬厚，即便有人詆毀自己，或者犯錯犯法，他也很少嚴查和深究，只要對方意識到自己的錯誤，他就絕對不會施以嚴懲。

正因如此，大家都十分敬重他的為人，而他也能安穩地坐在官位上，四面春風、左右逢源。歐陽修曾經在開封府任職，前任府尹就是有名的包拯。包拯向來以鐵面無私、嚴懲不貸著稱，其威嚴的處事方法深得民心，所以人稱「包青天」。而歐陽修卻與之截然相反，他不主張嚴管，反而寬容處事，照樣把開封府治理得井然有序，而且其他官員和民眾也非常尊重他，所以歐陽修一生幾乎沒有多少政敵。

文人做官向來都難以長久，他們偏於正直的性格往往限制了自己的發展，所以李白、杜甫、蘇東坡等人一生都未能官運亨通、笑傲官場，而善於寬容別人的歐陽修卻贏得了同僚的尊重和扶持，始終能夠左右逢源。

寬容別人的人也能得到別人的寬容，寬容實際上是一種理解，你理解了別人，別人自然也會理解你，這樣一來雙方就能形成和諧親近的關係。人生往往就是如此，寬厚待人的人總是輕易就得到別人的尊敬，行事一板一眼的人卻常常四處碰壁。這不是世俗的黑暗，而是人情世故的潛規則，你懲罰了別人，別人自然不願意和你為伍，甚至處處作對。

樹立一個敵人很容易，減少一個敵人卻很難，這往往不是實力大小決定的，而是由智慧來決定的。明智的人懂得如何合理地處理人際關係，敵手抑或朋友，看似兩個極端，然而往往只在一念一行之間，你願意包容對方，也許就能夠成就良好的關係，你嚴格按照原則辦事，那麼對方有可能加深對你的仇視。

做人有時候不妨糊塗一點，只要不影響大局，只要自己問心無愧，那麼行事的方式又何必斤斤計較於框架原則呢。處事的條件放寬一些，自己的道路也就能夠更加寬廣，這樣才能更好地適應環境並生存下去。

12. 愛人者，人恆愛之

常言道：「善有善報，惡有惡報，天理循環，天公道地。」天理既然可以循環，那麼因果報應自然也能夠窺得一二。還有這樣一句古話，「積善之家必有餘慶」，說白了即好人有好報，一個積善積德的仁愛之人，必然會得到應有的回報。但好人是否就一定會有好報，這的確不好說，做好人並不意味著立刻就能夠得到好的回報，也並不意味著從此就可以消災解厄，最起碼不可能事事都盡如人意，仁德的人也會遭遇到挫折，不過這些都是暫時的，從長遠來看，懷有仁心的人遲早會受到上天的眷顧，會受到大眾的認可和歡迎。

仁愛是儒家思想的核心內容，是中華文化的基本精神，也是做人的根本要求，它所展現出來的就是一種「愛」的特質。真誠地給予他人幫助，給予他人溫暖，給予他人快樂，這種善良的舉動一般都會給別人帶去感動，自然而然地也會得到別人的回饋，所以嚴格說來，這種回報不是上天的垂青或者恩惠，而恰好是來自凡間的福音，而這種福音正是自己種下的善因所結成的善果。

東漢光武帝劉秀早年曾經犯案被官府抓捕，拘禁在監獄之中。在監獄中獄卒們自然就是最大的官，他們常常利用職權之便，欺負並毆打犯人，不僅如此，還經常不給吃喝，藉此折磨犯人。劉秀進入監獄後也不能倖免於難，常常吃不飽，有一次他實在餓得不行，就央求小吏樊曄給他一點吃的東西。

樊曄只是一個管理市場的小卒，根本就無權無勢，雖然自己也很同情獄中這些可憐的犯人，但是如果私底下給犯人吃喝，搞不好就會得罪獄卒，從而給自己帶來禍患，一想到這裡，他就只好委婉地拒絕了劉秀的哀求。飢腸轆轆的劉秀當時非常浮躁，還沒等樊曄把話說完就破口大罵起來，更認為樊曄也不是什麼好人。

被人痛罵一頓，心中自然不是什麼滋味，但是樊曄更加覺得愧疚不安，他聽說劉秀其實並沒有犯什麼大罪，如今卻在牢中遭到這般對待，實在是心有不忍，如今連這樣一點小忙也不願意幫人家，自己覺得非常愧疚。但是家人卻紛紛勸告他不要惹事，樊曄自認為做不了君子，但是沒必要做小人，於是第二天一大早就買了一大籃麵餅送給了劉秀，並主動向劉秀道歉。

劉秀見到樊曄的義舉，心中非常感激，不僅痛哭流涕，他當面承諾日後一定會報答自己的救命恩人。後來劉秀成功登上了帝位，此時他依然念念不忘樊曄的救命之舉，於是就向大臣們說出了這件事，並決定給樊曄一些獎賞。大臣們都非常贊同，建議皇上賞賜樊曄一大筆錢財，但是劉秀認為樊曄雖然貧窮但很有仁心，如今自己只有賞賜官爵才能充分地報答人家，有些大臣卻認為讓毫無能力的樊曄當官實在不妥，但劉秀堅持了自己的決定。

不久，樊曄就被召入宮，被任命為都尉，劉秀更是加倍禮遇於他。即便樊曄死後，劉秀的繼任者依然厚待樊家，把樊家人當成恩人對待。

孔子說：「己欲立而立人，己欲達而達人。」對別人施以仁愛，別人自然會反過來給予一定的回報，《增廣賢文》中也提到：「愛人者，人恆愛之；敬人者，人恆敬之。」慣於付出愛心的人一定會接收到別人回贈的愛心，假使以一種投資的眼光來看，仁愛的投資報酬率是比較可觀的，

當然這種投資也許只是客觀存在的結果，而不是主觀上的有意而為之，但是所產生的效果卻並不會受到絲毫影響。

仁慈的人通常都會被當成好人，而且身懷仁心的人往往能夠成就大事，因為仁者行事時通常都會得到別人的支持，而這種強大的後盾正是平時施恩於人所建立的人脈交際網。仁愛的人其朋友必定眾多，人脈資源也一定非常豐富，因而自己一旦遇事，大家自然願意拔刀相助，以眾人之力迅速解決問題，這便極大地提高了成功的機率。

年輕人在初入社會時，總是保持一份戒心，有一種自我保護意識，這在一定程度上影響了自己與外界的交流。他們很少願意去幫助別人，害怕對方是別有所圖，或者認為自己會因此蒙受一定的損失，抑或是擔心會承擔一定的風險，所以不願意展示出仁愛的一面，有人甚至認為競爭中講求仁愛根本就不合時宜。但實際上仁愛是無關環境變化的，關鍵在於人心，關鍵在於見識，一個聰明的人總是會適時地讓別人感受到自己的仁德。

13. 怨天尤人，不會贏得敬重

　　在失意或利益受損的時候，人們通常的做法就是找個親近的人訴苦，一方面是為了舒緩內心的壓力，另一方面則是為了引起足夠的重視，這是一種抱怨效應。人們從小就知道會哭的孩子有糖吃，之所以抱怨也是希望藉此來減輕自己的壓力，挽回自己的利益，即便只是引起對方的注意那也是好的。訴苦有著特定的作用，而且效果明顯，但是訴苦不能成為一種習慣，長期都喜歡抱怨的人，往往只會事與願違、弄巧成拙。

　　最新一項調查研究顯示，高達90％的人對周圍發生的抱怨行為感到厭惡，在一定程度上會遠離這些喜歡抱怨的人，甚至有意去排擠失意中的抱怨者。美國牧師威爾‧鮑溫（Will Bowen）說：「常年抱怨的人最後可能被周圍的人們放逐，因為他們發現自己的能量被這個抱怨者榨乾了。」抱怨實在是一個很不受歡迎的舉動，因為沒有多少人會願意成為一個情緒的「垃圾桶」，義務地接收那些無休止的憤青言論。

　　滿腹牢騷、喜歡抱怨的人基本上都不懂得如何更好地與別人交流，所以他們的人際關係通常都比較糟糕。其實，人皆有惻隱之心，所以面對失意者時都會表達自己的同情，以便給予最大的安慰，並希望自己能夠竭盡所能提供一些幫助。不過抱怨者卻根本不想做出任何改變，只是一直鬧情緒地說個不停，似乎還非常享受這個「訴苦」的過程，這樣一來，大家的情緒通常都會從同情轉變到反感，非常想快速逃離抱怨者。

臺灣的證嚴法師說：「凡夫被命運操縱，而智者卻操縱命運。」被命運操縱的人無事無為，每天只會張嘴嚼舌，胡亂地抱怨一通，根本不會想到如何去做出改變。他們最常見的做法就是把所有的失敗都歸結到外在因素上去，而從來不深深反省自己的行為，這樣的人根本就不值得大眾的同情和幫助，大家也會從內心產生鄙夷之心。

一個聰明的人，即便遭遇了失敗，也絕對不會輕易向人抱怨和訴苦，因為他們知道抱怨根本於事無補，反而會遭人恥笑，與其這樣傷身傷神，還不如靜下心來努力奮鬥，挺直腰桿面對挑戰和困難，這種自信和不屈反倒能夠引起別人的尊重。

才子陸隴其出身寒微，但是人窮志不短，非常酷愛讀書，並希望自己有朝一日能夠出人頭地。不過他的家境實在過於貧困，常常吃不起飯，在這樣的環境下，必定會對學習造成影響，但他並沒有任何抱怨，反而加倍努力學習，即便臥病在床也是手不釋卷、書不離手。

一方面要維持生計，一方面又要盡量保證學習時間，所以他決定白天下田工作，晚上則挑燈夜讀。鄰居們見他這麼辛苦，常常替他感到惋惜，還有人勸告他要以顧好生活為首要任務，只有先種好田地，才能保證自己不會挨餓受凍，至於讀書的事可以推到往後進行。但陸隴其卻婉言謝絕了大家的好意，他認為自己雖然條件非常艱苦，但是自己卻非常知足，如果因此就埋怨上天不公，那麼自己就有可能永遠都不會有所作為。

生活如此困頓，學習條件如此惡劣，他卻從來都不叫苦，鄰居們都非常敬重他，認為他將來一定會有出息。陸隴其不僅自己保持一份難得的樂觀精神，而且還經常鼓勵同樣窮苦的鄰居。鄰居們都是農民，每天都忙於耕作，每天都是心事重重、愁眉緊鎖，但陸隴其卻勸誡他們說

憂愁和抱怨只會讓自己陷入更大的困境之中，只有以苦為樂才能改變現狀。

樂觀自信的陸隴其在鄉民們心中漸漸樹立起足夠的威望，大家有事都願意找他這個能識文斷字的大才子幫忙。為了替他爭取更多的看書和休息時間，大家經常自發地下田幫陸隴其做些工作。康熙九年（西元 1670 年），陸隴其高中進士，最終在艱難的生活條件下實現了自己的理想。

有人說抱怨是懦夫的行為，因為真正有能力的強者是不會嘗試著用嘴巴來證明自己的能力的，他們會更加理智地對待自己的行為，盡量用實際行動去展示自己的實力，去彌補自己失意時的遺憾。而真正的失敗者並不會遭到大家的嘲笑，只有那些心生怨言的失敗者才會成為眾人躲避或討伐的對象。人們通常都願意給失敗者或失意者更多的掌聲和尊重，卻不願意花費時間來聽一大堆毫無意義的訴苦，因為這種尊重同樣毫無意義。所以失意者與其高調地訴苦抱怨，還不如低調地埋頭苦幹。

14. 安貧樂道是人生大境界

當貧困也成為一種境界的時候，多數人都會嗤之以鼻，他們會認為安貧只是失意者的文字遊戲，無非是為了保住最後的一點顏面，不至於被人說成是無能，因為仕途不如意而退居山林的，就叫歸隱，同樣，無力創造財富只能將就著生活的，就叫做安貧。所以安貧樂道常常會被當成沒有出息的舉動，被當成對不利生活環境的一種消極反應。很顯然，一個安於貧困的人一定就是一個想改變現狀卻無力改變現狀的落魄者。

不過真正安貧的人，並非無能的人，安貧是一種逆境中的樂觀心態，是一種自我的獨立和對環境的超脫。安貧樂道的人不會讓困難和苦難影響到自己的心態，真正做到了「不以物喜，不以己悲」。在他們看來，低調從容的心態非常重要，有助於堅持自己的信仰、實現自己的理想，這是難得的自我修練。

孔子門生三千，其中有七十二賢人，而顏回是孔子最為得意的門生子弟。他之所以受到孔子的器重，很大的原因就是他雖然貧窮度日卻始終都能夠保持淡定、樂觀的心態。孔子曾對學生們說：「賢哉，回也！一簞食，一瓢飲，在陋巷，人不堪其憂，回也不改其樂。賢哉，回也。」才華出眾的顏回完全有能力做官，並有所作為，所以根本就不算是自暴自棄。

東漢唯物主義哲學家王充自認為：「貧無一畝衣身，志佚於王公；賤無鬥石之佚，意若食萬鍾。得官不欣，失位不恨。處逸樂而欲不放，居

貧苦而志不倦。」他最終在貧困中寫出了唯物主義鉅著《論衡》。

有些人完全有能力改變當前不利的局面，讓自己脫離貧困，但是他們往往具有更為崇高遠大的理想，他們不會因為貧困的存在而擅自作出改變，反而將貧困當作人生的一種磨礪和修練，所以安貧在一定程度上就是有志者的選擇。另外，有些人即使處在貧困的環境中，即便自己無力改變現狀，也會保持良好的心態，泰然處之，不使自己被困難擊垮。他們知道只有保持足夠的信心和抗壓能力，自己才能圖謀東山再起、逆境重生。

晉人王歡，家境貧寒，常常陷入飢寒交迫之中，他的妻子曾經希望他能夠出去做點小生意，維持一家生計。但王歡自知不懂得經商之道，根本就不是經商的料，所以一心一意地鑽研學業，每天什麼工作也不做，就是埋在書堆裡，有時候家中窮得都沒有飯吃了，他還是一如既往地漠不關心，還開開心心地讀著書。

妻子對他的舉動非常生氣，有時候實在無法忍受了，就跑到書房裡把他的書燒掉，甚至當面提出離婚，以此來警示和威脅王歡。王歡對此卻只是置之一笑，他打趣地問妻子是否聽說過朱買臣的妻子，她曾經因為嫌朱買臣太窮而離開他，等到朱買臣發跡為官時，最終因為後悔而上吊自殺。王歡的言下之意是自己有朝一日一定會出人頭地，妻子這時離開將來一定會後悔。

平時經常有鄰居嘲笑王歡的無能，認為他根本就沒有能力和勇氣支撐起家庭，猜測他可能已經放棄了養活家人的打算，所以只能無奈地選擇讀書來逃避現實，聽到王歡和妻子的對話後，更是打心底鄙視他。

但王歡並不這麼想，現在的貧困局面不是一時就能得到改觀的，更何況自己根本就不懂得經商之道，自己只有安心地適應這種生活，才能

安心地讀書,如果四處折磨反而會造成更大的損失。本著執著的精神,安於貧困卻堅守信仰的王歡,後來終於成為名重一時的大文人,生活自此也有了很大的改善。

貧困是生存和發展的障礙,每個人都想掙脫貧困的束縛,希望自己能處在一個穩定的生活環境中去發展。不過周圍的環境不是說變就能夠變,有心無力也是於事無補,在某些特殊的情況中,貧困可能會是一個強大而頑固的對手,既然一時之間無法有效地作出改變,那麼還不如靜下心來,暫且適應這樣的環境,然後謀求更好的辦法。

「天將降大任於斯人也,必先苦其心志,勞其筋骨,餓其體膚,空乏其身,行拂亂其所為」,因此,聰明的人就會把貧困當成一種獨特的歷練方法,希望自己在貧困的環境下鍛鍊心智,提高抗壓能力,這種積極進取的主動精神對於人生的發展往往會造成重要作用。所以安貧不是對逆境的屈服,更不是自暴自棄的消極行為,而是一種成熟淡定的心態。

七、隱藏自己的欲望，滿足別人的虛榮

——韜養心性的明智選擇

1. 對付一個人，先讓他驕傲

「金無足赤，人無完人」，每個人都會有缺陷，無論是生理上的缺陷，還是心理上的缺陷。其中，心理缺陷往往是影響一個人最大的因素，而且其他方面的缺陷一定程度上都和心理有關。一個人的心理狀態如何，往往能從他的具體活動中表現出來，同時，心理狀態還會反過來制約身體的活動，正因如此，許多人都喜歡研究心理戰術，以便能夠準確把握別人的心理狀態，這樣才能找出對方的最大缺陷。

普遍存在人們心中的心理缺陷就是虛榮心，每個人或多或少都存在愛慕虛榮的心理，只不過有些人表現得很明顯，而有些人則可以隱藏起來，有些人任由自己的虛榮心作祟，有些人卻能及時地壓制和控制它，但無論如何控制，它在潛意識裡都會表現出來。虛榮心強的人通常都很傲慢，他們對自己的能力和要求不一定都非常高，但是絕對會表現出自信的狀態，而且他們很容易追求那些虛無的精神滿足，而這往往會成為別人攻擊的最佳切入點。

西元 199 年，孫策與曹操、劉璋等人相約討伐袁術、劉表，可是聯軍尚未出兵，袁術就因病去世，結果袁家軍瞬間分崩離析，部將們走的走、投的投，袁術的勢力很快就消失於無形。當時袁術的很多將士投靠了盧江太守劉勳，劉勳的實力因此一下子就得到了很大的提升。不過兵馬增多之後，糧草卻出現了短缺，劉勳只能四處借糧，卻四處碰壁，為此他有意去上繚搶糧。

　　孫策早就有意向北擴張領地，而劉勳所在的廬江正是最好的目標，所以孫策一直都想除掉劉勳，占領廬江，無奈劉勳勢力越來越大，直接強攻硬取顯然不行，而劉勳這次缺糧借糧正是良機。孫策知道劉勳為人向來自負，且驕傲自大，喜歡聽別人的奉承之言，為此孫策故意寫了一封信給劉勳，在信中孫策狠狠地誇讚了劉勳，認為他能力突出，理所當然地應該占據富饒的上繚。孫策卑躬屈膝、屈己下人，將劉勳捧得非常高。

　　劉勳收到信後非常高興，於是情緒激動，立即決定出兵上繚，但是謀士劉曄比較冷靜，他極力勸阻劉勳不要輕舉妄動，可是驕傲的劉勳根本聽不進去，反而一意孤行，帶領眾多人馬直奔上繚而去。到了上繚才發現這已經是一座空城，他什麼也沒得到。而孫策得知劉勳出兵後，立即率領軍隊強攻劉勳大本營，並順利拿下廬江。

　　廬江失守的消息很快傳到劉勳耳中，他立即率部折回援救廬江，卻於事無補，根本沒辦法奪回廬江，氣憤之餘只能無奈地投奔了曹操。而孫策拿下廬江後，江東的勢力也得到進一步的壯大。

　　在對待自己的對手時，打擊、侮辱和貶低，往往都不能奏效，因為這樣通常很難動搖對方的信心和決心，尤其是面對那些強大的對手，搞不好反而會激發對方更大的能量。既然打擊行不通，那麼就應該試著去讚美對方，讚美是最有效的興奮劑，也往往是最可怕的殺人毒藥。

　　某位哲學家曾說過：「那些看似美好的徵兆中，總是會潛藏著不幸的厄運。」的確，有時候讚美對方實際上就是讓對方自己犯錯，這不是等待對方犯錯，而是促使對方主動犯錯。每個人都希望聽到別人的讚美，這是對自身能力最好的認可，所以基本上很少有人會去拒絕別人對自己說好話，也無法承受住這些好話的利誘。人都是禁不起誇讚的，這是虛榮心的一部分。

聰明的人會故意抬高對手而貶低自己，使對手驕傲自大，因為你越是讚賞誇讚對方，對方越容易受到麻痺，滋長出驕傲自大的心理情緒，驕傲就會得意，得意則要忘形，而一旦忘形就難免要犯錯。英國戲劇大師莎士比亞說：「一個驕傲的人，結果總是在驕傲中毀滅自己。」這就像玩翹翹板一樣，當自己下降到最低處時，恰好是最安穩的，而此時對方已經身處高處，則往往十分危險，因為站得越高，摔得也就越重。

每一個競爭者都想借助自己的力量摧毀對手，或者千方百計地想著如何把對手往陷阱裡面推，殊不知道最好的辦法是讓對方自我毀滅，最輕巧的手段是等著對方自己落入陷阱，這樣事半功倍，風險也絕對可以降到最低。年輕人在與對手抗衡的時候，有必要給予對方一些言不由衷的讚美，有必要處處彰顯出對方的強大，盡量讓對方產生優越感，盡量讓對方自信心膨脹起來，等對方虛飄到高處時，就一定會露出疏忽和破綻，而這往往就是你擊敗對手獲得成功的關鍵。

2. 多事不如少事，少事不如無事

　　小說家劉鶚在《老殘遊記》第十二回中說道：「現在國家正當多事之秋，那王公大臣只是恐怕耽處分，多一事不如少一事，弄得百事俱廢，將來又是怎樣個了局？」這是典型的中庸之道，多一事不如少一事，凡事都求個「穩」字，雖然其中不免有私心作祟的成分，但是結果往往是既保全了自己，也保全了當前的局面。

　　從韜晦的角度來說，多一事不如少一事確實是保身求存的不二法則。一個安分守己、不輕易生事的人，總是能夠很好地免除禍患，因為他遠離那些是是非非的恩怨，根本就不會捲入到是非之中，更不會製造是非，而這就成為安全的最大保障。除了一點自我保護的私心，許多人能夠從大局出發，站在全面性的角度來看待問題，所以盡量減少事端，最好是免生事端，以免對大環境造成嚴重的影響。

　　北宋宋真宗時期的宰相王旦為人耿直正派，且一心為國家社稷著想，事事都能夠從大局出發，為相期間堪稱相業輝煌、政績傲人，為國家做出了突出的貢獻。如此賢相自然深得真宗的信任，很長一段時間內，真宗都對他言聽計從。

　　某次，宮中一個算命的道士仗著真宗的寵愛，竟然妄論起宮廷之事，並大膽地上書給皇上。原本就是家醜不可外揚，何況是宮中，而道士也不應該越俎代庖談論國家政事，一想到這些，真宗就氣得火冒三丈，於是立即下令處死道士，並查抄了道士的家。可是在查抄的過程

中，宋真宗意外發現了許多朝中大臣都曾在道士這裡算卦占卜、預知凶吉。

看到大臣們與道士有交集往來，宋真宗非常生氣，於是就按照名單依序抓捕被牽涉到的大臣。被牽連的大臣都惶恐不安，擔心自己會就此捲入宮廷政治的是非之中，於是就立刻找到深受皇上信任的王旦。王旦知道這些大臣與道士的出格行為必然有關，這件事本來就不應該發生，況且如此多的大臣受到牽連，整個朝廷一定會受到很大的影響，這對大宋的政權鞏固非常不利。

受到大臣們的囑託後，王旦立即進宮面見皇上，他認為大臣們占卜算命只是人之常情，並沒有涉及朝廷的言語和舉動，根本就不足以治罪。此時，真宗怒氣未消，依然堅持要狠狠地懲治這些大臣。王旦就從懷中取出一本占卜的書，然後誠懇地說：「臣年少微賤時，也做過問卜之事，不過是想知道自己的前程而已，如果皇上一定要治他們的罪，那麼就連我也一起抓起來吧！」

真宗看到王旦如此，非常無奈，只好勉強同意暫時不治大臣們的罪。之後，王旦迅速回到中書省，燒掉了那些占卜的證據，他擔心皇上事後還會追查，而這些所謂的證據無疑是最大的禍因。沒多久，真宗果然想反悔，可是證據卻已經被王旦燒毀了，於是只能放棄。

像王旦一樣懷有「多一事不如少一事」這種想法的人，常常會被誤認為膽小怕事，尤其是與人發生矛盾的時候，即便吃了虧也不敢多生事端，擔心自己會把事情鬧大鬧僵，所以能夠避免就盡量避免，絕對不會與對方糾纏不清，更不會伺機報復。有些則喜歡充當和事佬，什麼時候都講究以和為貴，不希望發生什麼不愉快的事，所以從來都是一副苦口婆心的姿態，兩邊說好話，甚至唯唯諾諾，完全就像一個沒膽的人。

　　人們通常都鄙視這樣的人，但是實際上這種人往往都很有遠見，遇事能夠分清主次、釐清利害關係，能夠從大局出發，絕對不會因為一點小事而影響到整體的發展。他們看事情想問題總是要比一般人看得更深更遠，絕對不會衝動行事，即便受到了屈辱和威脅，也一樣會保持淡定沉穩的姿態，與其說他們像老鼠一樣膽小怕事，倒不如說他們像老鼠一樣謹慎。

　　只有在多事之秋，人的生存才會受到更多的挑戰和威脅；相反，事情越少，麻煩也就越少，沒事發生的話，危險當然也就不會存在。年輕人仗著自己年輕氣盛，做事不計後果，他們從來都不害怕惹事，總是喜歡針鋒相對，而且有仇必報，這種毫不退縮的剛猛氣勢卻往往會害他們吃虧。年輕人一定要克制自己的情緒，凡事應該顧全大局，多生事端最終對自己沒有任何好處。

3. 讓能力高於位置

一般而言，一個人的位置高低應該與能力強弱相對應，能力有多強，就能創造多大的功績和價值，那麼作為回報，就應該處在相應的位置，這是付出與回報天生的等價規律。不過事實上，很多時候一個人的能力與地位並不能完全對應，總是會相互脫節，或是出現一定的誤差，而這種誤差常常是人為的。有些人千方百計地想要提升自己的地位，卻從來不注重提升自己的能力，所以常常能力平庸，卻高高在上，而那些聰明的人則會盡量去隱藏和掩飾自己，儘管能力得到不斷的提升，卻心甘情願地維持在低位。

人才常常會遭到嫉妒，這是社會常見的現象，但是究其本質來說，對手妒忌的不是你的能力，而是你的位置。天外有天、人外有人，每個人都知道比自己能力強的大有人在，如果因為這樣而心生妒忌，那豈不是自己跟自己過不去，所以人們妒忌的並不是別人的才能，而是地位，這才是利益爭奪之所在。

一個能力不高卻身居高位的人，總是會在別人的攻擊下敗下陣來。一方面，身處高位的人往往會招來別人的嫉恨，自古皆然；另一方面，能力不強的人更容易被淘汰掉。而當一個有能力的人處在一個相對低下的位置時，總是會表現出與世無爭的姿態，那麼對手就會放鬆戒備和警惕，也感受不到競爭的威脅。而且能力大於位置的人，在與同級別的競爭對手競爭的時候，往往更加遊刃有餘，不會失去自己現有的地位。

　　趙雲是三國時期的五虎上將之一，但是論及地位和待遇，他也許是五虎將中最低調的。關羽和張飛是劉備的義弟，他們受到重用和信任自然在情理之中，但與馬超、黃忠等人相比，趙雲完全有能力凌駕於他們之上，不過聰明的趙雲卻總是低調做人，甘居人後。

　　雖然戰功顯赫，但是他一直都淡看官職和封賞，因此升遷速度很慢，一直等到平定益州後，趙雲才受封「翊軍將軍」。而關羽「董督荊州事」，官職依然是原先的「蕩寇將軍」，但是實權卻大幅增加了；張飛「領巴西太守」，官職雖然還是「徵虜將軍」，實際的權力也並沒有什麼改變，不過統率的兵力卻增加了許多；馬超則是從偏將軍加速升遷到「平西將軍」，比趙雲地位還要高；黃忠和魏延是降將，黃忠從裨將軍升到了「討虜將軍」的職位，地位與趙雲不相上下；魏延由原來的部曲飆升為「牙門將軍」，地位雖然比不上趙雲，但他的升遷速度實在過於驚人。

　　另外，在蜀國眾多大將之中，唯獨趙雲從來沒有鎮守過一方，就連魏延後來也任職鎮守漢中。論及趙雲的能力，他絕對不比其他四位上將差，比之魏延則是綽綽有餘，因此絕對有能力鎮守一方，不過他為人向來謹慎低調，從來不與人進行無妄之爭，因為他深知政治競爭的殘酷和敏感。當年馬超入選五虎上將的時候，就引起關羽的不滿，趙雲自然不會疏忽這些競爭的潛規則，只有能力大於位置，才能堵住悠悠之口，破除別人的猜忌，也才能更加安全地生存下去。諸葛亮北伐失敗後，趙雲更是主動提出降低自己的官職，以平衡眾將士的心，做人如此謹慎，不僅保留了名節，更是保全了性命。

　　趙雲有能力與關張二人並駕齊驅，但是依然甘為人後，行事一直十分低調，一心為劉備賣命，根本無意功名。他的這種精神得到了劉備和諸葛亮的讚許，尤其是諸葛亮，他對於趙雲的為人非常讚賞，並將其

當作最值得信賴的大將，而即便是關羽和張飛二人也對趙子龍尊重有加。也正因為趙雲一直都是能力大於位置，所以在眾多將領中，他最得善終。

　　一個低調藏拙的人，能夠敏銳地察覺到潛在的危險，所以總是謹慎行事，盡量掩藏自己真正的實力，把自己安排在相對較低的位置上，這樣就可以減少或消除競爭對手的戒心，免除那些強者的攻擊和打壓，然後安心地韜光養晦。同時，因為能力有餘，又能夠有效地抵禦同一位置的競爭對手的打壓。如此蟄伏潛藏的態勢，能夠保證進可攻退可守，是非常有效的生存策略。

　　年輕人總是期待著不斷向上爬，卻常常忽略了其中蘊藏的巨大風險。貿然地前進，一定會遭到競爭者的圍堵，從而增加成功的難度和失敗的風險，只有穩紮穩打，走好每一步，積極提高自身能力，充分地累積向上的力量，這樣才能更穩健更順利地到達終點。

4. 魚離不開水，人離不開權

　　權力是惹禍之首，也是保身求存的利器，一個人失去了權力，往往也就失去了生存最強大的根基。無論是「居廟堂之高」，還是「處江湖之遠」，只要手中牢牢控制住權力，那麼面對各種困難和危險，都能夠進行有效的自我保護。古代的隱者中除了有心嚮往山野田園生活的樂趣的人外，多數人都是被時勢所逼，尤其是那些掌權的人物，一朝得勢，一朝失勢，這些都是很正常的現象，得意時叱吒風雲，失意時隱忍待發。

　　有錢人不會輕易散盡家財，為官者也不會輕易解甲歸田，有所保留才能給予生存最基本的保障，才能在失意的時候，尋求到東山再起的良機。做人要低調，要善於放棄，但是有些東西是絕對不能輕易拋棄的，否則可能會性命堪憂，所以隱藏也要有限度，一旦超過了一定的界限，隱藏的目的也就難以達到，事情的性質也將會發生轉變。隱藏多為自保，因此，很多時候人們應該適當地放棄權力，但如果不是特殊情況，最好不要完全放棄，這樣退可以保身，進則能夠東山再起，或者牽制你的競爭對手。

　　乾隆是中國在位時間最長的皇帝之一，不過他在 85 歲的高齡時，決定讓位給自己的兒子顒琰，也就是後來的嘉慶皇帝，最終將自己的皇帝生涯定格在了 60 年，因此沒能超過康熙的 61 年。古代的皇帝向來都喜歡成就前無古人後無來者的事，尤其是好大喜功的皇帝，乾隆能夠主動在紀錄面前止步，這份勇氣實在值得讚賞。

　　皇家的子承父業，多數都是先皇駕崩之後的事，乾隆的提前讓位在整個中國歷史上都非常罕見，究其原因自然有乾隆對於祖父康熙的尊重，他曾十分明確地宣稱自己不會超過康熙在位的時間。但乾隆的讓位也不單是這個原因，在宮廷政治之中，皇帝和太子的關係向來都很微妙，一個是當權者，一個是未來的當權者，在這兩人周圍一定會形成強大的勢力團體，而這就是宮廷動亂的一個重要誘因。乾隆當時已經是高齡之身，對於國家的掌控能力大不如前，繼續當政實際上是對嘉慶的一種威脅和傷害，因為時間拖得越久，那些不可預知的事情就越容易發生，這是繼任者最擔心的。

　　乾隆明白這個道理，他也害怕自己會和嘉慶發生一些矛盾衝突，所以適時地將皇位交接出去，反而能夠安定人心。另外，乾隆對嘉慶的為人還是比較認同的，所以一直希望自己在世時可以幫助他儘早地統領大局，提前讓位大有扶正的意思，能夠給予嘉慶更大的政治發展空間。

　　儘管乾隆讓位，退居到政治舞臺的後方，但是卻始終沒有放權，他依然是大清朝實際的掌權者，嘉慶皇帝頂多只是一個沒有實權的花瓶，甚至是一個傀儡皇帝。乾隆之所以放位不放權，主要原因就是害怕自己放權後，嘉慶缺乏掌控能力，致使宮廷發生動亂，另外他也擔心兒子會做出對自己不利的事情，這當然不是謀殺，而是一種政治體系的肅清和改革，這是乾隆不願意看到的，所以他有必要保留權力，藉以牽制嘉慶的行動。因此，乾隆在讓位後訓政三年零三個月，直到死前，才交出了大權。

　　利順則進，意背則退，這是人們應對環境變化的基本方略，而維繫進退的往往就是手中的權力，沒有權力加身，通常是進無可進、退無可退。老子說：「魚不可脫於淵，國之利器不可示於人。」那些最基本、最

有力的防身利器，往往是立身保身的根本，絕對不能輕易丟掉，一旦被棄，人也就脫離了它們的保護，成為任人魚肉的對象。

權力通常都會是競爭和對抗的誘因，尤其是在官場政治鬥爭中。所以做人一定要低調，不要過於糾結於權力之中。但是一個人的成功也需要權力來支持和保護，沒有了權力，自己就可能成為別人赤裸裸的攻擊目標，只有掌握實權，對手才會有所忌憚。沒有權的人，即便有心歸隱避讓，對方也許還會趕盡殺絕。

成也由權，敗也由權，年輕人在面對社會競爭時，對於權力的索求，一定要保持冷靜的態度，不要過分地執著和狂熱。凡事要低調一些，能不與人相爭則盡量避免衝突，得權太多未必會是好事，不過也絕對不能老實到一點權力也不接受。想要在激烈殘酷的競爭環境中生存下來，權力是必不可少的一個保障，失去了這個保障，你的競爭對手就會更加肆無忌憚地予以攻擊。所以，做人既要有心隱晦，也要有心留權，這樣才能在競爭中做到進退自如。

5. 小人身上也有優點

「物以類聚，人以群分」，古人喜歡簡單籠統地將人分為兩種——君子和小人，當然孔子除外，孔子曾說「唯小人與女子難養也」，可見他有意將女人獨立在君子和小人之外了。不過對於多數人而言，君子和小人之分已經成為最常見的族群劃分標準，曾國藩對人的劃分更是苛刻到近乎恐怖——「不為聖賢，便為禽獸」。

對人的劃分不該這樣簡單和草率，介於君子小人之間、聖賢與禽獸之間的人，才是最常見的，而且應該說占據了人的絕大多數。然而，華人對於君子和小人的劃分向來十分在意，因此對邏輯並沒有進行深究。

其實，君子和小人的劃分也並不是那麼絕對，君子並非就是人中大賢大智的好人，小人也不是絕對一無是處的人渣和敗類，君子有迂腐頑固的缺陷，小人則有機靈變通的能力，一棒子打死的做法並不科學，也不明智。君子完全可以吸收小人身上的優點為自己所用，從而增加保身避禍的能力，只有取其所長、避其所短才是最合理的做法。

東漢的大司徒胡廣，為人很有才能，頗具全局觀，凡事都能夠為東漢政權和大漢江山著想，是一個能力極強的大臣，漢安帝在位時就曾誇讚他是天下第一。由於能力突出，為人又謹慎小心，他的仕途非常順利，這也正好圓了他一展抱負、為國效命的心願。

胡廣與大臣李固、趙戒同為三公，在朝中一直都很有聲望，群臣都唯其馬首是瞻。不過當時最有權勢的人卻是一手遮天的大將軍梁冀，他

專門扶植幼小無能的皇帝，以方便自己控制朝政，為此引起了其他人的不滿。李固直接寫信給梁冀，要求他擁立年長賢明的藩王為帝，並舉薦了清河王劉蒜。為了進一步箝制梁冀，李固聯合胡廣、趙戒建立同盟，準備向梁冀施加壓力。

眼見三人的意見統一，梁冀也感到自己實在找不出好的理由，心中雖然不願卻也無可奈何，最後他還是做出了讓步和妥協，同意擁立年長的皇帝，但是卻選中了自己的妹夫，就是後來的漢桓帝。而李固堅持要擁立劉蒜為帝，不肯讓步。胡廣則認為梁冀手握天下兵馬，勢力太大，如今已然有所退讓，自己實在不宜「得寸進尺」，於是在梁冀的淫威下臨時改變了原先的決議，不敢再繼續堅持。群臣見此也紛紛投向梁冀一方，李固最終陷入孤軍奮戰的境地，只能吞下失敗的苦果。

漢桓帝即位後，李固及其跟隨者被判死刑，胡廣因為擁立新皇帝有功，不僅逃過了梁冀的追殺，而且還被封為安樂鄉侯，他也得以繼續為東漢政權效力，為保住這個風雨飄搖的劉氏政權耗費自己的心力。李固死前曾寫信大罵胡廣的變節行為，胡廣聞之痛哭不已。由此可見胡廣的小人之舉實在是不得已而為之，其中苦楚只有他自己能夠明白。

小人和君子的區分向來就沒有明確的界限，小人也會行君子之事，而君子在特定的情況下，也可能會效仿小人的行為。世間沒有完美的人，君子也有缺點和不足，這一點剛好可以從小人身上學習彌補；世間也沒有一無是處的人，小人也絕對不會滿身都是缺點，從他們身上也能發現許多亮點，尤其是生存的技巧，在這一點上，君子是望塵莫及。小人向來不拘常規，不按理出牌，這對其他競爭對手而言，是一個難以捉摸的點，對手通常不知道小人會使出什麼陰招，所以避無可避、防不勝防。

在打擊對手和求存保身這一層面上，小人的技術絕對是超一流的，而這恰好是君子的弱點，君子行事向來都喜歡循規蹈矩、按部就班，根本就不擅長變通，做人又處處受制於禮儀道德的束縛，所以處處受制於人且處處都要吃虧。其實，做人的最高境界就是一定要懂得靈活變通，堅持原則固然是好事，但也要視乎實際情況而定，什麼事都按著規矩進行，那麼就很容易遭到失敗的打擊，迂腐頑固的人不僅墨守成規，而且還自命清高，而這樣的人最終只會作繭自縛。

不要總是戴著有色眼鏡來看待小人，君子有必要向小人學習，物有利則取之，只要有利用的價值，這就是一種優點和優勢，小人身上也有可利用的優點，將君子和小人一刀兩斷的做法實在過於草率。把君子名銜看得過重，將小人能力看得過輕，這都不是合理的態度，已經算是以小人之心度小人之腹。

有必要的話，君子做一回小人也無妨，這是權謀的一種表現。君子剛直，小人善忍，如果綜合起來，剛直就成為本心，而忍則是一種外在的策略，那麼君子在處事時，一定能夠遊刃有餘，而且還可以明哲保身，及時躲避災禍。

另外，君子也可以試著任用一些小人為自己做事，孟嘗君貴為戰國四公子之一，卻也還要招攬一大批雞鳴狗盜的小人，並藉助他們的力量脫險，可見小人的利用價值是非常可觀的，其優點往往是常人無法比擬的。

年輕人在激烈的社會競爭中，有必要讓自己迅速融入到世俗環境中，有時候充當君子就意味著充當炮灰，只有靈活處世才能更順利地生存下去。既然當君子很累，也很困難，那為何不嘗試著發掘小人身上的價值呢？小人物也有大智慧，而小人也會有大優點。

6. 少言是銀，沉默是金

古希臘的先知說：「急於表現自己，實際上就出賣和貶低了你的智慧。」但在現實生活中，總是有一些喜歡表現自己、愛出風頭的人，無論自己有沒有斤兩，總是要拿出來炫耀一番 —— 無德的人，盡量表現自己的仁義道德；無才的人，盡量賣弄自己的文采風流；無財的人，盡量誇耀自己腰纏萬貫；無知的人，盡量展示自己的博學高見。

其實，愛表現自己都是虛榮心在作祟，而有些人卻恰恰相反 —— 有錢的不露家財，即便富可敵國，也是布衣素食；有德的不妄談仁愛，只保證心中有德有愛；有才的不顯淵博，學富五車也還謙虛做人，天下大事無論聞與未聞，都能夠沉默對之。

一個人性情如何，往往從說話中就可以表現出來，一個人如果是喜歡說話的大嘴巴，即便是有真材實料，也只是一個糊塗的聰明人。想要尋求自保，說話一定要注意分寸，盡量少說話或者不說話，而那些多說話的人，通常都會為自己帶來麻煩。

古時匈奴向來好戰且實力強大，長期以來就是中原國家的大敵，不過後來在常年與漢朝的交兵中，匈奴的勢力受到了很大的打擊，長久都無法恢復到巔峰時期的水準。三國時期，匈奴國勢力更是受到了壓制，他們常常受到漢人侵擾，只能不斷往西北遷徙。為了改善這種不利的生存局面，匈奴國的單于就派使者前去拜見當時稱雄北方的曹操。

曹操手下兵強馬壯，對於匈奴人一向都不怎麼客氣，不過他有意南

征西討統一中國，並不想另外在北部樹敵，他當然知道匈奴使者的來意，所以對匈奴人的求和也是頗為迎合的。但是為了表現魏國的地位和大國氣勢，曹操擔心自己還不夠威嚴，恐怕不能在會見使者時造成震懾匈奴的作用，思前想後就臨時讓手下一個氣勢威武的官員冒充自己去接見匈奴來使，自己則拿著刀立在官員的一側當起了侍衛，從旁觀察相關的和談情況。

會面在很愉快的氛圍中結束，曹操心中也十分高興，為了驗證匈奴人是否感受到了大魏的威嚴，於是立刻派人去打探，以便了解匈奴使者對魏王的印象。匈奴使者並沒有發現其中的端倪，只是依據自己的所見所感，非常誠實地回答說：「魏王的確雅望非常。」面對如此稱讚曹操自然非常高興，認為匈奴人一旦感受到了氣勢，就一定會心生畏懼，而不敢與大魏為敵。言及此處，本來是皆大歡喜的好結局，但是這個匈奴使者卻偏偏多嘴了幾句，他無不驚訝地補充了一句：「然而床頭捉刀人，真乃英雄也。」曹操聽說後很生氣，立刻就派人誅殺了來使。

面對試探性的提問，匈奴使者所說的話，極盡讚美之詞，說得非常妥當，其實已經取得了曹操的歡心，後一句多嘴之言卻犯了大忌。一方面，曹操向來自負，並不喜歡別人看破他的天機，被人當眾揭穿實在有失面子，更何況只是一個小小的匈奴使者，所以心胸狹隘的曹操動了殺機；另一方面，一個帶刀護衛的霸氣和威嚴竟然超過了一國之君，這種事一旦傳出去，曹操豈不淪為別人的笑柄，為保名聲，曹操自然是鐵了心要誅殺掉這個匈奴使者。

中文中向來就有「言多必失」的千古明訓，英國也有「生活是銀，沉默是金」的金玉良言。的確，病從口入，禍從口出，說話不當往往會給自己帶來許多麻煩甚至是災禍。話不在多而在精，多說無益，因為說

得越多也就會錯得越多，很容易得罪他人，而且說話往往能表現出一個人的心裡想法，開口之後，這種資訊很容易被對手捕捉到，成為對手攻擊你的一個切入點。有些人則是出於妒忌心理，你說得越多，出風頭表現自己的機會當然也就越多，而這在別人看來會是一種威脅和挑釁，所以對方一定會想辦法打壓和除掉你。

道家創始人老子說：「知者不言，言者不知。」一個真正聰明有學問的人是不會輕易多嘴多舌的，他們總是有意保持緘默，而那些多嘴多舌的人卻顯得非常不明智，總是想方設法在別人面前展示自己的能力，結果不免會為自己帶來麻煩。當然所謂「不言」，並不是堵住嘴巴一句話也不說，而是要人們在與人交談時盡量少言，慎言，不多言，不妄言。

「天不言自高，地不言自厚」，不說話並不代表真的就無知，相反，很多沉默者都是才智出眾、學識淵博的人才，所以做人一定要低調。喜歡侃侃而談的人，唯恐別人不知道他的能力和智慧，拚命去表現自己，結果輕則貽人笑柄，重則失言遭禍，即便說得句句有理，也會因為風頭過盛而招來嫉恨，所以管不住嘴巴的人，通常也免不了受到別人的攻擊。

懂得沉默是保身求存的一個重要方法，年輕人一定要留意控制自己的嘴巴，珍惜自己的話語權，不要多說更不能亂說，話既能傷人，也會傷己，為自己帶來難以預料的災禍。年輕人做人做事都應該低調一些，不要到處向別人展示自己的實力，不要單純地為了滿足口舌之欲，而讓自己成為眾矢之的。一個會說話的人從來不會多說一句廢話，一個聰明的人絕對不會告訴別人自己有多聰明。

7. 衝動的魔鬼早該通緝

宋代大詞人蘇軾在〈留侯論〉中說：「古之所謂豪傑之士者，必有過人之節，人情有所不能忍者。匹夫見辱，拔劍而起，挺身而鬥，此不足為勇也。」的確，理智冷靜的人往往能夠成就大的功業，劉邦、韓信、勾踐、司馬懿莫不是如此，而自古以來，那些衝動的人基本上都很容易嘗到失敗的苦果。

衝動行事的人，常常會處於「當局者迷」的境況，一旦情緒激動，就什麼都不管不顧，失去了基本的自控能力。做事不冷靜，基本上想到什麼就去做什麼，根本不會仔細考慮自己可能要承擔的後果，這是一種心智不成熟的表現，又缺乏自制力，因此很容易犯下重大的錯誤。

諺語說：「萬事皆因忙中錯，好人半自苦中來。」衝動的人容易急躁，越急躁就越容易犯錯，而一旦犯錯，情緒就會變得更加糟糕。隨著負面情緒的不斷累加，人也就容易陷入情緒失控的惡性循環之中，失敗和挫折也就不斷地擴大和增加。但如果一開始就能夠及時地冷靜下來，那麼就能夠好好地控制住局勢，自身的行動也絕對不會被情緒所左右，自然就不會深陷麻煩之中。

做事情的時候，要多想想為什麼會出現這樣的情況，做了到底又會怎麼樣，只有認真地把問題想清楚，才能想到更好的辦法去解決問題。衝動從來都不能真正解決問題，想也不想就豁出去，只能面臨更大的挫折。「小不忍則亂大謀」，一個人要學會忍耐，千萬不要意氣用事，即便

在面對競爭對手的打壓和攻擊時，也必須從大局出發，從長遠出發。不惜強忍一時之辱，也要保留自身的實力不會受到大的損害。忍一時，風平浪靜；退一步，海闊天空。衝動行事只會破壞大局，甚至將自己推入險境，招來殺身之禍。

張耳和陳餘是魏國的名士，兩人都很有才能，深得魏王的重用。在秦國派大軍滅亡了魏國後，秦王聽說了張耳和陳餘的名聲和威望，於是就立即懸賞重金捉拿二人。懸賞告示上寫著抓到張耳的人賞賜千金，抓到陳餘的人賞賜五百金，兩人聽得風聲後，就進行喬裝打扮、改名換姓，然後趁機離開魏國，直接逃往陳國。

為了徹底躲避官兵的追捕，兩個人到陳國當起了里正衛，一方面可以掩人耳目，另一方面可以維持基本的生活。但是，陳國小吏們經常欺負他們。某次，陳餘犯了一點小錯誤，結果遭到小吏的毒打，陳餘聯想到自己以前在魏國受人尊敬、風光無限，立刻覺得很不服氣，起身準備反抗，張耳見他如此衝動，便用腳踩他，提醒他不要亂來，以免身分暴露，陳餘只好不情願地忍了下來。

事後，張耳狠狠地責備了陳餘，認為他不懂得忍耐，不能從大局出發，為了報復一個小吏而差點洩漏身分，因為一點皮肉之苦和委屈就要讓自己承受失去性命的風險，這實在是昏庸愚蠢的舉動。聽了張耳的話，原想伺機報復的陳餘這才漸漸消了氣，兩人也因此免除了殺身之禍。

兩人的能力同樣都很突出，但是性格卻迥然不同。張耳老到沉穩，為人處世低調且十分冷靜，凡事都能夠考慮周到；而陳餘卻頗為自負，為人衝動易怒，不善於隱忍。兩人後來又逃到趙國，張耳得到了趙王的重用，性格決定命運，謹慎理性的張耳後來跟隨劉邦打天下，自己也封

侯拜相，並成為趙王，世代受到大漢福廕和恩澤。而陳餘則在與漢軍對抗中，被韓信殺害。

　　衝動的人通常都難以成就大事，因為當面對不利環境時，衝動只會讓自己陷入更加被動的境地。誤打誤撞、因禍得福的機率向來都很小，而且一旦忙中出錯，最終的結果就只能是錯上加錯，情勢一定會不斷惡化，狀況也會變得更糟。只有暫時隱忍下去，這樣才能冷靜地思考問題，以便尋求更好的解決方法，從而徹底擺脫被動的局面。

　　年輕人性格剛烈，又爭強好勝，行事莽莽撞撞，甚至經常不經大腦，只要決定了做某件事，就會立即著手去做，根本不會想到先冷靜下來仔細分析和考慮清楚。他們常常是死腦筋的人物，做事只憑藉一股衝勁，根本不會去多想，甚至不願意去多想。德國作家海澤（Paul Heyse）曾經有過這樣的評價：「可惜年輕人都像些飛蛾，他們本可以在世界上活得好好的，但一見亮光，便不分青紅皂白地一頭撲過去，只圖痛痛快快，到頭來很多人被燒得焦頭爛額，狼狽不堪，自己還不明所以！」

　　當然，辦事有熱情是對的，但是熱情並不等於衝動，熱情往往是建立在理性分析的基礎上，而衝動純粹就是盲目出擊，兩者性質不同，效果也不同。年輕人最大的優勢在於青春和活力，但凡事都要三思而後行，衝動只會增加生存的負擔，增加發展的阻力。

8. 靜觀其變也能坐享其成

　　有句俗語叫「兩虎相爭，必有一傷」，但就整體情況而言，「兩虎」中的任何一方都很難形成絕對的優勢，想占據絕對的好處就更困難了。「傷敵一千，自損八百」原本就是競爭和對抗的常見結局，想要做到毫髮無傷，基本是不可能的，尤其是面對勢均力敵的對手。如果彼此都是對方唯一的競爭者，那麼贏的一方就理所當然地成為最後的勝者，簡單來說就是成王敗寇，不過如果競爭關係是一種複雜多面的格局，那麼鹿死誰手就猶未可知了，而現實中這種情況非常常見。

　　每個人都想得到更多的利益，所以利益的存在往往會引發三方甚至多方的競爭，實際上最合理的狀態應該是多方之間相互制衡的局面，不過總有一些衝動的競爭者和一些精明的謀略者。衝動行事的人，往往看不到潛在的對手，而慣於使用計謀的人，則千方百計地等待和製造出潛在的競爭者；衝動行事的人，一般都只是充當炮灰，而理智聰明的謀略高手才是真正的幕後操盤手，他們隱藏得很深，表面上根本沒有任何動作，實際上卻始終牢牢掌控著大局。

　　元朝末年，各地反元義軍紛起，朱元璋就是活躍在江淮一帶的一支義軍的首領，但在各路義軍中，他的實力比較弱小。當時最有勢力的兩支隊伍分別由劉福通和韓山童帶領，這兩人的影響力非常大，各路義軍都有意投到他們的隊伍中。在群雄並起的大環境中，想要有所作為非常困難，更別說爭奪天下了，能夠穩定地生存下去就不是一件容易的事。

為了生存及發展，朱元璋也選擇投靠了韓山童。

不久，韓山童去世，劉福通立即擁立韓山童的兒子韓林兒稱帝，朱元璋等人也因此接受了韓林兒的封賞，而此時劉福通與韓林兒組成的劉韓義軍是元軍打擊的主要目標，這就間接地為其他義軍的生存和發展創造了更大的空間。當時的劉韓義軍主要在中原行動，相對於長期活躍在江淮一帶的朱元璋來說，劉韓義軍就成了一道天然的屏障。在韓林兒這面大旗的庇護下，朱元璋迅速累積實力，壯大隊伍，而在消滅了張士誠和陳友諒後，更是完全具備了爭奪天下的能力。

朱元璋採納了「高築牆，廣納糧，緩稱王」的策略，趁著元軍全力鎮壓劉福通、韓林兒之際，在江淮等地大興農事，廣建糧倉，為日後稱王儲備軍糧。另一方面則積極招募和訓練新軍，不斷壯大自身的實力。同時，他暫時放棄稱王，依舊沿用韓林兒的旗號，尊韓林兒為王。這樣一來，元軍就以為朱元璋只是韓林兒的部屬，所以把主要精力都放在了韓林兒和劉福通身上。

朱元璋在根據地上整兵興農，積蓄力量，坐等元軍與韓劉大軍兩虎相爭。雖然韓林兒和劉福通抗擊元軍最終以失敗告終，但二人在中原征戰十幾年，元軍為了對付他們早就元氣大傷，兵力財力嚴重受損。朱元璋坐山觀虎鬥，最終等到了雙方兩敗俱傷的良好時機，於是立即自封吳王，派常遇春和徐達北征，三年之後，軍隊順利攻克北平，元朝徹底滅亡。

自古以來，人們總是習慣性地將自己最大的對手當成唯一的對手，而那些潛在的競爭者卻往往被忽略，這種人不具備全面觀。對於時事的認知過於膚淺和狹隘，就無法看到更為深遠的事情，所以很多人思維簡單，辦事衝動，遇到對手便要與對方拚個你死我活，卻不知道「鷸蚌相爭，漁翁得利」。

聰明人能夠明白這樣一個道理：敵人往往不止一個，在利益的誘惑面前，一定會有多個對手以及競爭者，而競爭狀態是一個複雜的格局，是多點間的問題，忽略了這一點就等於把成功大好機會最留給了別人。

在競爭環境中，一定要注意尋找並警惕其他競爭者，千萬不要過度地在與某一方的纏鬥中消耗能量和實力，明智的做法就是暫時隱藏起來，不輕易參與競爭，避免與其他競爭者發生正面衝突。你不去爭，自然會有人迫不及待地參與進去，在巨大的利益誘惑面前，誰最先表明要爭、要搶的姿態，誰就會成為眾矢之的，陷入無休止的爭鬥中。善於隱忍不發的人則會耐心地在一旁等待，暫時讓競爭者之間盡量相互打擊、相互消耗，然後等到最佳的時機出手，坐收漁人之利。

另外，勝利的取得不總是依靠絕對的實力，有時候謀略也很重要，哪怕你實力並不突出和占優勢，只要謀略運用得當，也可以成為最終的贏家。比拚實力是解決問題最直接的辦法，但是絕對不是最保險穩妥的辦法，尤其是實力不濟的時候，這種方法更是行不通。聰明的博弈者在面對多方競爭的格局時，從來都會想辦法讓自己置身事外，先促成或等待其他競爭者之間發生矛盾衝突，自己則在一旁靜觀其變，等到各個競爭者元氣大傷，自己再跳出來收拾殘局，輕易奪取勝利的果實。

年輕人在處理競爭問題時，一定要注意觀察周圍的環境，仔細分析潛在的競爭者，不要輕易出手，以免過早暴露自己的舉動和意圖。凡事都應該謹慎一些，面對利益的誘惑，一定要努力克制自己的欲望，越能沉住氣，局勢就越對自己有利，先讓別人去搶，自己不妨在一旁做一個觀眾，等待競爭者的力量達到最小值時再果斷出擊，這樣就能增加勝算。必要的時候，還應該想方設法地在其他競爭者之間製造出一些衝突和對抗，人為地讓競爭者在競爭中消耗實力，從而降低威脅。要記住這樣一句話：與其看誰能笑得最早，不如看誰能夠笑到最後。

9. 少一分欲望，多一分快樂

《增廣賢文》中說：「良田萬頃，日食三餐；廣廈千間，夜眠八尺。」
而「鷦鷯巢林，不過一枝；鼴鼠飲河，不過滿腹」。相比於動物而言，
人類具有很大的貪念，不再滿足於追求生活的必需品，反而對物質條件
的要求和占有大大超出了實際的需求，然而即便外在的物質條件如此優
越，卻也總是吃不好睡不香。而反觀動物們，雖然只得到狹小的領地，
卻安然地臥身休眠；雖只有能夠果腹的食物，卻依然餘味十足，牠們沒
有過大的慾念，所以自在逍遙，樂於天命。

每個人都會有欲望，這是人的本性使然，但是人們總是執著於物質
享受，而且不知疲倦地追尋，希望得到越多越好。殊不知欲望就是人生
最大的累贅，欲望就是煩惱的根源，正如道家的老子所說：「五色令人盲
目，五音令人耳聾，五味令人口爽。馳騁畋獵令人發狂；難得之貨，令
人行妨。是以聖人為腹不為目，故去彼取此。」儒家的荀子也認為天子
和一個守門人沒有多少區別，都不能完全滿足自己的欲望，也無法消除
自己的欲望，但是「欲多而物寡，寡則必爭矣」，有了爭鬥，則容易產生
煩惱。

理學大師朱熹主張「存天理，滅人慾」，這不是傳統意義上的泯滅和
壓制人性，在他看來「飲食，天理也，山珍海味，人欲也。夫妻，天理
也，三妻四妾，人欲也」。人欲只不過是人們超出生活所需的那些物質
要求。「欲雖不可盡，可以近盡也；欲雖不可去，求可節也。」欲望很難

被消除，但是可以盡量節制，而節制欲望才能減少煩惱，從而提升幸福指數。

田園詩人陶淵明早年曾渴求步入仕途、建功立業，但是他也發覺因為私念而使自己失去了很多的自由，於是忍不住感慨「既自以心為形役，奚惆悵而獨悲」。喜歡自由的他不願為五斗米折腰，於是在當了83天彭澤令後，慨然離去，此刻他如籠鳥返林，心靈又重新獲得了自由。一個人幸福與否，主要是來自心靈的體驗，所以快樂的人善於養心，孟子認為「養心莫善於寡欲」，欲望少了，人就能夠坦然地放下包袱，輕鬆享受快樂的生活。

與陶淵明差不多同一時期的謝靈運，是東晉時期的世家大族子弟，他自恃門第高貴，一直都希望自己能在政治仕途之中有一番大的作為，所以功名之心也是非常強烈的。不過由於統治者的猜忌和排擠，他在仕途上並不如意，20年來的政治生涯多是坎坷的際遇。

西元405年，他被任命為琅琊大司馬行參軍，後又升任中書侍郎。但是隨著劉裕建立大宋朝，謝家的地位一日不如一日，謝靈運也不斷遭到貶職。向來自恃門第高貴的他，認為自己理所應當受到朝廷的重視，何況自己才學出眾，他曾豪邁霸氣地進行自我認可：「天下才有一石，曹子建獨占八斗，我得一斗，天下共分一斗。」所以他對於朝廷的冷落態度非常不滿，也覺得非常鬱悶。

不久之後，謝靈運辭官回歸故里，開始縱情山水。這時候，他發現寄身山水之中反而覺得輕鬆快樂了許多，不用為世間諸事而煩惱，但是名利心強烈的他始終希望自己能夠在政治上有所作為。西元426年，宋文帝為了鞏固統治開始有意拉攏世家大族，名氣大的謝靈運又得到朝廷的重視。謝靈運認為自己發揮才能的時機已經到來，於是再次回到朝

野，但很快他就發現皇帝看重的只是自己的文學才能，政治上並無重用的意思，失望之極的他再次辭官回家，又過起了遊山玩水的隱居生活。

但是這次他又沒能堅持下去，宋文帝請他出山任職時，他的欲望又被點燃了，於是再次做出了積極回應。而這次他依然沒有看出自己會受到重用的意思，於是故意終日出遊不理政事，他還作詩描述了自己的悲慘境遇。這最終激怒了宋文帝，於是他被判流放，接著又改判為斬首，西元433年，年僅49歲的謝靈運在廣州被殺。

其實第一次歸隱的時候，謝靈運就有了歸隱山林、不問世事的想法，因為他是真切地從歸隱淡定的生活中感受到了自由和快樂，而這些在官場中是從未體驗過的，不過他的求名利的心始終沒能消除，所以耐不住寂寞出山，結果給自己埋下了禍根。

有人說：「身外之物越少越好，淡定之心越多越妙。」一般的人難以做到那種無物無我的境界，但是一定要懂得克制自己的欲望。年輕人要懂得知足常樂，只要放得下名利得失，看得透因果循環，欲望自然就能夠及時克制住，也只有保持這樣的心境，才能更加輕鬆愉快地生活下去。

10. 凡事尋常看，天高風自清

　　世事變幻莫測，人生自然也會有潮起潮落，而人生的起落所帶來的悲喜情緒對每個人的影響卻不盡相同，這其實就是心態問題。心態好的人，遇到值得開心的事，也只是微笑帶過，而遇到麻煩甚至是困難重重，他們也不會當成煩惱，照樣能夠笑口常開、樂觀向上。心態不好的人，遇到好事，愉快之心溢於言表，稍遇挫折就會心事重重、愁眉緊鎖，這種人喜則大喜，悲則大悲，情緒的波動性非常大，容易被外界的因素所干擾。無論是大喜還是大悲，都會對身體或心理造成一定的負擔，原因就在於人們太過執著於得失榮辱，太在乎財富和名利，就會徒增很多煩惱和憂愁，天長日久必然會積怨成疾。

　　人們總是追求一個更加獨立的心態，宋代文人范仲淹的「不以物喜，不以己悲」，就很有聖人的遺風，心境不會因為外物的變化而變化，這像是歷經滄桑之後的沉靜和淡然，有一種超脫俗塵的意味，而那些「寵辱不驚，閒看庭前花開花落；去留無意，漫隨天外雲捲雲舒」的境界則更是難能可貴，可以說完全放下了名利與是非得失的困擾，是真保持著平常心來生活的。

　　佛家著作《壇經》中記載著慧能大師教誨弟子的言行，他告誡弟子：「善知識，一行三昧者，於一切處住行坐臥，常行一直是心也。」意思是說任何地方，無論是行住坐臥，都應該努力保持一種沒有是非得失、對一切事物和現象都不作區別的心理準備。所以凡事都要以一顆平常心來

對待，大事也要當成小事一樣，千萬不要背負心理壓力，只有用一顆平常心來看待世界，心中才不會有包袱，同時幸福也就得到了保障。

1964 年，22 歲的日本新進棋手林海峰取得了對弈本因坊坂田榮男九段的資格。坂田榮男是當時日本圍棋最高名銜本因坊的九冠王，他的棋風異常銳利，對手們常常難以招架，所以他也被日本圍棋界稱為「刮鬍刀坂田」。坂田幾乎橫掃整個日本，罕逢敵手，是名副其實的圍棋至尊，他曾對其他本因坊頭銜的名將說：「你還有可以和你一爭勝負的對手，我卻一個也找不到。」這不是狂傲之氣，而更像是天才無敵手、高處不勝寒的落寞心境。

一個是初出茅廬的無名小子，一個是業已成名的圍棋至尊，孰優孰劣，一眼就能知道分曉。且不說旁人不敢對林海峰寄予厚望，便是他自己也毫無把握，根本沒有任何戰勝對手的奢望，唯一的期望就是盡量不要輸得太過難看。雖然在輿論上呈現一面倒的趨勢，但是哪個棋手不想戰勝對手，何況對手是一位至高無上的天才棋手。

林海峰太過看重這場比賽，所以心理壓力非常大，盡量在戰前做好最充分的準備，為此他特意向自己的師父吳清源請教。吳清源自然了解弟子的想法，他沒有替林海峰講解什麼戰術安排，只是淡淡地說了三個字：平常心。要求林海峰不要把得失看得太重，要把比賽當成平常比賽一樣看待，無論對手是至尊也好，還是無名小卒也罷，都視作平時下棋一般。

聰明的林海峰領悟到師父的教誨後，很快就放下了心中的包袱，心態也變得非常輕鬆，1965 年，他和坂田的比賽開始，結果他憑著良好的心態出人意料地戰勝了日本棋王，登上了本因坊的寶座，成為日本史上最年輕的圍棋名人。

「天下熙熙，皆為利來；天下攘攘，皆為利往。」這是金錢財富的牽引，所以不論它是蝸角虛名還是蠅頭小利；名韁利鎖、患得患失，這是得失的困擾，所以得之竊喜，失之痛悲，自古以來，都是如此。真正不為外物困擾的人具有淡然的心態，他們往往能夠洞悉事物的本質，不會執著於外在的表象。

尋常之人做尋常之事，尋常之心成就不尋常之人，凡事都能以平常心看待，這樣的心境不是每個人都能做到，但是每個人都可以試著去努力做好，古人說「生死成敗，任其自然」，所以做人不妨將心態放得低一些、平一些、沉靜一些，用平淡的心來對待榮辱得失，這樣才能不為外物所困擾。年輕人在面對人生的各種突發事件和大事時，一定要盡量保持豁達淡定的心態，不要把事情的發展變化以及原因結果看得太重，應該盡可能地保證以一個低調的心態來面對成功或失敗，凡事不可違背平常心，這樣的人生才會更加開闊自由。

11. 理讓三分，彼此都會有更大空間

　　俗話說「沒有規矩不成方圓」，這句話出自《孟子．離婁上》：「不以規矩，不能成方圓。」原意是說如果沒有規和矩，就無法製作出方形和圓形的物品，後來引申為凡事都要遵循一定的道理和規則，如果失去了方圓規矩之道，人們自然什麼事也做不好，甚至會陷入混亂的狀態。道理和規則是維持合理秩序的根本，不過依靠自覺還是不行的，所以需要法律和道德來加以維護和扶持，以便更好地創造一種和諧的狀態。

　　華人崇尚道理，遵循「有理走遍天下，無理寸步難行」，似乎有理就有了正義，就有了制敵克敵的法寶。不過有理並不意味著你可以為所欲為，得理只是說明了你在道德和法律上有了立足點，但是在人心道義上卻不能真正說服對方，讓對方心服口服才是重點，得理並不意味著勝利，只要對方不同意，你的爭論只是做白工。所以得理時更要注意態度，如果死死抓住對方的錯誤不放，那麼就會激起對方的反感和憤怒，而不能達到讓對方心服的效果。

　　每個人都有自尊，都不希望別人對自己的所作所為指手畫腳，即便自己真的理虧，也還要嘴硬死不承認，但他們並非頑固的人，內心死守的陣地還是會有一些鬆動的跡象，只要再耐心地加以勸導，就一定能夠說服對方，不過這對說服者而言是需要一定的技巧，理並不是萬能的，對一個無賴講道理就無異於對牛彈琴，而且如果得理不饒人就會傷害對方，那麼對方一定不會認真聽你的勸告，更不會甘心服從於你。

在多數人眼中，得理就是為了得勢，一旦氣勢起來了，就可以把對方徹底征服。這樣想無可厚非，可是氣勢千萬不能太過，如果咄咄逼人的話，理的作用也就完全喪失了，而對方反而會加大對你的仇視。做到得理不得勢很重要，不要藉著講理的一股勁全盤否定對方，這樣只會給對方造成更大的傷害。做人做事一定要替對方留足面子，自己得理七分，三分須留人餘地，以便能夠盡可能地減少雙方的矛盾衝突，真正做到以德服人。

某個秋天，美國加州的兩個流浪少年在玩耍時故意點燃了叢林，結果大火順著風勢很快就蔓延開來，一位年輕的消防警察最終在大火中喪生。事情的真相被查明之後，市民們義憤填膺，要求警局迅速抓獲嫌疑犯，並嚴懲縱火犯和「殺人犯」。

在輿論的支持聲中，殉職消防警察的母親忍住了巨大的悲傷，及時地出現在電視臺，並發表了一番感人肺腑的言論，她說：「我很傷心地看到我的兒子離開我，但我現在只想對製造災難的兩個孩子說幾句話：你們現在一定活得很糟糕，很可能生不如死。身為這個世界上最有資格譴責你們的人，我此時只想說，請你們回家吧，家裡還有等待你們的父母，只要你們這樣做了，我和上帝一起寬恕你們……」

這位母親的寬容表態，迅速在全美得到轉播，大家都為她的舉動感到震驚，一個遇害者的母親竟然替罪犯說話，這簡直不可思議。記者們在採訪她的時候，提到了這個問題，這位母親十分樸實地說：「我的兒子已經不能復生了，為什麼還要為此耽誤兩個孩子的前途？」專家也認為這兩個孩子還不夠成熟，面對社會輿論的譴責，可能會做出更為過激的舉動，從而對社會造成更大的傷害。

事實上正如專家所擔心的那樣，這兩個孩子在大家的聲討聲中，開

始謀劃著炸掉輸送瓦斯的管道，以作為對社會的報復。但是他們最終在電視上聽到了那位偉大母親的話語，心裡十分懊悔，於是立即放棄了繼續作案的念想，並去警察局投案自首。

在試圖勸說或征服對手時，無論有沒有理，都一定要記得留給對方一點餘地，這樣可以盡量消除雙方的對立情緒，這是人際交往的一個技巧。咄咄逼人只會不斷加大矛盾衝突，把局面弄得更僵。

俗話說有理不在聲高，可現實情況往往是誰有理誰就聲高，而且越是有理越是聲高，原本用於自我維護的「道理」反倒成了刁難於人的有利工具，大有「仗勢欺人」的味道，得理者有恃無恐，理虧的乾脆打出無賴牌，死皮賴臉地與對方糾纏著，有的人被逼急了，甚至還會作出過激的舉動，這對得理者而言，絕對不是什麼好事。

得理時要懂得忍讓，得勢時則不妨低調一些，不要動不動就把對方逼上絕路，或者讓對方太過難堪，這樣只會招來更大更多的報復，凡事要寬容大度一些，盡量為對方留面子和餘地，讓對方心悅誠服地接受自己的失敗和錯誤。年輕人在面對競爭對手的時候更要保留這份寬容之心，得理時更要心平氣和，任何時候都要注意留給對方三分面子和尊嚴。

作家余秋雨在《余秋雨人生誓言》中寫到了這樣一段對話：「有人問：『你為什麼不懲罰那個誣陷你的學生？』我說：『不飢餓的 20 歲，有權胡言亂語的 20 歲，讓人心軟。』有人又問：『你為什麼不懲罰向他散布謠言的那個人？』我說：『他已經很老了，聽說身體不很好。折騰了一輩子，還沒找到別的謀生方式，真是讓我同情。』」這絕對不是一種懦弱，而是一種睿智的大度。

12. 虛心做人更易安身保命

「虛心竹有低頭葉，傲骨梅無仰面花。」這是清代書畫家、文學家鄭燮自題的對聯，是託物言志的名言，他藉此告誡和教誨世人要低頭做人、謙虛做事，而且只有這樣才能真正傲立於天地之間。在這裡，虛心是一種生存的策略，但凡虛心的人總是表現出刻意處下、尊奉他人的姿態，而這樣的人通常都很受別人的歡迎，最直接的原因就是虛心的人非常有禮貌，也懂得如何尊重別人。面對這樣的好人，一般很少有人會作出拒絕，即便是存在利益衝突的競爭者之間，對手也會因為你的善意表現而收斂起敵意。

當然，虛心的全部內涵不僅僅展現在禮貌和尊重上，更重要的是虛心的人往往會給別人帶來一種滿足感，在一定程度上襯托出對方的強勢和才能。這樣一來對方自然樂於接受你這個弱者的存在，甚至會以一種更加友善的態度來回報於你。而對於具有競爭關係的雙方而言，無疑具有很好的緩衝作用，能夠最大程度地確保不會爆發衝突，所以虛心待人常常是自我保護的一種有效策略和方式。

長孫順德是唐朝的開國功臣，而且一直都得到唐太宗的重用，再加上他還是皇親國戚，地位十分尊貴，所以他經常恃寵而驕，為人處世十分霸道。同僚們對此多有怨言，但是礙於皇上的面子，都不想和他一般見識，只能忍氣吞聲。長孫順德認為大家都害怕自己，於是更加目中無

人、無法無天，他竟然指使家奴公開收受賄賂，而且自己就像沒事發生一樣，根本不擔心自己會受到牽連。

後來賄賂的事情敗露，惹得龍顏大怒，這時，大家都等待著唐太宗嚴懲長孫順德。可是唐太宗並沒有「痛下殺手」，反而賞賜了他，目的就在於讓他自己去察覺錯誤，從而引發他的愧心。不過，長孫順德顯然誤會了太宗的好意，只是認為皇上是念及自己的功勞才會這樣做，自然也就沒有悔改之心，結果太宗一怒之下罷免了他的官職。

閒散在家的長孫順德非常氣憤，經常打罵家奴，他的一位老友見到這種情況立即前來勸阻。老友認為長孫順德平時自以為聰明，又太過霸道，不能謙卑待人，以至於招來禍患，而且至今也無人替他在皇上面前說好話求情，如果早早就能夠改掉這種壞脾氣，也不至於淪落到這樣的地步。

長孫順德聽完之後，茅塞頓開，方才意識到自己做人的確不夠聰明。從此以後，他突然像變了一個人似的，待人接物變得十分謙和，與人談話也是抱著虛心受教的態度，以前那種霸道的作風消失得無影無蹤。後來唐太宗在觀看功臣圖的時候，突然想起長孫順德來，於是立刻派人前去代為探望，得知長孫順德已經性情大變，太宗心裡十分高興，於是很快就恢復了他的官職。

一個狂妄的人看待事情時常常不夠理性，太過自以為是就容易感情用事，所以通常都無法真正看透事物的本質，於得意時不能看到失意處，於成功處不能想到失敗時，什麼事都順著自己的性子來，即便身處順境，最終也容易樂極生悲、闖出大禍。人們迷信於自己的力量，不願意輕易做出妥協，總是自信滿滿地認為自己可以掌控一切，而且把自己當成一個聰明人看待，但事實上最終卻總是把局面弄得十分糟糕，這就

是過分相信自己的結果，也是人們最容易犯的錯誤之一。

真正聰明的人往往是那些放下自尊、虛心好學的人，即便他們真的富有才華，也會保持低下的姿態，絕對不會表現出強勢襲人、驕傲自大的架勢。虛心的人不僅謙卑好學，而且還具有一顆淡定冷靜的心，絕對不會輕易衝動，他們對於時事的了解非常透澈，對於危險的感知也非常敏銳，能夠準確地預知可能發生的情況，所以在事先就能作好準備，防範錯誤的發生和危險的來臨。

依據自己的智慧和見識生存下去，這是人們了解生活的關鍵，但同樣是制約自身發展、限制眼界開闊的元凶。一個人的精力和智慧是有限的，因此並不能知道所有的真相，另外，人們常常會被自己的能力所蒙蔽雙眼，誤以為知道所有的事情，而實際情況卻截然相反，他們往往會做出錯誤的決定，以至於聰明反被聰明誤。事實上，如果想要準確了解周遭的一切，甚至於了解自己，那麼就一定要保持虛心的態度，凡事都要低調一些，這樣或許才能夠更清楚地了解到事物的真相，才能夠更準確地把握事情發展的命脈。

年輕人本來就缺乏社會經驗，看問題常常不夠全面，也不夠成熟老到，所以處理事情的時候總是依據自己的想法草率進行，經常就要犯下一些錯誤，甚至於被競爭對手抓住把柄和命脈，這樣就會處於更加不利的境地，想要出人頭地也就更加困難。所以年輕人有必要謙虛一些，凡事都能夠虛心求教、虛心對待，努力充實自己的見聞，盡量累積豐富的社會經驗。同時，虛心做人還能保證自己在對手面前安身保命，不會受到打擊和排擠。

八、機會從不早來，更不晚走

—— 適時用晦才有意義

1. 擇機而行，沽時而動

　　中國自古就有「天時、地利、人和」的說法，只有同時滿足這三個條件，成功的機率才最大。其中的「天時」就是時機，把握天時就是要知道在什麼情況下做什麼事，什麼時候做才更合理。古人就連做一些筆墨文字的事情也要依據特定的時代環境來進行，白居易倡導新樂府運動時就提出了「文章合為時而著，詩歌合為事而作」的理念，至於其他方面的事就更是如此。有句俗語說得好：「來得早不如來得巧。」時機的把握很重要，因為事情往往要在特定的時間裡才能發揮出最大的功效，脫離了這個特定的時間，所做的事情也就喪失了原本的意義，效果自然也就要大打折扣。

　　把握時機很重要，而對於那些在不利環境中生存且希望有所作為的隱者則更加重要，隱晦術能否生效，往往就要看隱晦的人能否及時抓住翻身的時機。一個人所具有的機會一般都具有很強的時效性，只有在特定的時間範圍內才會發揮作用，如果提前行動了，時機尚未成熟，就很難獲得成功，一旦推遲了時間，機會又轉瞬即逝，沒有辦法實施行動。只有在正確的時間、正確的情況下，機會才能成為成功的有效保障。

　　中國在五代十國時長期處於分裂的戰亂狀態，小國林立，都各自劃分勢力範圍，妄圖吞併他國而一統天下。慕容垂是燕國的皇子，文才武功都十分出眾，燕國國主也最信任和器重這個兒子，並有意將他立為太子，希望他能夠壯大燕國的實力並稱霸諸國，不過由於大臣們的勸諫，

國主最後放棄了這個念想，讓他外出打仗多立戰功。

大燕國國主死後，太子繼皇帝位，新國主對於險些搶走自己皇位的慕容垂十分忌恨，於是處處防範和猜忌慕容垂，並有意除掉他以免除後患。幸運的是當朝主政的太宰慕容恪十分賢明，他知道慕容垂的為人，又很欣賞其才能，於是不斷在新國主面前說好話，以保全慕容垂的性命。

不久之後，新國主病死，年幼的皇子繼位，不過大權卻旁落到太後和太傅手中，這兩人心胸狹窄，對於慕容垂的才能非常忌憚，因此合謀起來希望剷除掉慕容垂。此時，慕容恪也已經病逝，慕容垂失去了最大的靠山和保護傘，太後與太傅便更加肆無忌憚地要排擠和除掉慕容垂，他們迅速找藉口剝奪慕容垂的兵權，並召他回鄴城，圖謀殺掉他。

慕容恪的兒子聽說了這個消息，就勸說慕容垂立即發動政變除掉太傅，並藉機執掌國家大權，但是慕容垂以骨肉不相殘為由拒絕了他的提議，然後帶領家人逃出燕國，投奔了前秦。前秦的國君苻堅十分欣賞慕容垂的才能，他早就想滅掉大燕，卻一直忌憚慕容恪和慕容垂二人，如今慕容恪已死，慕容垂又投奔了自己，心中自然十分高興。不久之後，前秦將領王猛果然輕易平定了燕國。

苻堅對慕容垂十分器重，許以高官厚祿，前秦的大將王猛勸說苻堅除掉慕容垂，但苻堅愛才不忍動手。而慕容垂也知道自己如今屈居人下，只是暫時的保身之計，他日必將要逃離前秦回到燕國，何況前秦還是大燕的死敵。後來苻堅在淝水之戰中大敗，只有慕容垂帶領的三萬精兵完好無損。慕容垂韜光養晦那麼久，這時正是發兵抗擊苻堅的良機，慕容垂的兒子也勸說父親動手，並希望父親不要因為個人的感情而耽誤了復興大燕國的大業。

重感情的慕容垂為了回報苻堅的知遇之恩，堅決返回了前秦，並把三萬精兵完全交給了苻堅。苻堅經過這件事後，更加信任慕容垂，並同意了慕容垂回國安定民心的請求。後來前秦中的翟斌叛亂，苻堅便把三萬軍隊交給慕容垂，讓他去平定叛亂。此時慕容垂知道最佳的時機已經來臨，於是沒有放過這次機會，他和翟斌聯合起來，收復了被前秦控制的鄴城，正式宣布與前秦決裂。不久之後他東征西討，重新復興了大燕國，史稱後燕。

此前，慕容垂也有兩次成就大業的機會，但是他認為這兩次機會並不成熟。在燕國太後與太傅企圖謀害他的時候發動政變，必然會背負叛亂的罪名，而且成功的機率並不大；苻堅在淝水之戰中大敗，如果慕容垂此時倒戈相向，只會落得不仁不義的罵名，即便成功復興燕國，也會遭到其他國家的鄙視；在他報答了苻堅的知遇之恩後，已經有足夠的威望復興燕國，再加上有了盟友的支持，他感覺時機已經成熟，才毅然發動政變並取得成功。由此可見，準確地把握時機是成事的必要條件。

英國戲劇大師莎士比亞說：「無數的人和事孕育在時間的胚胎裡。」把握住了準確的時間和機會，成事自然不是問題，相反，出現了時間上的差錯，就一定會出現很大的問題。正如法國浪漫主義作家大仲馬（Alexandre Dumas）所說：「誰若是有一剎那的膽怯，也許就放走了幸運在這一剎那間對他伸出來的香餌。」事實上，每個人都能得到成功的機會，但是真正能夠獲得成功的，都是那些善於把握機會的人，沒有把握好時機，就等於沒有機會。

鴻門宴中，項羽因為一時的婦人之仁，對亞父范增的話置若罔聞，結果錯失了殺掉劉邦的最佳時機，以致釀成大禍，最終淪落到烏江自刎的悲慘結局；吳王夫差生擒越王勾踐後，不聽伍子胥的勸告，不僅沒有

殺勾踐，還大度地放勾踐回國，結果應驗了伍子胥 20 年滅國的預言，自己也成了勾踐的刀下亡魂；滑鐵盧之戰前，法國軍隊在追擊普魯士軍隊的時候，沒有把握機會一舉殲滅對手，最終普軍在滑鐵盧大戰中及時回援英軍，從而打敗了拿破崙，而法國的格魯希（Emmanuel Grouchy）將軍聽到槍聲後，卻猶豫不決，錯失了援助拿破崙的良機，結果使法軍遭受大敗。

　　成功就是在正確的時間裡做了正確的決定，時間的選擇、機會的把握都是成功的先決條件。花有重開日，人無再少年，年輕人更應該懂得把握時機，在競爭環境中分析獲得成功所需要的各種因素，結合自身的條件預先設定好各時間段內的任務，同時不要錯過任何機會，錯失就等於自我放棄，而且同樣的機會很難第二次幸運光臨。韜光養晦、厚積薄發的人更應該注意把握機會，把握住時機可能一蹴而就，錯過了時機也可能前功盡棄。

2. 不想處於弱勢，必須學會示弱

美國的心理學家曾經做過一項怪異的調查，當一個彪形大漢橫衝直撞地闖過馬路時，願意給他讓道的車輛不到 50％，發生車禍的機率非常高。而一個老弱病殘的人過馬路時，大家都願意讓其先行，並當成做善事一般，結果發生車禍的機率幾乎為零。有時候，越是表現得非常強勢，越是盛氣凌人，反而越容易成為弱者，而那些處處示弱的人卻成了名副其實的強者。

沒有人願意成為受人欺負和壓迫的弱者，但是想要去改變自己的弱勢地位，僅僅依靠外表的裝腔作勢是不夠的，你妄圖透過外在的強勢表現來震懾和壓制別人，往往可能會適得其反，只會將自己推入弱勢的境地。一個人越是希望讓自己變強大，就越是要保持低調，越是要處處示弱，因為當你以一個強者的姿態去面對別人時，人們出於自身生存和發展的需要，必然對你加以防範甚至抵制，而弱者通常不會引起人們的敵視，卻能令人產生同情的心理。

二戰以後，德國一分為二，經濟上雖然有所復甦，但是聯邦德國的國際形象一直都很不好，無論是誰都會用異樣的懷疑的眼光看待德國。因此在外交和國際地位上，德國長期以來都是弱者，德國人民也迫切地希望改變自己的外交弱國的局面，提升自己的國際影響力，但是德國越是努力展示自己的經濟成就，反而越是被他國所排斥。

　　既然強勢的政策不能奏效，德國便改用低調的外交策略。1970 年，聯邦德國的總理布蘭特（Willy Brandt）訪問華沙，他順便來到華沙猶太人殉難者紀念碑前，當著其他國家元首和世界各地記者的面，低著頭真誠地跪在了紀念碑前，這是德國第一次做出如此弱勢的表現，尤其是對猶太人，布蘭特愧疚地說：「這是替所有必須這樣做，而沒有這樣做的人下跪了。」

　　這就是著名的「華沙之跪」，布蘭特以一個低調的贖罪者的姿態表明了德國全體人民的心意。這一跪之後，德國的國際形象得到了很大的改變，因為大家都認為這樣一個低調的德國已經不再是讓全世界為之戰慄的法西斯民族了，德國也因此改變了外交弱國的地位，開始被國際社會廣泛認可。

　　弱者很容易被忽視，因為他們的行為通常對別人不會構成威脅，所以人們不會費盡心思無端地加以干涉和阻撓。另外，在對手面前示弱，總是能夠輕易就產生迷惑的效果，而當對方麻痺大意忽視你的存在時，你便能夠爭取機會發展自己，甚至可以找到最合適的攻擊時機和攻擊方位，時機成熟便對對手造成最大的傷害，從而扭轉不利局面，順利占據主動權。

　　沒有人願意讓自己的對手變強，所以總是千方百計地進行干擾和打壓，盡一切可能來消除潛在的威脅。一個弱勢的人想要成為強者，所面臨的生存壓力和阻力非常之大，發展機會也相對要渺茫一些，所以最明智的做法就是韜光養晦、處處示弱，用弱者的外衣來做掩飾，從而為自己爭取更多的發展時間和發展空間。

　　印度大詩人泰戈爾（Rabindranath Tagore）說：「當我們大為謙卑的時候，便是我們最近於偉大的時候。」想要成為人上之人，就應該適時

地臣服在眾人的腳下；想要成為人中的強手，就必須先讓自己變成弱勢群體的一員。示弱並不是真正的軟弱無能，而是由弱變強的一種有效策略，這樣能夠迷惑對方，使對方放鬆警惕，從而為自己的發展壯大提供掩護。如果明目張膽地表現自己發展自己，那麼對方出於長遠利益的考慮，一定會不惜一切代價除掉你這個後患，表現強勢也會是一種風險和負擔。

3. 為別人留後路就是為自己留後路

　　在面對競爭對手時，人們的心態向來就很矛盾，一方面希望盡可能地打擊對手，以消除對方的影響，另一方面又害怕對方會伺機報復和尋仇，所以很多情況下又抱有競爭對抗中的仁慈之心，希望自己的這點仁慈會成為他日的一份保障。但綜合起來說，其中的要義只有一條，那就是人應該審時度勢。

　　不過在大多數時候，對於大多數人而言，替別人留下餘地應該是比較明智的選擇，著名的漢臣曾國藩曾經說過：「留一分餘地，可迴轉自如。不留餘地，則易失之於剛，錯而無救。」無論是做人還是做事，都要留有餘地，不要將事情做絕，即便面對的是自己的敵人和對手，也要分清情況，有些時候有必要保持「斬草不除根，春風吹又生」的警惕，但大多時候應該手下留情，不要輕易就將對手置於絕境之中。

　　美國科學家富蘭克林（Benjamin Franklin）說：「如果你辯論、爭強，或許你會獲得勝利；但這種勝利是得不償失的，因為你永遠無法得到對方的好感。」沒有特殊必要的話，凡事要懂得退讓一步，給對方一點迴旋的餘地和空間，不要輕易就將別人逼入死巷之中。兔子被逼急了會胡亂咬人，對人趕盡殺絕只能讓對方拚死一搏，而這種反抗力量往往具有很強的攻擊性和破壞性。

　　東漢大將竇固率領大軍攻打匈奴，結果在途中遭遇了一支大約 500人的匈奴騎兵，時值秋收季節，匈奴人準備出關搶掠老百姓的糧食，不

巧正好碰上漢軍。竇固立即命令部隊將這股匈奴騎兵包圍在一個小山谷內，然後不斷縮小包圍範圍，對匈奴人發起進攻。

面對這樣的情況，匈奴騎兵已經冒了必死的決心，完全背水一戰，結果漢軍來回衝殺了十幾次，也沒能全部殲滅匈奴騎兵，自己反而損失了不少士兵。竇固見到匈奴人如此駭人的戰鬥力，於是就下令部隊在包圍圈上留出一個缺口。部將們對此非常不解，他們認為匈奴人已經完全成了甕中之鱉，根本就無處可逃、無地可遁，而且殲滅區區數百人應該不是什麼難事，又何必要放生呢？

但竇固認為匈奴騎兵人數雖少，但每個都會奮戰到底，這樣的士氣會產生極大的殺傷力。而且谷內水草豐茂，食物充足，匈奴人完全有條件堅持很長一段時間。漢軍實在不宜長期與對方消耗時間，這樣會增加傷亡，與其這樣，還不如位匈奴人留出一條逃生的路，然後從後面進行追殺。

看到有缺口，匈奴騎兵果然迅速衝殺了出去，但是此時他們只想著逃生，因此隊形很快打亂，軍心也渙散了。漢軍則趁勢從後面進行追殺，為了盡可能地避免出現傷亡，漢軍刻意和匈奴騎兵保持距離，只用弓箭進行射殺，結果很快就將匈奴人斬殺殆盡。

聰明的人不會做那種殺敵一千，自損八百的事，每一個競爭者都希望能夠用最小的代價來換取最大的利益，把對手逼入絕境的做法有時候並不明智，這樣實際上只會為自己帶來更大的風險。另外，三十年河東，三十年河西，風水輪流轉，每個人都會有高潮和谷底的時候，誰也免不了會有「虎落平陽被犬欺，鳳凰落架不如雞」的一天，所以得勢時，就一定要給別人一條後路，那麼等到自己哪天不走運的時候，對方也會顧念舊情，放你一馬，這種人情債一般都能夠達到救命稻草的作用。

曹操曾經善待關羽，即便關羽心中所記掛的全是劉備，曹操也沒有忍心將其囚禁或殺死，結果在華容道中，他依靠這份情誼成功地從青龍偃月刀下撿回一條命；諸葛亮七擒孟獲又七縱孟獲，始終沒有趕盡殺絕，每次都是點到為止，最終感化了孟獲和整個南夷部落，替蜀國解決了危機。

替別人留有餘地，有時候恰恰是給自己留下了餘地，《菜根譚》中說：「攻人之惡，毋太嚴。」做人懂得忍讓對方，即便有理也要學著吃虧，千萬不要把對方逼得太急，趁勢得寸進尺更是要不得。《韓非子》中記載了這樣一個寓言故事：龍是世間的靈物，當它溫順的時候，人們可以肆無忌憚地騎在牠身上，但是人們一定要把握分寸，不要玩得太過火，認為龍好欺負。龍的咽喉處有一小片逆向生長的鱗，這是牠的禁忌，如果有人不小心觸碰到這片逆鱗，那麼龍就會毫不客氣地把他吃掉。

一個聰明的人總是具備科學的生存觀和發展觀，凡事都能夠從長遠考慮，為自己的長遠利益著想，不會輕易草率地作出判斷和決定。所以當面對競爭對手時，一定要三思而後行，尤其是當別人陷入絕境時，一定要想一想自己將來會不會也出現這樣的情況，想一想自己是否有必要趕盡殺絕，如果你認為自己不會永遠這麼好運，那就不妨留給對手一條活路。

年輕人在競爭的環境中，總是習慣性地會將對手當成敵人看待，唯一的念頭自然是盡可能地打倒和擊垮對方，除去前進路上的障礙，為了免除後患甚至會毫不留情地將對手推到絕境之中。這種近乎於仇恨的敵對態度，往往會壓得對方喘不過氣，對方從而決定孤注一擲、破釜沉舟，搞不好就會做出極端的事情來個玉石俱焚，而這樣的結果相信並不是得勢一方所樂見的。所以年輕人應該更加理智一些，盡量退讓一步，為別人留下喘息的空間，那麼一旦風水流轉，等到自己失勢時就不至於會困入絕境。

4. 弱者令人同情，同情就是強大的力量

在充滿競爭的社會中，弱者似乎總是處於不利的地位，但是與強者相比，弱者也有自己的天然優勢，這就是他們能夠博取到眾人的同情。人們總是會同情弱者，給予一定的安慰和支持，法國文學家羅曼·羅蘭（Romain Rolland）說：「只要還有能力幫助別人，就沒有權利袖手旁觀。」所以弱勢的人其實並不孤立，身後往往站著眾多的支持者，弱者自身雖然缺乏強大的力量，但是卻能夠調動和藉助同情者的力量，來幫助維護自己的利益。

弱者應該積極利用好自己的優勢，不要害怕在別人面前去展示自己的柔弱無助。事實上表現得越無助，就越能夠挑起別人的同情，越能夠引起別人的注意，當別人被打動時，一定會主動伸出援手，給予弱者最大的幫助。當你吊起別人的同情心後就會發現，自己並不是一個人在與強大的對手周旋，你的身後還有眾多助推的力量，他們既是最強大的後盾，也是最好的威懾力量。

明朝嘉靖年間，首輔大臣嚴嵩長期專權，執掌朝政，肆意打擊正直人士、排除異己，大家也都敢怒不敢言，只能任由嚴嵩胡作非為。但是刑部主事王世貞為人剛正不阿，他對嚴嵩的作為十分反感，而且絲毫不畏懼嚴嵩的強權。王世貞為人心高氣傲，而且疾惡如仇，於是決心打擊一下嚴嵩的囂張氣焰。

當時有個姓閻的官員犯法，為了逃脫刑部的追捕，他躲到了嚴嵩的同黨陸炳家中。王世貞得到密報後，堅持去陸炳家中抓人。陸炳自恃與

嚴嵩頗有交情，於是就大膽地向王世貞求情放人。王世貞原本就討厭朝中的官官相護，而當他聽到嚴嵩的名字後，更是怒不可遏，於是嘲諷道：「你既然與嚴嵩交好，那麼就應該去求嚴嵩，何必來這裡求我呢？再說了，天子犯法與庶民同罪，何況是你的朋友呢？」

陸炳由此記恨於他，然後就在嚴嵩面前嚼舌根，認為王世貞沒有把嚴嵩放在眼裡，鼓動嚴嵩殺雞儆猴，給百官當警示。不久嚴嵩就找了個藉口把王世貞貶出朝廷，王世貞依然到處用言語攻擊嚴嵩，這讓嚴嵩懷恨在心，後來王世貞的父親治水不力，被嚴嵩陷害定了死罪。王世貞的弟弟想不到其他辦法，便和王世貞示弱博取同情，兩人經常跪在大街上，攔住貴人的車輛為父申冤，他們還跪到嚴嵩門口求情，但是嚴嵩依然按期處決了他們的父親。

兄弟二人於是守孝三年，人們無不同情他們。嚴嵩垮臺後，王世貞立即上朝廷申訴父親的冤屈，結果眾多的同情者全都站在了王世貞這一邊，在眾人的聲援下，王世貞的父親得以平反，王世貞也官復原職。

弱者不要試圖用自己的力量去對抗強大的對手，也不要試圖去逃避自己的弱勢。每個人都要堅強地面對自己的人生，直視自己的卑微和弱小，然後從弱小之中挖掘出可利用的東西，因為弱小本身也是一種價值的展現，沒有東西會是毫無價值毫無意義的。年輕人要善於利用好自己的弱項，積極主動地展示自己的弱小，以爭取更多同情者的力量，並以此來抗衡強大的對手。

真正弱小的人不是那些沒有強大實力的弱者，而是那些只看到自身弱小的弱者。認為自己非常弱小且沒有任何抵抗能力和抵抗必要的人，往往只能成為一個失敗的弱者。事實上再弱小的人也會有資源可利用，再弱小的人也會擁有自己的優勢，同情心就是最大的優勢和最有效的資源，能夠贏得別人的同情心，也就把握住了巨大的外在力量，那麼弱者可能也就不再會是弱勢的一方了。

5. 搶占有利時機，先發制人

道家代表人物莊子曾說過：「不為福先，不為禍始，感而後應，迫而可動，不得已而後起。」他呼籲人們與其強出頭，不如安身立命，然後依據事情的變化行事。魯迅先生曾經引用這句話來諷刺不求上進只求自保的落伍者。不爭不取不動，自然可以確保恬淡的生活，但很多時候，即便你不去爭取，一樣會成為別人攻擊的對象，尤其是在競爭中，這種逃避的想法更加會帶來危害。

多數人行事時都喜歡趕早不趕晚，一方面是以防時間拖得過久情勢有變，另一方面則是越早下手，成功的機會越大。因此無論是先入為主，還是近水樓臺先得月，綜合起來就是一句話：搶占先機的人更容易成功。所以在競爭對抗中，時機的把握非常重要，而且一般來說，機會越早把握住越好。

比對手先走一步，往往會對整個競爭局勢造成重大的影響。有時候機會只有一個，但是爭奪者卻有很多，這時候就一定要確保在速度上占優勢，不要輕易把機會讓給別人。這樣才能在競爭和對抗中掌握更多的籌碼，掌握更多的主動權。而一旦落後別人一步，也許就會步步落後，從而在競爭中敗於下風，並可能就此失去翻身的機會。所以搶先於人往往很有必要，這可能是決勝的關鍵。

李世民早年在大唐的建立和統一中立下過汗馬功勞，其父王李淵對他恩寵有加，甚至曾許諾讓他當上太子，雖未兌現承諾，但無論是在軍

隊還是在朝野中，李世民都享有很高的威信，這也引發了太子李建成的妒忌和不安。李建成擔心李世民會威脅到自己的太子之位以及將來的帝位，於是處處和李世民作對，而且還聯合李元吉一起密謀除掉李世民。

西元 626 年，突厥大舉進攻大唐，李建成向李淵提議將兵權交給李元吉，讓他帶兵出征抗敵，目的在於削弱李世民在軍隊中的勢力。結果李元吉趁機召集兵馬，與李建成相約一起舉事，企圖除掉李世民。房玄齡、杜如晦、長孫無忌這些大臣早就看出了李建成等人的險惡用心，所以一直都奉勸李世民要及早做好防備，有必要的話寧可先下手除掉李建成，如今事情緊急，如果再不動手，那麼就會被他們搶占先機。於是大家都勸李世民一定要痛下決心趕在李建成、李元吉之前發動兵變，一舉消滅他們的勢力。

李世民聽了大家的建議後，決定和眾人一起商量行事的計畫。他先向父親李淵寫了一封密摺，揭露了李建成和李元吉妄圖誅殺自己的險惡用心，然後就率領心腹埋伏在玄武門。當李建成兄弟二人經過玄武門時，遭遇到了李世民的伏擊，最終在兵變中被殺，接著太子的勢力很快就被瓦解。不久之後，李淵被迫退位，李世民則坐上了皇帝的位置。

先下手為強，後下手遭殃，自古以來就是競爭環境中的慣有思維。主動出擊的人一般都能夠占據更多的主動權，尤其是在對方準備不充分的時候，予以快速打擊，這樣就更能夠提高成功的機率。主動出擊往往是趁其不意攻其不備，面對突如其來的攻擊，對方通常都難以作出有效的抵抗和反擊，只能處於被動挨打的局面，這對攻擊者而言非常有利。

有人說：「在戀愛和戰爭中先發制人，都是天經地義的。」美國著名將領巴頓將軍（George Smith Patton）就信奉先發制人的作戰策略，喜歡打對手一個措手不及，所以他在二戰中被公認為行軍速度最快的將軍；

二戰中德國軍隊恐怖的閃電戰，更是駭人聽聞，而且基本上每一次主動出擊都能夠發揮巨大的效用，是德軍橫掃歐洲戰場的「利器」；美國前總統小布希（George W. Bush）在九一一事件之後，提出了「先發制人」的策略，由此改變了美國半個多世紀以來的「遏制威脅」策略，使得美國在反恐戰爭中取得卓著的功績。就連羅馬思想家西塞羅（Marcus Tullius Cicero）也是先發制人的忠實支持者，而且他認為「罪惡在萌芽狀態最容易被消滅」。

先發制人實際上就是搶先對手一步的策略，也是最佳的進攻方式。在當前這個講求速度與效率的社會環境中，誰的出手更快、更早，誰就能夠率先獲得成功。兵貴神速是對「快魚吃慢魚」這樣的時代最好的註解，而在追求速度的同時，先發制人就顯得更加重要，它是占據先機的前提條件和重要保障。

年輕人擁有接受挑戰的勇氣，但更應該具備先發制人的謀略和智慧，而且相對於那些沉穩的人而言，初入社會的年輕人衝勁十足，也更加具有氣勢和魄力，所以在進行先發制人這一進攻方式的時候，反而會具有更多的心理優勢，因此成功的機率也會相對大一些。

先發制人有著非常大的謀略價值，但是也要講究時機，一定要視具體的情況而定，兵無常法，法無常規，有些時候後發制人才是上上之選。早起的鳥兒固然有蟲吃，可是早起的蟲兒卻被鳥吃，如果你沒有分清自己的處境和位置就貿然出擊，主動也會變成被動，那麼鹿死誰手就真的不一定了。

6. 感情投資要長線

古人治國平天下，並不只是依靠軍隊來解決問題，而是盡可能地得到百姓的支持。水能載舟亦能覆舟的道理人們都明白，所以很多人常常會將百姓的地位放大到無限尊貴的程度。無論是孟子的「民為貴君為輕社稷次之」思想，還是唐太宗「為君之道，必須先存百姓，若損百姓舉其身，猶割股以啖腹，腹飽而身斃」這樣的自省，都有「取悅」百姓的味道，目的當然很簡單——得人心者得天下，但從策略來說，就是一種高明的感情投資手段。

感情投資向來就是人們慣用的拉攏手段，比較著名的就是劉備摔孩子的故事。趙雲在長坂坡來回衝殺救下阿斗後，劉備卻因心疼趙雲當著眾人的面不惜棄子，結果趙雲自然是肝腦塗地無以為報，決定誓死效忠。在這一方面向來以奸詐著稱的曹操也是一個好手，張繡作亂時，典韋至死仍守住寨門，方保曹操無恙，此戰中曹操的長子和姪子也死於亂軍之中，但事後曹操特意設壇祭奠典韋，大哭不止，還有意在眾人面前宣稱「獨號泣典韋也」。

即便話說至此，在當時也沒有多少實際的意義，趙雲和典韋已經做出了犧牲，劉備和曹操當然也不會立刻就希望二人報答自己。但從長遠來說，劉備和曹操都收買了人心，等到下一次大戰，部將們照樣還會拚命護主。

　　有句老話叫「士為知己者死」，將它用在感情投資和回報上，一點也不誇張。人都是情感動物，情感上的交流是維繫人與人之間社交關係的主要方式之一，情感上的交際更容易拉近彼此之間的距離，也更容易取得對方的信任。當一個人的感情被別人打動時，不必說赴湯蹈火，就是拋頭顱灑熱血也不在話下，因為對投資對象來說，這種投資已經不是一種利益上的利用與補償，而是一筆人情債。

　　自古以來人情債是最難還的，尤其是那種陳年舊債，因為時間的淬鍊，往往更具牽制力和殺傷力。所以精明的人總是有意延長感情投資的時間或增加投資的成本，而一旦對方被這種長遠的投資行為所感動，那麼就會不計報酬、不顧後果地為投資者謀福利。

　　身為三國時期善用智慧與計謀的代表人物，諸葛亮自然也深諳感情投資之道。北伐時期，他曾在軍中實行軍隊更替制度，具體的做法是每到一定時期，就從後方抽調兩成的新兵入伍，用來更換軍隊中同等數量的老兵回家。這樣做就能長久地保證軍隊的戰鬥力和活力，更重要的是能夠讓士兵定期回鄉探親、休養。

　　如此人道開明的制度，自然贏得大家的稱讚，諸葛亮平時在軍隊中威信甚高，實施更替制度後，軍士們更是對他感恩戴德。諸葛亮並沒有拿這個條件來要求士兵們做更多的工作和貢獻，也沒有急於讓部下報答朝廷。為了盡可能地拉攏人心，諸葛亮長久地貫徹和執行這一政策，從未更改，隨著時間一天天過去，兵士們對於丞相的感激之情與日俱增。

　　某次，30萬魏軍前來挑戰，蜀國只有10萬兵馬，而且此時正好遇上軍隊更替，剛來的新兵缺乏作戰經驗，必定會影響軍隊整體的戰鬥力。這時將領們都建議諸葛亮暫且讓老兵留守軍中，繼續抗敵。諸葛亮當然也知道情況危急，但是他認為身為統帥就決不能輕易更改軍隊制度，更

不能失信於士兵，他藉機進一步施恩，堅持讓該回鄉休養的兵士按期按例一律準予還鄉。

老兵們聽說了諸葛亮的決定後，無不萬分感動，都紛紛記起丞相往日的好，既然現在國家和丞相面臨危險，自然要豁出性命努力報答，為此他們全都自願地留守軍中，一同抗擊來犯的魏軍。結果在與魏軍交戰的過程中，蜀軍同仇敵愾、奮勇殺敵，最後竟然奇蹟般地打敗了比自己多上三倍的強大對手，使蜀國化險為夷。

不單是戰場，在商場中也是如此，法國企業界有一句名言 ——「愛你的員工吧！他會百倍地愛你的團隊。」在企業中，許多出色的管理者懂得利用感情管理來提升員工的歸屬感和凝聚力，創造出「家庭式團結」的團隊，而這種團隊的生產力和創造力在時間的推移中會慢慢發生質變，其力量往往是驚人的。

美國有一家大型的電器公司，曾一度因為經營不善而幾近倒閉。當時為了生存，老闆只能無奈地辭掉了原來的助理，然後高薪聘請了一位日本助理。這位日本助理上任後就立即請員工們喝咖啡，還贈送每人一臺半導體收音機。之後他又刻意去拜訪工會負責人，以贏取他們的支持。為了增加人手，他還找回了一些失業的老員工。這不是一時的作秀，即便日常的工作中，他都盡量照顧到每一位員工。結果長時間的相處之後，員工們都感受到了公司的誠意，於是大大地提昇了工作的積極性，公司的效益也節節升高，最終走出了困境。

相比其他投資而言，感情投資的回報率通常都很高，根本不用花錢，可效果卻比金錢投資更好。日本麥當勞社長藤田田曾經有意將各種類別的投資手段集中起來，並對它們進行對比和研究，結果發現感情投資在所有投資類別中性價比最高，花費最少而回報率最大，因為投資對

象所表現出的忠誠度最高。感情投資幾乎成為一門專門的社會學科，可以稱之為感情投資學或感情經濟學，而它也是經濟社會最有效的投資策略。

感情投資雖然並不要求立即發揮作用，但是從長久來說，其作用十分明顯，尤其是在關鍵的時期，其效用更是無法計算。無論是真心實意的情感表達，還是單純的用作收買人心的手段，感情投資都能有效地拉攏人心，讓對方心甘情願地為自己「鞍前馬後」。

一個聰明的人懂得放下身段和架子，主動向別人示好，給予對方更多感情上的支持和幫助，從而最大程度地感化對方，以便將來能夠將其收為己用。感情投資是一種高明的馭人術，不過想要徹底發揮它的效用，就要懂得放長線釣大魚的道理，線越長，收穫往往就越大。

7. 誠心對人，更應該成為弱者的座右銘

在這個實力決定話語權的時代，實力的強弱甚至決定生存機會的大小。強者自然因為實力雄厚有著廣泛的生存空間，而弱者卻因為自身力量的弱小而難以立足，所以他們的重要任務就是要千方百計地團結和拉攏到更多的支持者，來彌補自己力量弱小的先天不足，從而為自己壯大聲勢，並創造一個盡量完美可靠的保護傘。

聰明的人不會盲目地加入到兩個人之間的戰爭中去，為了保險起見，總是會引入更多的強援做後盾，將對方打擊的點擴散成為一個面，即讓兩個人之間的戰爭轉變成為一群人和一個人的對抗。這是一種高明的博弈策略，能夠最大程度地壓制對手的攻擊，同時也能最大化地保障自己的利益不受對方侵害。

不過想要成功拉攏到支持者，需要付出自己的真心，因為對方願意與你並肩作戰對抗強權勢力，這本身就承擔了一定的風險，若沒有很深的交情和感情，決然不會輕易冒險。所以想要得到別人的支持，首先一定要誠心待人，不要抱持著一種利用的心態去拉攏對方，這樣會讓別人產生上當受騙的感覺。即便你能迷惑欺騙一時，但是一旦被對方發現你的狡詐，那麼後果將不堪設想。

西元前 485 年，晉國的智、趙、韓、魏四大家族聯合起來趕走了晉出公，智氏的智伯另立新主，而自己則成了朝中實際的掌權者，常常一手遮天。智伯為人很有野心，一直想要獨霸晉國，這樣一來，其他三大家族自

然成了他最大的絆腳石，其中尤以實力不弱的趙氏家族為先，智伯便決定聯合韓魏兩家共同打擊趙氏家族，並答應成事之後三家均分趙氏的領土。

三家很快聯合起來攻打趙氏，但是趙氏的軍隊士氣高昂，而且城牆穩固，一時難以攻占下來。韓魏兩家原本就無意攻打趙氏，趙氏便趁機派人去陳述利弊，認為智伯為人不講信用，根本沒有誠意與別人共享天下，只不過利用別人而已。韓魏兩家知道智伯為人囂張跋扈，又有狼子野心，將來可能會過河拆橋對付自己，而趙氏向來都很有誠意，對人非常仁義，是值得信賴的夥伴，於是兩家決定倒戈相向，反而站到處於弱勢的趙氏一方。三家齊心合力滅掉了智氏家族，隨後趙氏遵守了諾言，三家瓜分了智氏的領土。

一個人想要得到別人的支持，首先要讓對方看到你的誠心，不夠誠懇的人很難得到別人的信任。相互信任原本就是合作的基礎，弱者想要團結更多的力量，就必須向別人展示自己的誠意，不要當成一種奸詐的計謀來使用。你妄想去利用別人，別人也會想辦法利用你，到時候吃虧的反而會是自己。

弱者甚至也可以對自己的對手和敵人表明自己的誠心，一個有誠心的人能夠打消對方的戒備心，待人真誠的人，別人必定也會真誠待他，這樣一來，雙方就能夠拉近彼此之間的距離，緩解甚至消除原本的敵對關係，從而尋求共同的利益。對於一個弱者而言，能夠依靠自己的誠心來征服和打動強大的對手，這是求存保身最好的辦法。

真誠是成功的根基，是生存的重要手段，奸詐的計謀只能保證一時的利益所得，當別人知道你的「險惡用心」後，很可能會進行打擊報復，最終受傷的反而會是自己，而你所得到的一切也將蕩然無存，甚至包括生存機會。所以，真誠才是弱者維持生存的救命稻草。

8. 打好圓場才能打破僵局

　　每個人都有虛榮心，都希望把自己最好的一面展示在別人的面前，沒有人願意讓自己在眾目睽睽之下出醜鬧笑話，甚至難堪到無法下臺的地步。所以人們總是千方百計地避免自己犯錯，尤其是那些輕易就能夠避免的小錯誤，更是盡量提防，以免貽人笑柄，丟了面子和尊嚴。

　　不過人有失手，馬有失蹄，再精明的人也會不可避免地犯下一些很可笑的小錯誤，並成為別人的笑柄。錯誤總是難以預料也很難避免，這是很常見的現象。而且很多人認為，錯誤一旦出現，基本上就沒有收回的餘地，往往只能自認倒楣。殊不知犯了錯並不都是無可救藥，如果你足夠聰明機智，一樣可以從錯誤中尋找到正確的方向，為錯誤找一個冠冕堂皇的理由。這樣一來，就可以依據出色的圓場能力順利解決危機，從而化解尷尬緊張的氛圍。

　　奉系軍閥首領張作霖出身草莽，並沒有讀過多少書，肚子裡根本就沒有什麼墨水。但是他為人偏偏喜歡舞文弄墨，頗有閒情雅緻，而且還經常喜歡在公共場合大出風頭，但因為能力有限就不免要鬧出許多笑話。

　　某次，他和所謂的日本「友人」一起舉辦了一場文化交流會，會上張作霖興致勃勃地在宣紙上寫下了一個大大的「虎」字，而且還自鳴得意地落款署名。可是他識字有限，結果將「張作霖手墨」寫成了「張作霖手黑」。如此寫法不是自己罵自己嗎？下面的人想笑又不敢笑，只能小

心地說：「大帥這次又缺了一個土字。」張作霖其實已經聽到了眾人的議論，實在覺得很尷尬，但在這樣的場合卻不方便發作。

這時，張作霖身邊的一個侍衛突然衝著說話的人大喊一聲：「混帳，爾等懂什麼？大帥豈能輕而易舉地將國『土』拱手送給別人，這分明是『寸土不讓』！」聽到這番巧妙舒心的話後，張作霖非常高興，不禁深深佩服侍衛的機智，這不僅化解了尷尬的氣氛，還等於為自己臉上增添不少光彩。如此人才實在值得褒獎，於是他日後更加重用這個聰明的侍衛。

圓場所表現的其實是一種說話的藝術和技巧，目的在於在緊張尷尬的氛圍中，給陷入尷尬中的當事人遮光遮醜，順著當事人的錯誤行為和話語，給出一個委婉或另類的解釋，使錯誤變得合情合理，這樣就能夠將錯誤轉化成為正解，從而避免尷尬局面的出現。

打圓場一般都是從善意的角度出發，是緩和緊張氣氛、調節人際關係的重要方式。現實生活中，發生矛盾衝突的雙方經常互不相讓、彼此拆臺，無論是非對錯，都要全力堅持己見、僵持不下，為的只是爭一口氣。盡量挽回顏面同時又努力打擊對手，誓死要將對手比下去，這種爭執往往得不到什麼有意義的結果，爭來爭去只會令場面失控，最終兩個人都下不了臺階，而且往往使身邊的氣氛都變得十分緊張。

解決這種矛盾的最好方法就是由第三方出來做和事佬，替爭執對抗的二人解圍。而這種解圍方式需要講究一定的技巧，因為你幫了這一邊就意味著與另外一方為敵，要不就都不幫，兩邊都得罪，這當然是最壞的結果。如此令人糾結的問題，一定要謹慎處理，在確保替兩邊說好話的同時，還要注意不能傷害到兩邊的情緒。

清朝末年，陳樹屏就任江夏知縣。當時張之洞在湖北做督撫，但他

與湖北的撫軍譚繼詢向來就關係不和，兩人經常起衝突，誰也不服誰。身為小小的知縣，陳樹屏深知這兩個人自己都得罪不起，但是他卻能很好地在二人之間周旋，既能保證討好兩邊，又能夠保證兩不得罪。

某次，陳樹屏在黃鶴樓宴請張、譚二人及其他地方官員。面對眼前的大江美景，眾賓客都覺得心曠神怡，席間有人突然好奇地提到江面寬窄問題，大家都紛紛表示不知道，也無法憑藉眼力來評估江面的寬度。此時，譚繼詢突然起身說是五里三分寬，其實他也不知道實際的寬度是多少。聽到譚繼詢得出了結論，張之洞立即說是七里三分，結果兩人又爭執起來。儘管都是信口胡說，但誰也不肯丟面子，眾官員只能默不作聲，宴席上的氣氛頓時變得十分緊張。

陳樹屏知道二人只不過是借題發揮，互相炫耀自己的才學，因此非常生氣，但是又不能當面發作，以免得罪了他們，同時掃了大家飲酒觀景的興致。這時，他靈機一動，從容不迫地說道：「江面水漲時寬到七里三分，而退潮時便是五里三分。張督撫是指漲潮，而撫軍大人是指退潮而言。兩位大人都沒有說錯，這有何可懷疑的呢？」

張之洞和譚繼詢本來就是為了爭一口氣，但是由於激烈爭執幾乎下不了臺階，陳樹屏及時站出來替他們圓場，大家都保有面子，這一下自然也就無話可說了。眾賓客聽了如此風趣的圓場後，也都紛紛鼓掌，尷尬的氣氛很快得到緩解。

年輕人在處理尷尬事件時，有必要學習一下圓場技巧，不要一味衝動地就事論事，就理說理。很多時候，說真話反而會吃力不討好，因為在別人看來，你的真話也許是一種有意的冒犯和侮辱。最明智的做法就是順著對方的意思行事，盡量為對方找一個最合理最穩當的臺階下，這樣既能真正解決問題，又不至於使自己陷入麻煩之中。

9. 養晦是手段，用晦才是目的

在探討生存和發展的方法時，韜光養晦是常見的一種策略，其目的常常在於麻痺對手，從而替自己尋找一個穩定安全的環境，以便讓自己能夠不斷地成長壯大，等到積蓄了足夠強大的力量再伺機發動反攻。這是一個暫時性的對敵策略，而非所謂的長久之計，或是單純為了保身，或是為了養精蓄銳。總之韜光養晦具有一個特定的目標，它通常都具有很強的目的性，而不僅僅是為了維持表面上的那種低調與隱晦狀態。

其實，養晦的目的在於用晦，養晦只是一種手段，因此它絕對不能長久地進行下去，等到時機成熟就要堅決拋掉養晦的外衣，將自己的韜晦大計盡力施展出來，保證獲得最大程度的成功。所以，養晦一定要保證養有所用，如果養而不用，那麼就只能當成一種懦夫的逃避行為，這種養晦行為也就失去了意義。

在情勢不利時，就要努力地保全自己，為人處世時要盡量保持低調的姿態，不能輕易在別人面前展示自己的能力和欲望，凡事都要表現得低人一等，從而使自己處在不顯眼的位置，然後趁機韜光養晦、積蓄力量，等到自己的力量積蓄到一定的程度，就應該毫無保留地應用出來。所以，該隱藏的時候要徹徹底底地隱藏，該發揮的時候就一定要不遺餘力地發揮。

五代十國的後周周世宗柴榮原本只是周太祖郭威的養子，在講究世襲的封建社會，想要觸及權力的巔峰無異於痴人說夢，但幸運無比的他

成了唯一合適的繼承人。不過柴榮為人很有謀略，在還未登基稱王時，就曾經先後執掌開封府以及軍權，按理說已經是位極人臣、地位尊貴，但是他一直都刻意保持低調，因為他明白在亂世之中想要安身保命就一定不要輕易顯露自己，這樣才能在權力爭奪激烈的宮廷鬥爭中倖存下來。

果然，郭威死後，柴榮順利繼承王位，但是長期以來的韜光養晦使他在朝野、軍隊中的威望大打折扣，文武大臣們打從心底都瞧不起他，認為他只是一個膽小怕事的懦夫。郭威死後，北漢聯合契丹人準備入侵後周，周世宗認為這是替自己正名的好機會，於是準備親自領兵抗敵，結果群臣對他都不抱信心，紛紛勸諫周世宗不要意氣用事。

周世宗沒有聽眾人的勸告，決意上前線與敵人交戰，不過後周兵力有限，而且戰鬥力不足，結果大戰還未開始，後周的右將軍樊愛能與何徽竟然不戰而逃。周世宗見到自己的將領和部隊如此怯戰，於是決定親自領兵與對方交戰，結果部將們大受激勵，個個都奮勇殺敵。北漢見到後周有人撤退，自然也有所放鬆，更加不把後周軍隊放在眼裡，結果在後周同仇敵愾的氣勢下被打得落花流水。

前來援助北漢的契丹人，見到周世宗帶領的部隊頗具虎狼之勢，不願意硬碰硬，於是就跟著北漢的殘兵一起撤退。周世宗擊退敵軍後，發現北漢的俘虜中有許多原屬自己陣營的降兵和叛兵，一怒之下，將他們全部斬首。後周大勝後，大家都被周世宗的能力所折服，逃跑的樊愛能與何徽也主動厚著臉皮回來。

此時，周世宗登上帝位不久，後周人才匱乏正是用人之際，樊、何二人雖無多少能力，但畢竟也是朝中的老臣，完全可以留下來輔佐新帝。但是雄才大略的周世宗沒有輕易放過二人，他將二人以及其他逃將

全部抓起來處死。從此後周的軍威大振，兵驕將惰的陋習得到了很大的改善，周世宗也因此樹立了自己的威信。

人的每一種行為基本上都有一個合理的動機或特定的目的，無意識無目的的行為往往只是在做白工，沒有什麼意義。韜光養晦也是如此，讓自己保持低調謙卑的狀態，必定具有某種特定的目的，既然有目的就一定要努力使之付諸實踐。昔日楚莊王頗具氣魄地說道：「不鳴則已，一鳴驚人。」不鳴是養晦之方，而發出驚人之鳴才是最終的目的，假使一輩子都不鳴叫，那麼就與不會鳴叫無異。楚莊王用了三年的時間來潛伏自己，終成大器，但是如果一輩子都用來潛伏，那麼他還能夠成就大業嗎？

這就像藏酒一樣，將酒埋藏起來，為的就是使酒在埋藏的過程中變得越來越甘洌、越來越香醇，但是如果光埋藏而不解封，那麼即便時間再長，香氣再盛也是枉然，因為它沒有問世的那一天，那麼酒香也就等於不存在。又如同拉弓，通常弓是越拉越滿，越滿越有力量，但是如果張而不發，那麼即便等到弓弦崩斷的那一天，箭也依然無用武之地。

暫時的退讓叫做隱忍，永久的退讓叫做懦夫；暫時的潛伏叫做臥底，永久的潛伏叫做叛徒；暫時的隱藏叫做韜晦，永久的隱藏叫做隱士。只有把養晦中所積蓄的力量在適當的時機發散出來，這樣才是成功的韜晦之術。年輕人應該具備養晦的觀念，盡量謙卑做人，低調做事，不要總是表現出一副強勢的競爭者姿態，凡事要謹慎，但是更要懂得順利將韜晦的力量爆發出來，如果養而不用，那就是一種浪費！

潛行者守則，策略性低調的職場生存學：
會吃虧是睿智，能吃虧是境界！高效運用低調策略，精通社會生存藝術

編　　　著：胡美玉

發　行　人：黃振庭

出　版　者：財經錢線文化事業有限公司

發　行　者：財經錢線文化事業有限公司

E - m a i l：sonbookservice@gmail.
　　　　　　com

粉　絲　頁：https://www.facebook.
　　　　　　com/sonbookss/

網　　　址：https://sonbook.net/

地　　　址：台北市中正區重慶南路一段
　　　　　　61 號 8 樓

8F., No.61, Sec. 1, Chongqing S. Rd.,
Zhongzheng Dist., Taipei City 100, Taiwan

電　　　話：(02)2370-3310

傳　　　真：(02)2388-1990

印　　　刷：京峯數位服務有限公司

律師顧問：廣華律師事務所 張珮琦律師

定　　　價：450 元

發 行 日 期：2024 年 06 月第一版

◎本書以 POD 印製

Design Assets from Freepik.com

國家圖書館出版品預行編目資料

潛行者守則，策略性低調的職場生
存學：會吃虧是睿智，能吃虧是境
界！高效運用低調策略，精通社會
生存藝術 / 胡美玉 編著 . -- 第一版 .
-- 臺北市：財經錢線文化事業有限
公司 , 2024.06

面；　公分

POD 版

ISBN 978-957-680-893-7(平裝)

1.CST: 生活指導 2.CST: 職場成功
法

177.2　　113006646

電子書購買

爽讀 APP

臉書